Decisão de Investir

TÍTULO ORIGINAL
Decisão de Investir
Em Ambiente de Incerteza e Risco

Direitos reservados para Portugal
por Conjuntura Actual Editora, S.A.
CONJUNTURA ACTUAL EDITORA, S.A.
Sede: Rua Fernandes Tomás, 76-80, 3000-167 Coimbra
Tel.: 239 851 904 · Fax: 239 851 901
Delegação: Rua Luciano Cordeiro, 123, 1º Esq., 1069-157 Lisboa
Tel.: 213 190 240 · Fax: 213 190 249
www.actualeditora.pt

DESIGN DE CAPA
FBA.
PAGINAÇÃO
MA
IMPRESSÃO E ACABAMENTO
Pentaedro, Lda.
Janeiro, 2013
DEPÓSITO LEGAL
356704/13

Toda a reprodução desta obra, por fotocópia ou outro qualquer processo, sem prévia autorização escrita do Editor, é ilícita e passível de procedimento judicial contra o infrator.

 GRUPOALMEDINA

BIBLIOTECA NACIONAL DE PORTUGAL – CATALOGAÇÃO NA PUBLICAÇÃO

Decisão de Investir
EM AMBIENTE DE INCERTEZA E RISCO

Jaime Serrão Andrez e Manuel Mendes da Cruz

ÍNDICE SINTÉTICO

PREFÁCIO	9
PREÂMBULO	13
LISTA DE QUADROS	17
LISTA DE TABELAS	19
LISTA DE FIGURAS	21
GLOSSÁRIO DE TERMOS E ABREVIATURAS	23

INTRODUÇÃO	27

I – ÂMBITO DA DECISÃO DE INVESTIR	33
1 – Decisão de investir – Criação do potencial estratégico da empresa	35
2 – Projeto de investimento – A fundamentação do investimento	53
3 – Eficiência económica da dimensão fabril – Otimizar os custos	90
4 – Exercícios sobre a eficiência económica da dimensão fabril	116

II – A DECISÃO DE INVESTIR NA ÓTICA EMPRESARIAL	125
1 – Decisão económica de investir – Controlar a rendibilidade	127
2 – A decisão do financiamento – Controlar a viabilidade da opção	152
3 – Avaliação de Risco – Controlar a incerteza	197
4 – Avaliação global – Controlar os objetivos globais da empresa	218
5 – Exercícios sobre a avaliação na ótica empresarial	243

III – AVALIAÇÃO NA ÓTICA ECONÓMICA OU SOCIAL	275
1 – Problemática da avaliação económica ou social	276
2 – Análise social da rendibilidade – Controlar a distribuição dos recursos escassos	279

DECISÃO DE INVESTIR

3 – Avaliação social do mérito – Controlar os objetivos
da política pública 289
4 – Referências portuguesas 297
5 – Exercícios sobre critérios de avaliação económica e social
de investimento na ótica do mérito 315

BIBLIOGRAFIA 319

ANEXO 325
1. Configuração da indústria e tecnologia 327
2. Função de custos e evolução tecnológica 329
3. Efeito de aprendizagem e a curva de experiência 336
4. Eficiência económica da diversidade 341
5. Dimensão virtual ou como as PME podem gerar Dimensão
Competitiva 347

UMA DEDICATÓRIA

Aos nossos alunos,
aos que estiveram e aos que ainda vão estar connosco!

UM AGRADECIMENTO

Pelo apoio sempre generoso,
de quem, em nossas casas, partilhou este projeto connosco.

UM ALERTA

Nunca teremos a avaliação que merecemos,
apenas a que soubermos convencer!

PREFÁCIO

O investimento desempenha um papel decisivo em qualquer estratégia empresarial, seja de criação seja de crescimento de uma empresa. Espera--se sempre que esse investimento se inspire no que chamei de fatores dinâmicos de competitividade, ou seja, a produtividade, a inovação, a internacionalização, a informação, a diferenciação e a qualificação dos recursos humanos. Numa economia desenvolvida o crescimento faz-se por esses factores imateriais. É o que se chama o crescimento intensivo em antítese ao crescimento extensivo com recurso a mais factores físicos.

Suportada nos fatores dinâmicos de competitividade, espera-se que a empresa – criada, expandida, reestruturada ou mesmo reconvertida – alcance níveis de qualidade e de produtividade elevados que a tornem efetivamente competitiva.

A competitividade, resultado último de qualquer estratégia de investimento, resulta da melhoria do que existe ou do valor que é acrescentado à economia – o que é relevante numa empresa nova –, comparando o desempenho com o dos principais concorrentes. Isso significa que o investimento é o cordão umbilical entre o diagnóstico estratégico, por um lado, e a capacidade competitiva da empresa, por outro.

Quando falamos de competitividade a nível empresarial falamos de todos os elementos estruturais da empresa, isto é, da tecnologia, da dimensão e da configuração fabril *(lay-out)*, da estrutura financeira, das competências do seu pessoal, da gama de produtos. Todos estes elementos têm de ser competitivos no momento em que se decidem as opções do investimento e que estão associados àquilo que os autores chamaram de *potencial estratégico* e que possivelmente poderíamos também chamar de potencial competitivo. A competitividade é pois uma noção sistémica que abarca todos esses factores.

Um dos méritos deste livro sobre decisão de investir é exatamente o de alertar para todas estas questões no capítulo introdutório, conferindo uma noção ampla ao âmbito de investir e tratando os aspetos ligados não só à fundamentação do investimento – isto é, o diagnóstico estratégico e o projeto – como também às condicionantes técnicas da eficiência, normalmente associadas às diversas manifestações de *economias*, sejam elas de dimensão, de diversidade ou organizacionais, entre outras.

Como atrás referi, o investimento pode servir para expandir e modernizar uma empresa existente ou para criar uma empresa nova. Sabendo que a maioria dos investimentos tratados nas entidades bancárias e nas agências públicas de apoio ao investimento se refere a investimentos em empresas existentes, é importante que a análise da decisão de investir acautele não só os aspetos relacionados com o projeto de investimento, mas também e sobretudo o impacto do investimento na empresa. Realmente, o investimento serve para assegurar a competitividade da empresa pelo que os resultados na empresa, gerados pelo investimento, são os que importam. Afinal, o cumprimento dos objetivos que o diagnóstico sugeriu e que a estratégia assumiu só pode ser avaliado na empresa após projeto.

É neste contexto que o livro acrescenta e bem uma última etapa às decisões de investir, chamando a atenção para a avaliação global do investimento. Esta inovação da abordagem confirma que se trata de um livro versando a *decisão de investir* e não apenas a análise de projetos. Realmente os autores optaram por abordar no segundo capítulo, relativo à análise na ótica empresarial, de forma independente mas sequencial, *quatro etapas* da decisão de investir: a análise económica da rendibilidade, a opção de financiamento, a avaliação do risco e a avaliação da empresa após o investimento. A avaliação do risco é extremamente importante no contexto actual de grande incerteza na evolução das economias. Quando há incerteza há risco, sendo o risco em termos empresariais a tentativa de parametrização e quantificação dessa incerteza.

Meritório também para o livro e para os autores é a abordagem no terceiro capítulo da avaliação dos projetos na ótica pública (e não apenas na óptica privada), a que os autores rigorosamente designam por ótica económica e *social*. Mais do que uma abordagem criteriosa da *problemática* desta ótica da avaliação do investimento – tratando não só os critérios da *análise social da rendibilidade* e a *avaliação social do mérito*, como designam –, os autores oferecem uma visita guiada aos sistemas de incentivos mais relevantes em Portugal, para exemplificarem, de forma prática e útil, as lógicas de avaliação do investimento na ótica pública por eles adotada.

Nesta visita guiada, devo confessar uma certa emoção ao passar pelos sistemas de incentivos do *PEDIP* e do *PEDIP II*, lançados por mim enquanto Ministro da Indústria. Neste âmbito agradeço as referências feitas pelos autores a estes programas, libertando-me de ser eu a reconhecer o seu papel histórico não só na estruturação dos programas de apoio ao desenvolvimento empresarial e na configuração dos sistemas de incentivos, mas também, e porventura mais importante, nas lógicas de análise da avaliação do investimento, tanto na ótica empresarial como na pública, e que me escuso de repetir porque referida logo no *preâmbulo*. Estes programas foram depois uma referência para os programas comunitários de apoio ao Leste Europeu.

Quanto aos autores, gostaria de referir o Dr. Jaime Andrez com quem tive o prazer e o proveito de trabalhar estreitamente na formulação, lançamento e gestão do *PEDIP* e de outros instrumentos de política industrial.

Mesmo não querendo fatigar o leitor com um longo prefácio, não posso deixar de referir também o mérito do rigor da exposição, e da utilidade das exemplificações e dos exercícios de aplicação, nomeadamente os *exercícios integrados* que permitem um tratamento e uma leitura integradora das metodologias propostas.

Foi por todas estas razões, e por considerar que o livro constitui um manual de referência extremamente útil que aceitei com muito gosto assinar este prefácio, recomendando a sua leitura, nomeadamente por todos os estudantes de economia e gestão e por todos os engenheiros, economistas, gestores e empresários que se interessam pela análise de projectos de investimento e pela decisão de investir nos ambientes actuais de incerteza e risco.

Lisboa, 20 de Novembro de 2012

LUIS MIRA AMARAL
Engenheiro e Economista

PREÂMBULO

Decisão de Investir e Análise de Risco nasceu, enquanto disciplina, num curso de pós-graduação criado pelo do Instituto Superior de Economia e Gestão (ISEG), no início da década de 1990, em parceria com o Centro Tecnológico da Indústria Têxtil e do Vestuário. Este foi um verdadeiro curso de *Economia Têxtil* intitulado *Gestão e Estratégia da Indústria Têxtil*, que, para além dos objetivos pedagógicos, estava nos seus propósitos juntar as valências dos departamentos de economia e de gestão para ensinar estratégia.

O curso inspirou-se fortemente no livro de Francis Bidault (*Bidault*, 1988) intitulado *Le Champ Strategique de l'Entreprise*, que sugeria a Economia Industrial, para nós, Economia dos Mercados, como a verdadeira base do diagnóstico estratégico por considerar que *o diagnóstico externo não é somente comercial*, envolvendo também *as dimensões concorrenciais, a tecnologia e a organização do mercado* como condicionantes da estratégia do investidor.

Para esta disciplina inspirou decisivamente, por sua vez, o livro de Jean--Paul Couvreur intitulado *La Décision d'Investir et la Politique de l'Entreprise* (*Couvreur*, 1978) que alertava para a necessidade de uma *nova extenção* do âmbito e da fundamentação das decisões de investimento.

Decisão de Investir estava para além da análise ou avaliação de projetos. Mais do que *avaliação*, trabalhava a própria *decisão*, e, com ela, a estratégia. Mais do que o *projeto*, tratava o *investimento*, e, com ele, a criação do *potencial estratégico* da empresa, ou seja, da sua *capacidade competitiva*, como mais tarde lhe chamaria Porter.

Foi, de facto, uma disciplina pioneira em Portugal, no conteúdo e na designação.

Em 1993 o curso de pós-graduação converteu-se no *Mestrado de Gestão e Estratégia Industrial*. A disciplina de *Decisão de Investir e Análise de Risco* manteve a sua designação, modernizando-se continuamente.

Em 2007, sob proposta de Manuel Mendes da Cruz ao Conselho Científico do Instituto Superior de Contabilidade e Administração de Lisboa (ISCAL), a disciplina de *Decisão de Investir e Análise de Risco* foi replicada nesta Instituição, enriquecendo, pela diversidade, as suas perspetivas de experimentação e de desenvolvimento.

Após cerca de 20 anos de lecionação desta unidade curricular, não é despicienda a investigação dos conteúdos programáticos efetuados por cada um dos autores no âmbito desta disciplina e que se encontram muito dispersos noutras abordagens, nenhuma delas suficientemente abrangente por forma a poder ser considerada uma referência que esgote qualquer dos temas abordados neste livro. Daí a longa lista de bibliografia e daí, também, a sugestão de muitos dos nossos alunos para que aceitássemos o desafio da publicação, sob a forma de livro, do trabalho de investigação desenvolvido.

A primeira base do livro reside no *Guia das Aulas* elaborado em 1996 (*Andrez*, 1996) e desenvolvido até hoje por cada um dos autores.

O livro que vos apresentamos é sobretudo um livro prático. Um livro prático com teoria. Para se perceber o quê e porque se pratica. Para isso pesou inequivocamente a experiência prática no âmbito do Programa Específico da Economia Portuguesa (PEDIP), considerado exemplar pela Comissão Europeia. Experiência de decisão de investir, tanto ao nível empresarial como na ótica pública. Daí a escolha do nosso prefaciador, que muito nos honrou ao aceitar, o Engenheiro Luís Mira Amaral, Ministro da Indústria de então e o grande mentor e responsável político pelo lançamento e pelo sucesso do PEDIP, verdadeira escola de incentivo à decisão de investimentos em Portugal. Em quase tudo se foi pioneiro naquela altura. O diagnóstico estratégico, a análise da empresa após projeto e a avaliação da valia estratégica do investimento inspirada em preceitos da economia industrial, são meros mas importantes exemplos. Essa escola que se estendeu aos Programas que se lhe seguiram.

Este livro teve, na sua génese, objetivos académicos. Contudo, pela natureza abrangente das temáticas discutidas, estamos certos de que este trabalho constituirá, outrossim, um importante instrumento de trabalho para todos quantos – potenciais leitores para além dos estudantes – tenham de (ou desejem) estudar, rever ou utilizar, conceitos e técnicas relacionadas com a conceção, elaboração, avaliação, financiamento, análise do impacte na empresa e na economia de projetos de investimento, ou seja, com a decisão de investir.

Hoje, necessariamente, deveria ser uma abordagem *em ambiente de risco e incerteza*.

O seu âmbito propriamente dito está considerado no capítulo de Introdução.

Os Autores

LISTA DE QUADROS

1 – Características dos vários níveis de decisão	47
2 – Dimensão mínima óptima (*Pratten*)	109
3 – Avaliação empresarial na decisão de investimento	114
4 – Métodos de cálculo do *cash-flow*	130
5 – Projeto de investimento *vs.* hipóteses de financiamento *(I)*	188
6 – Projeto de investimento *vs.* hipóteses de financiamento *(II)*	190
7 – Modelo geral de análise empresarial	235
8 – Eficácia económica e financeira	236
9 – Critérios de avaliação multicritério	242
10 – Principais tipos de mercados de produtores	327
11 – Economias de escala na indústria automóvel (*Pratten*)	341
12 – Tipologia da flexibilidade	343

LISTA DE TABELAS

1 – Estudo de viabilidade (exemplificação: investimento de raiz)	55
2 – Gestão de projetos (de investimento)	56
3 – Plano de Investimentos	77
4 – Necessidades de fundo de maneio	78
5 – Plano de exploração	80
6 – Fluxos de entrada e saída	86
7 – Tabela de correspondências	207

LISTA DE FIGURAS

1 – Lógica estrutural do livro	31
2 – Organização estratégica	36
3 – Potencial estratégico	37
4 – Cronologia dos fluxos	43
5 – Tipologia das áreas de conhecimento	44
6 – Relações entre diferentes níveis de decisão	48
7 – Tomada de decisão em série	49
8 – Tomada de decisão em paralelo	50
9 – Matriz de cenários	63
10 – Análise *swot*	73
11 – Análise *swot* ao serviço da estratégia empresarial	74
12 – Interligação entre os parâmetros económicos essenciais	91
13 – Economias de escala *vs.* deseconomias de escala	99
14 – Custo médio de longo prazo	104
15 – Interpretação gráfica da CM_{LP}	105
16 – Combinação óptima de fatores	106
17 – Função CM_{LP} na formulação neoclássica	107
18 – Economias de variedade	113
19 – Avaliação estratégica global	126
20 – Exemplo gráfico do modelo de interpolação linear	143
21 – Admissibilidade de erro nas taxas de referência	145
22 – Esquema de opção entre *VLA* e *TIR*	152
23 – Fontes de financiamento	153
24 – Estrutura óptima da escola clássica do financiamento	157
25 – Escola tradicional do financiamento	158
26 – Mercado de valores mobiliários em Portugal	180

DECISÃO DE INVESTIR

27 – Matriz de objetivos	194
28 – Relação risco/rendimento	198
29 – Exemplos de combinação entre o *VAL* e a *TIR*	207
30 – Ponto crítico económico e margem de segurança	210
31 – Ponto crítico económico e gastos figurativos	211
32 – Simulação dos indicadores de rendibilidade	213
33 – Árvore de decisão perante cenários alternativos	215
34 – Análise global das áreas funcionais	221
35 – Liquidez geral	230
36 – Estrutura Global *Competitiveness Index* (2011)	240
37 – Lógica da especialização e lógica da eficácia empresarial	291
38 – Exemplo da ponderação da relação Capital/Produto	298
39 – Taxa marginal de substituição técnica e via de expansão	333
40 – Via de expansão	335
41 – Função de aprendizagem	337
42 – Volume acumulado de produção e redução do custo direto	339
43 – Curvas de experiência de diferentes relações entre produção acumulada e redução do custo unitário	340
44 – Lei orgânica	348
45 – Dimensão Individual *vs.* Organização *vs.* Eficiência *vs.* Rendibilidade	348
46 – Dimensão Competitiva (Sistémica) *vs.* Organização *vs.* Eficiência *vs.* Rendibilidade	350

GLOSSÁRIO DE TERMOS E ABREVIATURAS

AL – Ativo líquido
BOP – *Best, optimistic and pessimistic*
CA – Capital alheio
CAD – *Computer added design*
CAE – Custo anual equivalente
CAM – *Computer Aided Manufactoring*
CAP – *Computer Aided Planning*
CAQ – *Computer Aided Quality*
CCDR – Comissão Coordenadora de Desenvolvimento Regional
CF – Custo atual global das fontes de financiamento
CI – Custo do investimento
CID – Consumos intermédios adquiridos no mercado interno
CIF – *Cost, insurance and freight* (custo, seguro e frete)
CIM – Consumos intermédios adquiridos no mercado externo
CFE – *Cash-flow* de exploração
Cm – Custo marginal
CM – Custo médio
CM_{CP} – Custo médio de curto prazo
CM_{LP} – Custo médio de longo prazo
CMTD – Custo de manuseamento e transporte doméstico
CP – Capital próprio
CT – Custo total
CT_{LP} – Custo total de longo prazo
DMO – Dimensão mínima ótima
DOAF – Demonstração das origens e aplicações de fundos
E/A/C – Estratégica, Administrativa, Corrente

EBE – Excedente bruto de exploração
EEC – Estratégias de Eficiência Coletiva
FEC – Fatores específicos de conversão
FGC – Fatores gerais de conversão
FOB – *Free on board (posto a bordo, sem despesas)*
I&D – Investigação e desenvolvimento
IPL – Instituto Politécnico de Lisboa
IRP – Índice de rendibilidade dos projetos
K – Fator capital
Ke – Taxa de rendibilidade dos capitais próprios
Ki – Taxa de rendibilidade dos capitais alheios
Ko – Taxa de rendibilidade do capital total
L – Fator trabalho
M – Importações do país
MEE – Mínimo de eficiência de escala
PCEDED – Programa de Correção Estrutural do Défice Externo e do Desemprego
PEDIP – Programa específico de desenvolvimento da indústria portuguesa
PEDIP II – Programa estratégico de dinamização e modernização da indústria portuguesa
PER – *Price earning ratio* (rendibilidade por ação)
PIB – Produto interno bruto
PPS – *Production planning system* (planeamento e controlo de produção)
PR – Período de recuperação
PRC – Período de recuperação do capital
PRP – Período de recuperação do projeto
RAJIAR – Resultados antes de amortizações, encargos financeiros e impostos
RAEFI ou RAJI – Resultados antes de encargos financeiros e impostos
RAI – Resultado antes de impostos
RCP – Rendibilidade dos capitais próprios
REM – Remunerações
rK – Custo do fator capital
RL – Resultado líquido
ROA – *Return on assets* (rendibilidade do ativo)
ROE – *Return on equity* (rendibilidade do capital)

ROI – *Return on investment* (rendibilidade do investimento)

S – Fator de escala

SIII – Sistema integrado de incentivos ao investimento

SINPEDIP – Sistema de incentivos a estratégias de empresas industriais

SNC – Sistema de Normalização Contabilística

TIE – Tecnologias de informação e eletrónica

TIR – Taxa interna de rendibilidade

TMST – Taxa marginal de substituição técnica

VA – Valor atual líquido da decisão de financiamento

VAB – Valor acrescentado bruto

VAL – Valor atual bruto

VALA – Valor atual bruto ajustado

VAPC – Valor atual do ponto crítico

VBP – Valor bruto da produção

VLA – Valor líquido atual

wL – Custo do fator trabalho

X – Exportações do país

Z – Função de aprendizagem

INTRODUÇÃO

Numa economia globalizada, num mundo em constante mudança e com elevados padrões de exigência competitiva, é cada vez mais imprescindível, para a empresa se manter lucrativa no mercado, saber *construir o seu próprio destino*, diferenciando e inovando, indo ao encontro da satisfação das expectativas dos clientes, adaptando a sua política de oferta aos novos hábitos e novos gostos que, na maioria das vezes, deverá procurar antecipar.

Tudo isto só será possível através da realização de investimentos inovadores na capacidade produtiva, em instalações, em tecnologia e em *marketing*, para, assegurando a qualidade dos bens ou serviços produzidos, garantir o grau de diferenciação que lhe assegure o sucesso no longo prazo.

A *decisão de investimento* assume, assim, uma importância decisiva na vida das empresas; base da sua criação, crescimento e modernização, representa, sobretudo, uma *aplicação de recursos de longo prazo* para responder a oportunidades e ameaças do mercado, criando ou reforçando o seu *potencial estratégico*.

As opções de investimento – justificadas apenas pelas necessidades internas e pelas oportunidades externas, por um lado, e pela sua viabilidade e rendibilidade, por outro lado – derivam, sobretudo, do *custo de oportunidade* relativo a aplicações alternativas desses recursos.

Justificada a necessidade interna e a oportunidade externa de investir, através de um *diagnóstico estratégico*, é fundamental *avaliar* a viabilidade e a rendibilidade do investimento, o que deve ser possibilitado por um *projeto de investimento* rigorosamente elaborado.

A eficiência da exploração de um investimento depende muito da qualidade das decisões de gestão, mas também, e em primeira instância, da qualidade das decisões da sua criação, as quais passam por decisões

DECISÃO DE INVESTIR

acertadas no âmbito da configuração física da fábrica *(layouts)*, das tecnologias adotadas, da organização fabril, que, na maior parte das vezes, podem condicionar fatores de eficiência, em termos da *dimensão* e da *diversidade*, associadas às economias de escala e de gama.

Naturalmente que a abordagem de questões ligadas às áreas tecnológicas far-se-á, sobretudo, no sentido da sua sensibilização para aspetos importantes a merecer tratamento adequado quando o *estratega de investimentos* for chamado a intervir em situações reais, admitindo que as mesmas serão desenvolvidas e completadas por especialistas adequados, num contexto de equipas multidisciplinares.

Decidida, também, a opção de investimento em termos de critérios de rendibilidade, importa, sequencialmente, decidir sobre a *estratégia de financiamento*, em termos da *proporção entre capitais próprios e alheios*, em primeiro lugar, e, para cada uma dessas fontes, as modalidades mais adequadas, em função da natureza das componentes do investimento a realizar.

Da eficiência da articulação entre as decisões sobre a estratégia de desenvolvimento, o investimento a realizar e a política de financiamento – conciliando-as com as respetivas condicionantes restritivas sempre presentes – depende, mais uma vez, o potencial estratégico da empresa e o sucesso da sua exploração.

Embora intuitiva para o empresário, como para o gestor, a assunção – na gestão corrente – de práticas e de critérios de controlo e redução de custos, é frequente assistirmos à realização de investimentos deficientemente analisados – limitando o desempenho económico e financeiro – e que, por isso, se revelam, no futuro, insuficientemente rendíveis.

Mesmo quando a empresa é lucrativa, a realidade a prazo pode ser outra, desde que os capitais investidos não sejam remunerados de acordo com as expectativas dos financiadores da empresa.

É por isso que o custo do capital, medido em termos do custo de oportunidade, tem sido o critério privilegiado para a seleção de alternativas de aplicação das diferentes fontes potenciais de fundos disponíveis, quer estejamos a abordar os custos implícitos[1] do capital, quer os explícitos[2],

---

[1] Definidos como *custos de oportunidade* relevante na decisão de investir, sendo medidos pela taxa de retorno da melhor oportunidade de investimento acessível à empresa e que será abandonada se um dado projeto for aceite (*Porterfield*, 1976).

[2] Que podem ser definidos como a *taxa de retorno* dos fluxos de caixa das oportunidades de financiamento (*Idem*).

INTRODUÇÃO

sem esquecer, neste particular, a importância determinante de termos de proceder à avaliação cuidada do impacte da incerteza sempre presente nas decisões de investir.

Neste âmbito, importa deter técnicas de determinação adequada do custo de oportunidade para evitar, em caso da sua sobrevalorização, rejeitar projetos interessantes para a empresa, ou, em caso de subavaliação, aprovar projetos de menor interesse para a empresa.

É, naturalmente, necessário dispor ainda de critérios de escolha entre aplicações alternativas de fundos, consistente com os diferentes modelos de avaliação dessas aplicações.

Interessam, aqui, portanto, os ensinamentos necessários para decidir sobre investimentos em ambiente de incerteza e risco, procurando assegurar economias globais optimizadas.

A incerteza na evolução dos pressupostos associados ao mercado e ao financiamento, bem como o desenvolvimento técnico e tecnológico que ocorre desde as últimas décadas ao nível global, veio exigir (novas) técnicas de *análise do risco do negócio* – sistemático, de origem interna e externa, e não sistemático (ou puro) –, sobretudo para compreender e identificar diferentes riscos (operacionais, tecnológicos, contingenciais e outros) decorrentes da atividade empresarial, promovendo o seu controlo e eventual transferência.

Complementarmente, se à empresa se oferecerem possibilidades de obter financiamento estatal, então, ainda por maioria de razão, os projetos de investimento devem ser analisados tendo, também, em consideração não só os habituais instrumentos de avaliação empresarial – que assegure a sua viabilidade e rendibilidade mínima –, como também devem ser considerados outros critérios, estes de *avaliação económica e social*, exigíveis pelas diferentes agências públicas que dão substância ao apoio que possa ser concretizado por parte do Estado nos seus diferentes componentes: órgãos centrais, regionais e locais.

Na realidade, desde a década de *1970*, que os diversos *sistemas de incentivos* utilizam critérios de avaliação económica e social para selecionarem os projetos de investimento que se candidatam ao financiamento público, reembolsável e não reembolsável, e mesmo a benefícios fiscais ou participações de capital de risco e a outros fundos de risco.

Será a todas estas prerrogativas que procuraremos responder neste livro, disponibilizando um conjunto de instrumentos de avaliação das condicionantes, quer na ótica empresarial, quer na ótica económica e social,

DECISÃO DE INVESTIR

que permitam uma fundamentada decisão de investir, aplicando fundos disponíveis ou obtendo o financiamento adequado.

É assim que na Parte I – *âmbito da decisão de investir* – se aborda o contexto das decisões de investimento, envolvendo o essencial da fundamentação estratégica, do projeto e da estimação económica e financeira, para além dos fatores de eficiência económica; sugere-se, neste âmbito, a leitura da organização dos mercados industriais como fonte de inspiração do diagnóstico externo à empresa, abordam-se as modalidades de crescimento da empresa, ao mesmo tempo que se estuda a forma como a dimensão e a diversidade influenciam a eficiência e a competitividade das empresas.

Na Parte II abordam-se as matérias relativas à decisão do investimento na *ótica financeira*, ou seja, *na ótica empresarial*; obedecendo à sequência das decisões que se tomam no âmbito desta ótica de decisão, são tratados nesta parte:

- Os critérios de rendibilidade do investimento, e do cálculo financeiro a eles associados, bem como dos critérios de seleção de projetos alternativos;
- O estudo das condicionantes de base para uma política de financiamento, ligados ao efeito de alavancagem financeira, bem como dos produtos financeiros associados aos mercados de crédito e de valores mobiliários, e ainda os custos que cada opção representa;
- A avaliação do risco nas decisões de investimento, valorizando e simulando os resultados da análise de rendibilidade, que complementam o quadro decisório do estratega de investimento, permitindo-lhe decidir num ambiente, cada vez mais atual, de incerteza e risco, de forma fundamentada e controlada.
- A avaliação global e de impacte do investimento na empresa, enquanto decisão final de investimento, tendo em conta não só os resultados da análise de rendibilidade, da opção de financiamento e do risco, mas também, e porventura sobretudo, os verdadeiros objetivos que estiveram por detrás da razão de ser do investimento, ou seja, aqueles que dão resposta ao diagnóstico das condicionantes internas e externas da empresa, em termos do reforço da sua competitividade no mercado.

Finalmente, na Parte III do livro, aborda-se a *avaliação económica e social*, subjacente à decisão de financiamento – na ótica pública – por parte dos organismos estatais, tratando-se, para além de uma síntese da experiência portuguesa nesta matéria, os dois métodos mais utilizados neste âmbito:

- A análise da rendibilidade social do investimento, considerando preços de referência adequados à ótica pública; e
- A avaliação do mérito do investimento em função dos objetivos da política pública.

O esquema seguinte *(Figura 1)* ilustra a lógica estrutural do livro.

Figura 1 – Lógica estrutural do livro

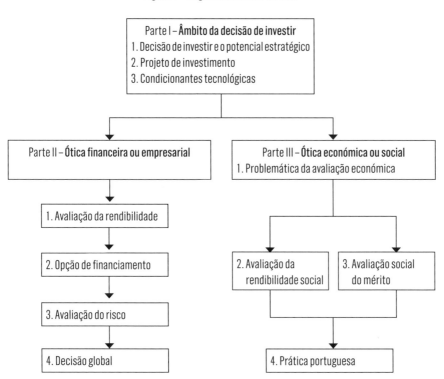

Este *esquema* servirá de referência na apresentação e discussão da generalidade dos exemplos de aplicação e, também, na resolução dos diferentes exercícios propostos no final dos capítulos, em especial dos exercícios n°s 9 a 12.

I
Âmbito da Decisão de Investir

A decisão de investimento é sempre uma decisão de médio e longo prazo, por definição – como mais à frente veremos – e por uma questão de horizonte temporal dos efeitos esperados.

No âmbito das decisões de médio e longo prazo, um primeiro conceito a reter é o de prospetiva – ou previsão de longo prazo – que poderemos definir, em termos gerais, como a "ciência que tem por fim, por um lado, o estudo das causas técnicas que aceleram a evolução do mundo moderno e, por outro, a previsão das situações que poderiam resultar das suas influências conjugadas" (definição de *Larousse e Augê* (1967)).

Porém, "o homem lúcido, o que deseja colocar-se no presente para saber para onde vai, deve igualmente conhecer o caminho que percorreu" (*Charroux*, 1976).

Ou seja, adaptando estas pequenas definições aos objetivos do nosso trabalho – a decisão de investimento em ambiente de incerteza e risco –, podemos considerar que, tão importante quanto a capacidade de antever o futuro do negócio, dos produtos e da empresa, é conhecer, tão profundamente quanto possível – e ser capaz de *dominar* em ordem à sua utilização na projeção do futuro – a história da empresa e dos seus fundamentos.

Regra geral, quando se usa a expressão "investimento", utilizamo-la em sentido estrito, isto é, estamos a referir-nos a algo que foi ou será construído de raiz. Todavia, o investimento numa empresa é algo que estará sempre a acontecer ao longo do seu ciclo de vida e que tem em conta não só objetivos de rendibilidade, mas também, e porventura sobretudo, os objetivos inerentes a uma estratégia global resultante de um diagnóstico estratégico que exige desempenhos diversos em termos de produtos (incluindo estratégias de gama), qualidade, produtividade, preço, prazos, estrutura de financiamento e rendibilidade.

De assinalar, ainda que, além do mais, os investimentos assumem determinadas características formais na empresa, como sejam:

i) Figuram no balanço como ativo fixo ou de longo prazo;
ii) São depreciáveis durante um determinado período de tempo, quer o seu valor seja ou não revisto regularmente, e que é, em geral, o da sua vida útil para a empresa, embora esta decisão se revista, as mais das vezes, de natureza arbitrária;
iii) São adquiridos fundamentalmente para utilização no negócio e não destinados a transação (revenda); e,
iv) São propriedade e controlados pela empresa.

Note-se que, após a construção de raiz (ou aquisição) de uma qualquer empresa – industrial, comercial ou de serviços –, tipicamente um investimento inicial, a empresa terá que realizar diversos outros tipos de investimento, de natureza estratégica ou meramente operacionais, qualquer deles, todavia, tendo sempre como objetivo (estratégico ou tático) o de melhorar as condições de desempenho – funcionamento – da empresa, logo, a sua rendibilidade.

Nem todas as questões relativas ao investimento são abordadas neste livro. A partir das questões básicas ou de partida, procuraremos aprofundar apenas na medida que esse aprofundamento seja necessário à decisão de investimento em ambiente de incerteza e risco.

Na verdade, acompanhando *Pike e Neale* (2009), as questões básicas relativas ao investimento são as seguintes:

– Quanto deve a empresa investir?
– Em quais projetos deve a empresa investir?

Com efeito, a restrição orçamental não é a única determinante na resposta à primeira pergunta, até porque a empresa não tem de investir toda a sua disponibilidade orçamental; esta constitui apenas um limite. Por outro lado, a escolha do ou dos projetos a investir coloca novas questões que iremos procurar identificar e responder nos capítulos seguintes do livro.

I · ÂMBITO DA DECISÃO DE INVESTIR

1 – DECISÃO DE INVESTIR – CRIAÇÃO DO POTENCIAL ESTRATÉGICO DA EMPRESA

1.1 – POTENCIAL ESTRATÉGICO DA EMPRESA

A eficácia de uma empresa depende, essencialmente, da sua capacidade de resposta ao mercado. Essa capacidade de resposta é organizacional, porque associada com a forma como os recursos necessários para responder ao mercado estão organizados.

Por outro lado, essa mesma capacidade de resposta organizacional deve realizar o presente e facilitar as realizações de futuro; dir-se-ia, pois, que aquela organização empresarial de resposta é uma organização estratégica, que tem em conta as respostas, no presente, aos desafios e oportunidades do mercado, e projeta-se no futuro, enquadrando-a na linha estratégica de desenvolvimento da empresa.

Assim, a organização estratégica, em sentido lato – na linha do que *Martinet* (1992) chama de *potencial estratégico* – representa a forma como a empresa está inserida no mercado, isto é, a capacidade de resposta da empresa à organização do mercado; melhor ainda, representa a estrutura que foi concebida para responder à organização do mercado.

Inserem-se no potencial estratégico, os meios de produção (tecnologia, recursos humanos, materiais), gama de produtos, estrutura organizacional, sistemas e procedimentos de gestão, estrutura e capacidade de financiamento, localização, lógica de crescimento (horizontal, vertical, conglomeral ou mista), dimensão económica, configuração produtiva (uma ou várias unidades fabris) e as relações da empresa com os restantes parceiros de mercado.

No potencial estratégico, afinal, estão inseridos todos os seus ativos, incluindo os de natureza intangível – não mensuráveis especificamente – como, por exemplo, o *know-how* dos seus ativos humanos ou as estratégias e lógicas de desenvolvimento.

A organização estratégica é, de facto, a resposta da organização empresarial à organização do mercado, sendo o resultado dos investimentos a sua substância.

A rendibilização dos investimentos faz-se através da sua exploração, ou seja, dos recursos por ele mobilizados, ou, em última instância, da exploração do potencial estratégico que eles representam.

Ainda segundo *Martinet* (1992), "cometem-se frequentes erros que consistem em atribuir os maus resultados da empresa a uma falta de eficácia da gestão corrente quando as causas residem na insuficiência do seu potencial (estratégico). O erro inverso, embora menos frequente, é igualmente cometido".

A empresa, qualquer empresa, organiza-se para responder à forma como o mercado está organizado, independentemente do número de empresas que nele concorram. A decisão de investimento é, por isso mesmo, uma das mais importantes decisões empresariais a considerar no âmbito da criação do potencial estratégico e que terá em conta sobretudo:

- O alcance da decisão de investimento – limite máximo da eficácia, pela qual determinamos a potencialidade máxima que pode ou não ser corrigida;
- O nível da decisão de investimento – potencial estratégico, que constitui uma capacidade de resposta à organização;
- As implicações de uma decisão de investimento.

O potencial estratégico representa, assim, o resultado do investimento, para além doutros fatores como as alianças estratégicas e demais relações com clientes, fornecedores, financiadores, seguradores, entre outros, ou mesmo a imagem da empresa promotora no mercado.

No fundo, é a resposta de uma organização *micro* (empresa) a uma organização *macro* (mercado), no âmbito económico que alguns autores designam de *mesoeconomia*, ou seja, o espaço de análise onde intervém a micro e a macroeconomia *(Figura 2)*:

Figura 2 – **Organização estratégica**

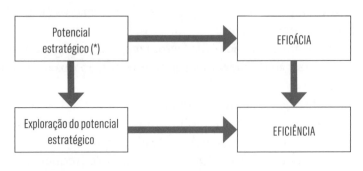

(*) Ou Organização estratégica

I · ÂMBITO DA DECISÃO DE INVESTIR

O esquema seguinte *(Figura 3)*, por seu turno, procura ilustrar as dimensões do problema:

Figura 3 – Potencial Estratégico

EFICÁCIA DA EXPLORAÇÃO DO POTENCIAL ESTRATÉGICO *(Gestão Corrente)*	*ZONA IV* Risco a Médio Prazo "Crise a Curto Prazo"	*ZONA I* Eficácia a Longo Prazo "Bons Resultados Financeiros"
Elevada Limiar Mínimo		
Fraca	*ZONA III* Declínio a Curto Prazo "Saída a curto prazo"	*ZONA II* Risco a Curto Prazo "Bom Desempenho"
	Fraca	*Limiar Mínimo* *Elevada*

CRIAÇÃO DO POTENCIAL ESTRATÉGICO
(Gestão Estratégica)

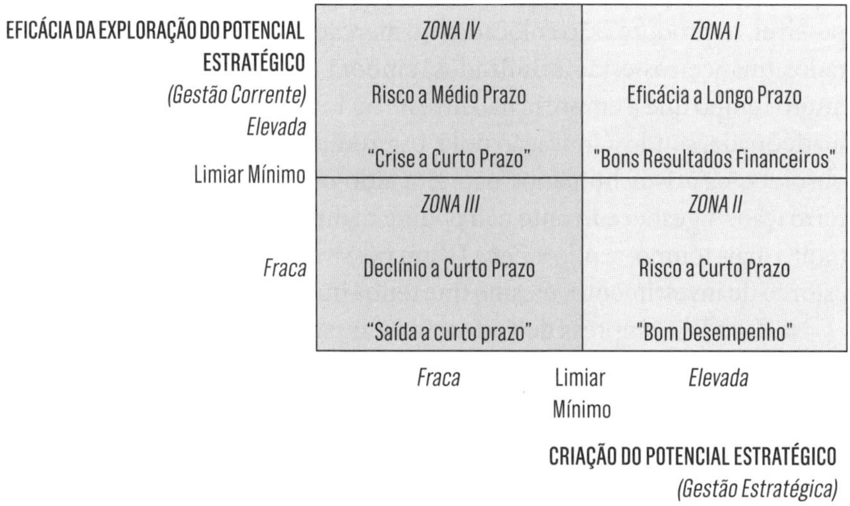

Fonte: adaptado de *Martinet*, 1992 e elaboração própria.

Podemos tipificar, na esteira de *Andrez* (1996), situações associadas a cada um daqueles cenários de desenvolvimento empresarial, apenas a título de exemplificação:

Na *Zona I*, a empresa investe continuadamente de forma adequada, mantendo o seu potencial estratégico em bom nível; a empresa é bem gerida em termos correntes, sendo a capacidade de produção empregue na totalidade, a produtividade estável, os produtos adequados às exigências do mercado, os resultados financeiros otimizados e o capital acumula-se a bom ritmo.

Na *Zona II*, a empresa investe de forma continuada, mantendo o seu potencial estratégico em bom nível; esse investimento reflete, no entanto, uma "crise de crescimento", as mais das vezes motivada por uma desadequação financeira, sendo que o desacerto financeiro constitui uma ameaça de curto prazo, ou por a gestão corrente denotar tais dificuldades, ou por

DECISÃO DE INVESTIR

outra ordem de razões, pondo em causa a melhor utilização dos investimentos realizados. Será urgente melhorar produtividades, rendibilidades e equilibrar as taxas de investimento com a estrutura financeira, aliviando o recurso a capitais alheios.

Na *Zona III*, a empresa é bem gerida em termos correntes, sendo a capacidade de produção totalmente empregue, a produtividade máxima possível, os produtos são colocados no mercado de forma natural, os resultados financeiros estão otimizados, embora de baixo nível; contudo, há muito tempo que a empresa não investe ou investe de forma incipiente ou inadequada, sendo a inovação nula, os produtos antiquados, a tecnologia obsoleta, os ativos humanos não têm sido objeto de renovação nem de formação. A gestão corrente não poderá manter o seu nível de eficácia por muito mais tempo, sendo a *Zona IV* um possível cenário se não realizar um esforço de investimento, mesmo que tenha que recorrer a novos parceiros.

Na *Zona IV*, a empresa deixou-se arrastar para o declínio; o seu potencial estratégico é fraco e a gestão corrente é incapaz de rendibilizar o pouco de positivo que lhe está associado. Naturalmente, os recursos financeiros serão insuficientes ou mesmo inexistentes e só a aquisição (venda), total ou parcial, da empresa poderá impedir a sua falência.

1.2 – NOÇÃO DE INVESTIMENTO

Tendo sido abordada a razão de ser do investimento – isto é, para criação do potencial estratégico –, importa agora precisarmos o que se entende por investimento, qual a sua tipologia, em função do que interessa para a nossa análise, e quais as suas manifestações.

Vejamos, na esteira de alguns autores, o entendimento (noção) de investimento.

Segundo *Barros* (1994), investimento é a aplicação de fundos escassos que geram rendimentos durante um certo tempo para maximizar a riqueza da empresa[3]. Retenha-se, neste particular, as ideias de *fundos* ou *recursos escassos* que são *aplicados ou afetos* durante certo *tempo* para gerar *riqueza ou rendimento* ou, ainda, (re)valorização.

---

[3] *Barros* (2007) opta por uma definição de investimento enquanto *despesa em ativos reais ou financeiros com o objetivo de gerar um excedente que remunere a aplicação efetuada.*

Por seu lado, *Couvreur* (1978), avança com duas outras vertentes na definição de investimento: em termos gerais, será a afetação de bens à produção a longo prazo de outros bens ou serviços; em termos financeiros, representa a troca de uma soma presente contra a esperança de receitas futuras.

Acrescenta-se, na definição de *Couvreur*, a *transformação* dos bens ou recursos noutros bens. É já uma noção de investimento industrial.

Já *Abecassis e Cabral* (2000), são ainda mais precisos ao distinguirem entre:

a) *Investimento em termos gerais*, que representa a troca de uma possibilidade de satisfação imediata e segura traduzida num certo consumo, pela satisfação diferida – instantânea ou prolongada – traduzida num consumo superior;

b) *Investimento em sentido estritamente financeiro*, que representa qualquer aplicação de capitais a prazo;

c) *Investimento industrial* (em sentido económico, técnico e financeiro), que representa não apenas a criação ou aquisição de ativos fixos tangíveis por uma entidade, mas toda a operação que tenha por objeto criar ou adquirir meios a serem utilizados permanentemente durante um certo período mais ou menos longo. Esses meios podem ser:

- De capital ou imobilizado fixo: ativos fixos tangíveis (terrenos, infraestruturas, edifícios, instalações, equipamentos e viaturas e ainda títulos de participação) e ativos intangíveis (*goodwill*, estudos, projetos, investigação, direitos, patentes, licenças, marcas, trespasses, formação e treino do pessoal);
- De capital circulante: inventários necessários ao funcionamento normal da empresa – matérias-primas necessárias para um ciclo de produção e vendas e produtos necessários para um ciclo de vendas e compensação dos valores dos débitos de fornecedores de materiais e créditos concedidos a clientes para um ciclo de produção e vendas.

Parece ser a definição mais abrangente. Regista a possibilidade de afetação ou aplicação de bens (consumo, criar ou adquirir meios, etc.) para utilização permanente. O investimento constitui-se, assim, como um processo dinâmico.

Solnik (1994), por seu turno, afirmava que o investimento se traduz por uma imobilização significativa de capitais com o objetivo de gerar a longo prazo uma rendibilidade elevada, se bem que hipotética e, portanto, arriscada. Chamava, assim, a atenção para o risco subjacente a qualquer processo (decisão) de investimento, ou seja, ao ambiente de incerteza em que a decisão é tomada.

Para *Menezes* (1995), "do ponto de vista económico, investir significa alterar, mais ou menos significativamente, e de uma forma geralmente irreversível, as estruturas técnicas, produtivas, administrativas ou comerciais da empresa e, como tal, mudar, também mais ou menos profundamente, a sua situação estrutural interna e as suas relações com o exterior, dentro do quadro momentâneo em que se insere". Definição particularmente abrangente, chamando a atenção para a irreversibilidade da maioria dos investimentos.

Soares et al. (2007), interpretam, por seu turno, o investimento (real) numa ótica marcadamente económica, considerando-o como *todo o «sacrifício», consubstanciado numa troca de satisfação atual (associada ao custo) por satisfação futura (associada a benefícios esperados incertos) tendo como objetivo a produção (venda) de bens ou a prestação de serviços*. Esta definição tem o mérito de associar as noções de custo e de benefícios próprias da análise de rendibilidade do investimento.

Finalmente, para *Silva e Queiroz* (2009), o conceito de investimento pode assumir três noções complementares. Uma noção contabilística, em que os *investimentos são os factos patrimoniais modificativos ou permutativos que se podem classificar numa conta* de ativos fixos tangíveis ou intangíveis ou ainda de propriedades de investimento *(SNC)*; uma noção financeira, associada a *um «empate» de capital: as necessidades de fundo de maneio*; e, uma noção económica, ligada à *noção de custo de oportunidade: sempre que alguém realiza uma escolha, é porque teve de optar entre duas ou mais hipóteses*, ou seja, a *troca de possibilidade de satisfação imediata e segura (consumo imediato) por uma possibilidade de satisfações diferidas no tempo (consumos diferidos) sujeitas a alguma incerteza*.

As implicações de registo contabilístico do património investido e o custo de oportunidade associado à escolha são elementos aqui relevados de novo.

Retenhamos, destas propostas de definição de investimento, os seguintes elementos que devem estar associados à sua noção:

– Aplicação de recursos escassos;
– Objetivo de rendimentos acrescidos relativamente aos custos;
– Análise de longo prazo;
– Ambiente de incerteza e risco da decisão;
– A irreversibilidade da decisão de investimento.

1.3 – TIPOLOGIA DE INVESTIMENTOS

Para além, das noções dos investimentos em termos económicos e financeiros, atrás abordados, são diversas as classificações de investimento, em função de diferentes óticas de análise; as mais pertinentes, no âmbito das decisões de investimento, são as que a seguir se tratam, considerando que, em princípio, estão associados aos resultados, ou seja, condicionam a qualidade do potencial estratégico do investimento e condicionam as suas opções de financiamento ou gestão.

a) Segundo o sentido da aplicação:

Reconhecendo que o investimento é, entre outras coisas, uma aplicação de fundos escassos, essa aplicação tem dois sentidos, o da aplicação propriamente dita e o da retirada (re-aplicação), acto tão inteligente, tão justificável e tão determinante para a viabilidade e a rendibilidade da empresa, quanto a aplicação em sentido contrário; assim, a primeira classificação será a seguinte:

- De sinal positivo: aquisição de recursos (investimento, propriamente dito);
- De sinal negativo: venda de recursos (desinvestimento).

b) Segundo os objetivos

No âmbito destes investimentos relevam-se os fatores de eficiência económica, ou seja, os que afetam os recursos técnicos; estão aqui contemplados os impactes dimensionais, os efeitos diversificantes, as opções de crescimento, a localização e o impacte na estrutura de custos.

Uma classificação possível seria, então, a seguinte:

- Crescimento: expansão e inovação (novos produtos);
- Racionalização: modernização, renovação e subcontratação;

DECISÃO DE INVESTIR

- Conversão: liquidação, reconversão, reorganização;
- Domínio de competências: *I&D*, formação e estudos.

c) Segundo a relação entre si

Nesta classificação tem-se em conta os fatores de eficácia que afetam os resultados (leia-se, rendibilidade), ou a sua exatidão.

São fatores a considerar os seguintes: efeitos perdidos e associados *(sunk effects)*, nomeadamente os investimentos anteriores (a empresa pré--projeto); temos aqui os custos com os investimentos associados ou complementares, os custos diferidos (parcialmente rendibilizáveis no futuro) e os investimentos antecipados (parcialmente utilizados no passado):

- Independentes – nada têm a ver um com o outro;
- Dependentes:

  - Complementares – um implica o outro;
  - Mutuamente exclusivos – um exclui o outro.

d) Segundo a cronologia dos fluxos

Nesta classificação, tem-se em conta os fatores de eficiência financeira ligados à variável tempo, a qual influencia a cronologia dos fluxos económicos que, por sua vez, condiciona a cronologia e as lógicas de financiamento (sendo a programação dos mesmos muito importante), a atualização dos valores (considerando as taxas de atualização e a configuração dos fluxos) e os valores residuais (normalmente esquecidos ou não avaliados devidamente).

- i) Industrial:

  - Investimento pontual e rendimento contínuo *(Point input/Continuous output)*; Ex.: projeto.
  - Investimento e rendimento contínuos *(Continuous output/Continuous input)*; Ex.: empresa.

- i) Não Industrial

  - Investimento e rendimento pontuais *(Point input/Point output)*; Ex.: exploração de uma floresta.

- Investimento contínuo e rendimento pontual *(Continuous input/ Point output)*; Ex.: seguro de vida.

Segundo a *cronologia dos fluxos* teremos, assim, por exemplo *(Figura 4)*:

Figura 4 – **Cronologia dos fluxos**

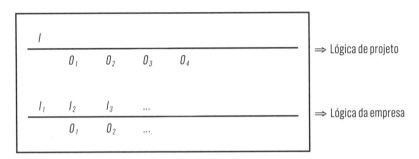

A função planeamento é, nesta dimensão, uma função contínua, ilimitada, servindo de orientação para o trajeto a seguir pela empresa, a que deve ser dada continuidade logo e quando atingida a meta (objetivo).

1.4 – ÂMBITO ADMINISTRATIVO DAS DECISÕES DE INVESTIMENTO

O contexto das decisões de investimento é muito amplo, exigindo competências diversas e equipas multidisciplinares capazes de cobrir todas as áreas de conhecimento que suportam uma decisão de investimento. De um modo sintético, o esquema seguinte *(Figura 5)* apresenta essa tipologia das áreas de conhecimento ou de análise necessárias para uma boa tomada de decisão:

Figura 5 – **Tipologia das áreas de conhecimento**

Importa ainda analisar o âmbito das decisões de investimento que, como sabemos, corresponde às decisões empresariais geradoras do potencial estratégico.

Acompanhando *Martinet* (1992), "a vida da empresa é constituída por uma multiplicidade de decisões e de ações (...), nem todas com o mesmo alcance, pondo em jogo os mesmos recursos ou tomadas pelas mesmas pessoas". A precisão das responsabilidades, as amplitudes e a afetação de recursos de cada uma daquelas decisões e ações é fundamental para a sua eficácia.

Tradicionalmente, diferentes autores discutindo a estratégia[4], quase sempre referindo *Ansoff* (1968), classificam as decisões empresariais em três tipos:

a) *Estratégicas*, que dizem respeito às orientações (decisão estruturada, tomada ao nível superior de decisão) relativas às opções de desenvolvimento, aos mercados e aos produtos;
b) *Administrativas*, que respeitam e condicionam a estrutura da empresa e a mobilização dos recursos;
c) *Operacionais*, referentes à exploração corrente.

---

[4] Sobre a temática do processo e do pensamento estratégico, ver também *Cruz* (2006:61-86).

Embora refiram as decisões administrativas, esses mesmos autores concentram a sua atenção nas decisões estratégicas e nas decisões operacionais ou correntes, segundo a expressão de *Martinet* (1992), para quem o termo *operacional* é mais utilizado para referir o nível da decisão corrente.

No entanto, o tipo de decisão intermédia é muito importante pois é aquele em que as opções estratégicas se convertem em realidades exploráveis pelas decisões correntes.

Na verdade, existem outras propostas, nomeadamente as que têm em conta as condicionantes das decisões com o meio envolvente e com as determinantes tecnológicas da implementação estratégica, como é o caso da de *Mussche* (1974) que propõe o seguinte:

a) *Estratégicas*, que envolvem a escolha do comportamento global de longo prazo relativamente ao meio envolvente;
b) *Táticas*, que realizam a curto e médio prazo as decisões estratégicas, organizando os meios (recursos) necessários;
c) *Administrativas*, que respeitam à gestão dos recursos a curto prazo;
d) *Mecânicas* (operacionais), que asseguram o funcionamento diário da empresa.

Introduzindo um novo nível (tipo) de decisão, o tático, este autor expõe exatamente a preocupação da identificação de um espaço de decisão, ora decorrente das decisões estratégicas (na teorização, sobretudo), ora com as correntes (na implantação) que constituem o âmbito natural das decisões de investimento, ou seja, da organização e aquisição dos recursos necessários para converter as decisões estratégicas em decisões correntes, que deve ter um espaço próprio e, por isso mesmo, uma teoria própria.

O campo de decisão do potencial estratégico é, de facto, intermédio: entre o da gestão estratégica, associada às decisões de orientação sobre o desenvolvimento da empresa, implicando ou não investimento, e o da gestão operacional. O investimento decide-se na vertente tática, na qual se executam as orientações estratégicas mobilizando os recursos necessários para a configuração tecnológica adequada – em ativos humanos, em *I&D*, em organização, em conhecimento (prospeção) do mercado, em edifícios e equipamentos, em formação, em comunicação e informação, entre outras variáveis – e que, na sua vertente estrutural, organiza as responsabilidades no interior da empresa.

DECISÃO DE INVESTIR

É, aliás, nesta dimensão, que *Andrez* (1996) se propõe definir o potencial estratégico como a capacidade virtual da empresa para enfrentar o mercado, resultante de um compromisso entre as suas opções de desenvolvimento, de produto(s) e de mercados e as condicionantes tecnológicas associadas à organização dos recursos. Por seu turno, a exploração do potencial estratégico está associada à gestão corrente, a qual se preocupa com a conversão desses investimentos em resultados (eficácia) de curto e imediato prazo.

Acompanhando *Martinet* (1992), dir-se-á que "se a gestão corrente permite realizar, a estratégia (leia-se, com as orientações da estratégia e com a criação tática do investimento) deve colocar a empresa em posição de realizar".

Para simplificar, podemos admitir três níveis (tipos) de decisões:

a) *Estratégicas*, que envolvem as orientações sobre o potencial estratégico, implicando a escolha do comportamento global de longo prazo relativamente ao meio envolvente, e as opções de desenvolvimento, de mercados e de produtos;

b) *Administrativas*, responsáveis pela criação do potencial estratégico e que, em termos táticos, concretizam a curto e médio prazo as decisões estratégicas, adquirindo os meios ou recursos necessários e, em termos estruturantes, organizam a estrutura empresarial para a sua exploração;

c) *Correntes*, correspondentes à exploração do potencial estratégico, assegurando o funcionamento diário da empresa.

A distinção entre estes níveis de gestão (interdisciplinares e complementares) e as correspondentes expressões do desempenho empresarial – a adequabilidade do potencial estratégico e a eficácia da sua exploração – é importante para o diagnóstico e para as medidas a tomar.

O quadro seguinte permite caracterizar, sinteticamente, as diferenças entre os três níveis de decisão definidos *(Quadro 1)*:

I · ÂMBITO DA DECISÃO DE INVESTIR

Quadro 1 – **Características dos vários níveis de decisão**

Aspetos: \ Níveis de decisão	Decisão estratégica	Decisão administrativa	Decisão corrente
Nível de gestão:	Institucional	Intermédio	Operacional
Impacte no potencial estratégico:	(Re)Orientação	(Re)Criação	Exploração
Decisões–chave:	Opção de desenvolvimento e de organização global da empresa	Organização dos recursos de longo prazo e da estrutura de decisão e de responsabilidades	Organização dos recursos de curto prazo (materiais, pessoal, produção, financeiros)
Incidência/função:	Empresarial (conjunto fabril)	Departamental (fábrica)	Operacional (setor produtivo)
Horizonte temporal:	Longo prazo	Médio prazo	Curto prazo
Reversibilidade:	Fraca	Média	Forte
Problema:	Seleção do mercado/produto para investir	Estruturação dos recursos para melhor eficiência do investimento	Realização eficaz das tarefas para recuperação do investimento
Natureza do problema:	Distribuição dos recursos da empresa por oportunidades de mercado	Organização e aquisição dos recursos	Utilização dos recursos por áreas funcionais
Informação:	Parcial, incompleta	Sistematizada, necessária	Ampla, estruturada, completa
Características–chave:	Decisão centralizada. Ignorância parcial não programada	Conflito entre estratégia e operações	Decisões descentralizadas, repetitivas e programadas

Fonte: adaptado de *Martinet*, 1992 e elaboração própria.

Da análise do *quadro* podemos retirar diferentes ilações, como sejam:

- As decisões estratégicas estão associadas às noções de globalidade, intuição, simultaneidade, síntese;
- A maior parte das decisões estratégicas são irreversíveis ou com alterações – reversões – implicando custos adicionais mais ou menos significativos;

- A decisão de investimento é tomada ao nível administrativo;
- As decisões de investimento são avaliadas como opções futuras (e não de curto prazo);
- As decisões tácticas – ligadas às noções de lógica, argumentação, esclarecimento, analíticas – são tomadas ao nível administrativo ou intermédio (de médio prazo) que dá corpo e substância à organização estratégica.

As decisões de investimento são avaliadas como opções futuras, e nunca como de curto prazo, porquanto muitas das decisões de investimento são irreversíveis, tanto mais que qualquer alteração no potencial estratégico (investimento) implicará custos mais ou menos significativos (por exemplo: a aquisição de um equipamento).

As responsabilidades por cada tipo de decisão no seio da empresa pertencem a níveis de gestão também diferentes – daí a importância deste tipo de estruturação teórica do fenómeno empresarial de decisão.

Note-se, no entanto, que as empresas pequenas, médias ou grandes possuem todas as mesmas funções de gestão, que poderão ser preenchidas de forma diferente. Por exemplo, na obtenção de recursos, em qualquer dos casos teremos situações de partilha e cooperação (inter-departamental) e, na aquisição de serviços (subcontratação), todas podem recorrer, em alternativa, à internalização de determinadas competências (através da assistência técnica ou da consultadoria).

Em síntese, o esquema seguinte *(Figura 6)* estrutura as relações entre os diferentes níveis de gestão e os conceitos até aqui desenvolvidos:

Figura 6 – Relações entre diferentes níveis de decisão

Daqui se podendo inferir que o gestor corrente, ao preparar uma decisão, é um gestor que está (sempre) condicionado pelo potencial estratégico disponível na empresa.

Finalmente, importa tecer algumas considerações relativamente ao processo de decisão recorrendo ainda a *Ansoff* (1968). Para este autor, há duas filosofias no processo de decisão:

1º *Processo de decisão em série*, em que os problemas são identificados pelos efeitos visíveis sobre o potencial estratégico da empresa, e não pelas causas, confundindo-se o tipo de decisão a intervir;
2º *Processo de decisão em paralelo*, a partir do diagnóstico adequado, em que a empresa identifica as causas do problema e, assim, a responsabilidade da sua resolução.

Os esquemas seguintes *(Figuras 7 e 8)*, sintetizam o que acima referimos:

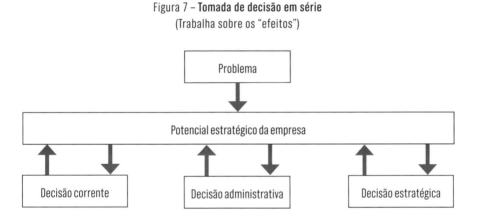

Figura 7 – **Tomada de decisão em série**
(Trabalha sobre os "efeitos")

Fonte: adaptado de *Cyert e March* (1970) e elaboração própria.

Como se verifica, o processo de decisão em série possibilita erros de decisão, principalmente em pequenas empresas onde os níveis institucionais de decisão não estão, não podem estar – em razão da sua dimensão natural – devidamente separados.

Assim, acumulando-se (níveis de) responsabilidades e, não se tendo a noção da filosofia das decisões, estas são confundidas, o que já não será possível no processo de decisão em paralelo:

DECISÃO DE INVESTIR

Figura 8 – **Tomada de decisão em paralelo**
(Trabalha sobre as "causas")

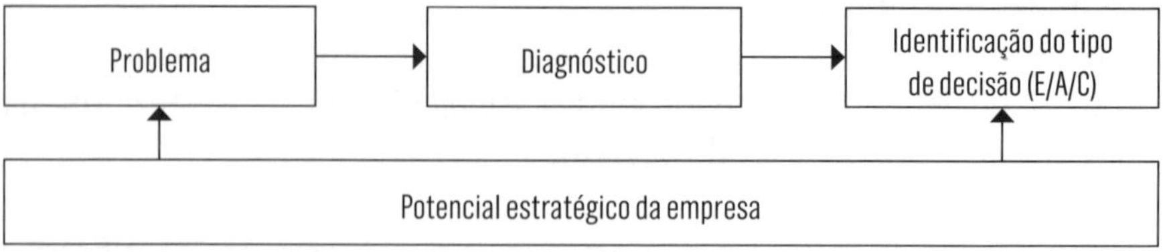

| Problema | → | Diagnóstico | → | Identificação do tipo de decisão (E/A/C) |

| Potencial estratégico da empresa |

Fonte: adaptado de *Cyert e March* (1970) e elaboração própria.

1.5 – INVESTIMENTO E MODALIDADES DE CRESCIMENTO

O investimento, como vimos, constitui uma forma de aplicação de recursos escassos, viabilizando a função de crescimento da empresa. Não obstante, para além do investimento, a empresa pode também crescer através de um acto de fusão ou absorção (aquisição).

Ao investimento em novos ativos (capacidade produtiva) associa-se uma forma de crescimento interno na empresa, isto é, adicionando ativos e oferta ao setor, à estrutura do mercado. Em contrapartida, o processo de fusão e a aquisição representam uma forma de crescimento externo, ou seja, um modelo de internalização na empresa de ativos e oferta já existente externamente no mercado (por processo de fusão ou de aquisição de outra empresa). Estas diferenças podem ter implicações estratégicas importantes devendo-se ter presente as vantagens ou inconvenientes, em determinadas situações concretas, de se optar por uma ou por outra forma de crescimento.

Poderíamos discutir – e não é pacífico – se a aquisição de uma empresa não é para a entidade compradora, um investimento dado tratar-se de *adquirir* recursos se bem que já organizados. Com efeito, para muitos autores, a aquisição de empresas não deve ser identificada como investimento, mas como simples mudança de propriedade.

Porém, se admitirmos, como será curial, que após a aquisição a estratégia da empresa deverá ser alterada (revista), adaptando-a à estratégia implantada na organização compradora, então, deve considerar-se a operação de aquisição de empresas como investimento. É o que admitem *Pike e Neale* (2009) já que assumem que os investimentos não têm de ser puramente internos; as aquisições representam uma forma externa de investimento.

I · ÂMBITO DA DECISÃO DE INVESTIR

A não consideração de uma aquisição ou absorção como investimento está, sobretudo, associada à conciliação das noções *macro* e *micro* económicas de investimento. Na verdade, a noção macroeconómica de investimento não contempla a aquisição de empresas, uma vez que não vem acrescentar ativos (valor), capacidade produtiva ou capital fixo no mercado, ou seja, não gera *formação bruta de capital fixo*.

Todavia, segundo *Couvreur* (1978), existe uma analogia dos objetivos destas duas formas diferentes de crescimento, devendo-se submetê-las ao mesmo estudo de decisão empresarial, ou seja, o investimento.

Na realidade, as fusões correspondem à maioria dos objetivos estratégicos de investimento. No *crescimento*, e em termos gerais, permite o aumento imediato da capacidade produtiva possibilitando vendas imediatas e eliminando concorrentes; em termos específicos, na *integração vertical*, permite acrescentar atividades a montante e a jusante, eliminando dependências em domínios ainda não assegurados. No *crescimento quantitativo*, permite o acesso a novos mercados, o aumento da capacidade produtiva, a possibilidade de utilização de equipamentos de desproporção dimensional a preços inferiores; na *diversificação*, possibilita a introdução de novos produtos e especialidades.

São, resumidamente, as seguintes, as vantagens do crescimento externo (por fusão ou aquisição):

- Constituem um meio de crescimento acelerado, ganhando tempo ao nível do desenvolvimento e do crescimento – a produção é imediata, as redes comerciais existem, os ativos humanos estão treinados, a clientela está conquistada e o investimento potencial é reforçado;
- Possibilitam a aquisição de recursos de forma integrada, não disponíveis no mercado: imagem, ativos humanos, investigação e desenvolvimento, redes de comercialização, produtos, tecnologias, entre outros;
- Permitem aumentar a quota de mercado sem aumentar a oferta setorial (a aquisição de empresas permite um certo equilíbrio do mercado da oferta);
- Eliminam concorrência (lógica estratégica de comportamento, não uma lógica de investimento);
- Diminuem o risco de planeamento;
- Induzem benefícios fiscais;
- São menos exigentes em capitais próprios (efeito alavanca inferior);

DECISÃO DE INVESTIR

- Conduzem a uma maior capacidade (poder) de endividamento;
- Geram uma solução potencialmente menos onerosa.

Como qualquer outra opção, a fusão e a aquisição têm também desvantagens potenciais. Com efeito[5]:

- Conduzem, geralmente, a uma configuração final não otimizada;
- Podem originar riscos de reputação escondida (*ocultos*, na imagem exterior da empresa, por exemplo);
- Induzem crescimento rápido podendo gerar riscos e custos acrescidos (por dificuldades de utilização);
- Travam a inovação pela aquisição de equipamentos usados;
- Desmotivam dirigentes pela perda de independência[6] (para os *absorvidos*) podendo mesmo gerar fricções nas relações de trabalho pelo *choque cultural*;
- Tornam mais complexa a gestão e a reorganização empresarial, gerando custos acrescidos.

De notar que uma vantagem de crescimento externo constitui uma desvantagem do crescimento interno e vice-versa. Pelo que as opções entre estratégias de investimento interno ou investimento externo devem ser sempre combinadas no longo prazo, umas vezes uma opção, outras vezes a outra, de acordo com as condicionantes de cada momento de investimento. O investimento externo constitui sempre uma alternativa de investimento.

As opções dependem, pois, das determinantes do mercado, tecnológicas e financeiras, associadas às vantagens e desvantagens descritas. Assim, a urgência de um investimento ou a dificuldade de penetração no mercado ou tecnologia, podem sugerir uma absorção; em contrapartida, exigências de eficiência ou antecipação estratégica sugerem o crescimento interno.

1.6 – POLÍTICA DE INVESTIMENTO

As empresas industriais enfrentam atualmente uma competitividade empresarial mais abrangente, que acrescenta à capacidade de conquista e

---

[5] Ver, também, sobre esta temática, *Andrez* (1996).
[6] Que pode suceder por eliminação de funções, pela transferência de responsabilidades, por reorganização, etc..

manutenção de mercados a necessidade de conceder condições de trabalho dignificantes, remunerar adequadamente todos os fatores de produção, manter positivas as estruturas financeiras e equilibradas as relações da empresa com o ambiente, otimizando a utilização de recursos, com acuidade para os naturais e energéticos, a par de uma inovação tecnológica constante.

Como resposta àqueles desafios, as empresas reagem de forma positiva através de um planeamento estratégico adequado que responda de forma gradual, mas precisa, ao ajustamento estrutural das empresas – preparando a diversificação dos produtos e mercados, intensificando o nível de qualificação dos ativos humanos, reforçando o quadro técnico e de gestão, racionalizando a produção, modernizando e inovando sempre que possível a tecnologia de produção, apetrechando adequadamente as infra-estruturas de controlo de qualidade, de planeamento do produto, de investigação e desenvolvimento, mobilizando intensamente a informação necessária a uma gestão comparada e fundamentada, racionalizando as estruturas organizativas capazes de viabilizar a introdução de métodos e técnicas avançadas de gestão.

Na busca da competitividade, a empresa procura assegurar uma utilização ótima das potencialidades particulares de que dispõe, internas ou externas, e de uma exploração ideal das ocasiões propícias que se apresentam, para a qual o fator decisivo é o talento dos empresários, mesmo que num clima comercial desfavorável.

Para este efeito, é necessário, obviamente, uma política de investimentos adequada. Na verdade, a decisão de investir é uma das mais importantes decisões de estratégia empresarial. Com ela pretende-se manter ou reforçar a base competitiva da empresa, fulcro fundamental da sua base de sustentação real a prazo.

2 – PROJETO DE INVESTIMENTO – A FUNDAMENTAÇÃO DO INVESTIMENTO

2.1 – NOÇÃO DE PROJETO – SUA DISTINÇÃO COM A NOÇÃO DE INVESTIMENTO

Muitas vezes utiliza-se indistintamente "investimento" e "projeto" como se da mesma realidade se tratasse, o que não é rigoroso. Convém, realmente, não confundir as noções de "investimento" e de "projeto" entre si: enquanto o investimento representa a concretização do acto de inves-

DECISÃO DE INVESTIR

tir, propriamente dito, o projeto pode ser entendido em dois contextos diferentes:

- Num contexto, representa a intenção (e as suas opções). Em última análise, o projeto constitui o processo estruturado da tomada de decisão, configuração e resultados esperados do investimento;
- Noutro contexto, representa a informação estruturada que apoia e fundamenta as opções associadas à tomada de decisões no âmbito do investimento; em última análise, representa o dossiê de apresentação do investimento, e das suas alternativas.

Note-se, a este propósito, que para *Barros* (2007), o projeto – de investimento – constitui *uma proposta de investimento*, mais concretamente, uma proposta de aplicação de recursos escassos que possuem aplicações alternativas a um negócio que, espera-se, gerará rendimentos futuros, durante um certo tempo, capazes de remunerar a aplicação.

Em termos gerais, de acordo com *João M. Espada*, citado por *Abecassis e Cabral* [2000), o projeto constitui "...um processo específico utilizado por uma entidade, pública ou privada para atingir objetivos por cuja fixação é responsável."

Em termos específicos, *projeto de investimento*, segundo *Abecassis e Cabral* [2000), será "...*um conjunto sistematizado de informações* visando a fundamentação de uma *decisão de investimento."*

Neste mesmo sentido se pronunciam *Soares et al.* (2007), para quem o projeto de investimento é um documento de apoio à análise e à implementação do investimento na circunstância de decisão positiva, constituindo *o instrumento que contém a definição do montante de recursos a aplicar (o custo), a mensuração no tempo dos benefícios futuros esperados, as condições de financiamento do investimento e, também, entre outra informação, as condições técnicas a ter em consideração para atingir os objetivos pretendidos com o investimento.*

Pelo que, ainda *antes de o projeto tomar a sua forma final*, a sua configuração implicará *um significativo número de escolhas intercalares na procura das soluções que representem o melhor compromisso com os objetivos fixados*, e será sobre estas escolhas que *assentará posteriormente a definição dos pressupostos de cálculo dos valores previsionais de custos e proveitos, de recebimentos e pagamentos, associados ao projeto, sobre os quais será efetuada a análise da sua viabilidade e interesse* (*Cebola*, 2009).

I · ÂMBITO DA DECISÃO DE INVESTIR

Neste contexto, o projeto serve, essencialmente, para se proceder ao estudo da viabilidade do projeto, bem como da sua rendibilidade.

Apresenta-se de seguida uma estrutura possível *(Tabela 1)* para o estudo de *viabilidade*:

Tabela 1 – **Estudo de Viabilidade (exemplificação: investimento de raiz)**

1. Introdução
Dados de identificação do promotor
Objetivos e características do projeto
Políticas globais e setoriais que favorecem o projeto
Antecedentes do projeto
2. Capacidade do Mercado
Estudo da procura de mercado
Características da oferta e avaliação da sua capacidade
Aspetos característicos da formação dos preços
Especificidade dos sistemas de distribuição e comercialização dos produtos
Vendas previstas e programa de produção
3. Estudos Técnicos
Características técnicas do produto
Localização/implantação: acessibilidades/meios de transporte
Capacidade de produção do projeto
Aspetos técnicos: dimensão, tecnologia, engenharia e arquitetura
Consumos específicos dos fatores de produção
Organização da unidade económica e gastos gerais
Mão-de-obra: necessidades, qualificação, funções, massa salarial
Programação da implementação: instalação, arranque e rodagem da produção
4. Orçamento do Projeto
Enquadramento macro-económico e hipóteses de base
Plano do investimento: natureza e origem do investimento
Plano de exploração/demonstração de resultados: natureza e origem
Financiamento do projeto
Demonstrações financeiras e rácios económicos e financeiros
5. Integração/Conclusões
Avaliação financeira e do risco incorporado
Avaliação do projeto na ótica da coletividade

DECISÃO DE INVESTIR

2.2 – ÂMBITO DA GESTÃO DE PROJETOS

A decisão de investimento insere-se numa área mais vasta de decisões associadas ao investimento a que, de forma simplificada chamaríamos de gestão de projetos (de investimento) cujas fases se poderiam tipificar da forma seguinte *(Tabela 2)*:

Tabela 2 – **Gestão de projectos (de investimento)**

1ª Preparação
– Definição de objetivos;
– Identificação e formulação de alternativas;
– Planeamento e avaliação de recursos e atividades;
– Decisão/seleção/hierarquização.
2ª Implementação
– Programação de atividades e recursos;
– Negociação e contratação;
– Execução do investimento;
– Controlo.
3ª Exploração
– Entrega da obra;
– Início da atividade;
– Funcionamento/exploração;
– Resultados.

O âmbito em análise da *decisão de investir* corresponde à subfase "decisão/seleção/hierarquização" da fase *preparação* apresentada, a qual deveria começar, sempre, pelo diagnóstico estratégico.

2.3 – DIAGNÓSTICO E A ANÁLISE ESTRATÉGICA

2.3.1 – CONTEXTO DA DECISÃO – A ORGANIZAÇÃO DO MERCADO

A tomada de decisão adequada sobre a criação do potencial estratégico de uma dada empresa faz-se após uma avaliação empresarial que comporta não só a análise da sua situação (interna e externa) – dando origem ao *diagnóstico* – como também dos cenários e opções de desenvolvimento em função deste, gerando a *análise estratégica.*

Previamente a uma abordagem daquelas duas reflexões no âmbito das decisões sobre o potencial estratégico, importa passar por uma abordagem sobre duas áreas importantes para o domínio do *diagnóstico e da análise estratégica* e que estão associados, por um lado, com o âmbito global destes estudos, com relevância para a análise externa do diagnóstico e da estratégia – isto é, a an*álise da organização do mercado* – e, por outro lado, com os fatores internos (de longo prazo) que afetam os resultados operacionais.

Perante uma decisão de investimento, qualquer empresa, seja qual for a sua dimensão (grande ou pequena), deve definir a sua estratégia de desenvolvimento por forma a, com esse investimento, assegurar a sua coerência com investimentos futuros, bem como facilitar a sua integração positiva nos investimentos do passado.

Por outro lado, para fundamentar o planeamento estratégico, a empresa deverá proceder a um adequado diagnóstico das suas situações interna (pontos fortes e fracos) e externa (oportunidades e ameaças).

A situação interna está associada com o estado de desenvolvimento de cada um dos elementos funcionais da empresa – produtiva, comercial, financeira e de organização – o que envolve técnicas, tecnologias e ativos humanos e recursos financeiros adequados à sua gestão.

A situação externa *(condicionantes externas)* – no plano da organização industrial e no de estudos de mercado –, refere-se ao meio em que a empresa se movimenta (concorrentes, clientes, fornecedores e outros interessados), estando, por isso, associada ao mercado em função do estado e do comportamento dos concorrentes (a nível de produtos, de circuitos comerciais e de condições de comercialização e de tecnologias utilizadas) e tem a ver, também, com a disponibilidade de ativos humanos e de recursos materiais, tecnológicos e técnicos, bem como com as tendências da procura, condições de financiamento e de tributação e até com a situação política.

DECISÃO DE INVESTIR

Só a partir do conhecimento profundo da situação externa e interna da empresa esta estará em condições de definir a estratégia de desenvolvimento adequada à situação: expandir-se (horizontal, vertical ou diversificadamente), reestruturar-se (tecnológica, financeira, organizacional ou humanamente), reconverter-se, cooperar ou até desinvestir, decisão esta que, afinal, não é menos inteligente que a de investir principalmente quando reestruturar ficaria mais caro que investir de novo.

O estudo das condições internas pertence ao âmbito da *gestão de empresas*: da produção, de ativos humanos, de financiamento, de organização, de aprovisionamento, entre outras, as quais serão parcialmente estudadas ao longo deste trabalho, sempre que estejam associadas com as estratégias competitivas das empresas.

O estudo das condições externas pertence, em larga medida, ao âmbito da *Economia Industrial*, à qual se atribui, entre outras designações, também a de *Organização Industrial* ou *Organização dos Mercados*[7].

Segundo *Clarkson e Miller* (1982), podemos definir como âmbito da *Economia Industrial* a disciplina da economia política que procura explicar como os mercados estão organizados, porque estão organizados de determinada forma e quais os efeitos (consequências) na eficácia do mercado provocados por essa forma de organização.

Esta disciplina caracteriza-se por ter subjacente um método de análise tricotómico, o de estudar três áreas específicas do mercado envolvente: as estruturas de mercado, as estratégias empresariais (comportamento) e os resultados (tanto das empresas como do setor); *Porter* (1990), desenvolve as condições de base (ligadas à oferta, à procura) e as políticas governamentais.

A *estratégia empresarial* surge, na verdade, influenciada pelas estruturas dos mercados em que opera, traduzindo-se num processo decisional multifacetado que inter-relaciona as várias empresas industriais. Aquelas constituem, no fundo, os elementos de natureza mais permanente que enquadram o funcionamento do mercado, tais como: o número e dimensão dos agentes económicos (e as suas tendências de crescimento, isto é, horizontal, vertical e diversificadamente), a localização das empresas ao longo da fileira industrial, o grau de diferenciação dos produtos, a exis-

---

[7] Muito embora não seja uma matéria diretamente relacionada, será importante conhecer também a configuração da indústria e do mercado, em que a empresa desenvolve a sua atividade, temática que procurámos desenvolver um pouco em *Anexo (1)*.

tência de barreiras à entrada e à saída, a estrutura de custos das empresas, entre outros.

A *afectação dos recursos* encontra-se funcionalmente dependente, numa primeira análise, das estratégias seguidas pelas empresas na prossecução dos seus objetivos próprios, indo desde a política de preços, até à política de investimento, passando pelas políticas de financiamento, de produto, de inovação, de promoção e de organização, entre outras, em comparação com as restantes empresas do mercado. A empresa não tem, necessariamente, de seguir as estratégias das outras empresas; têm é de conhecê-las, compreendê-las, saber os seus resultados e perceber as diferenças das condicionantes relativamente às que identificou para si própria. Saberá então o que fazer, diferentemente ou não das outras empresas.

Através dos *resultados económicos*, avalia-se a eficácia do funcionamento da atividade empresarial, em última instância, o seu nível competitivo, tanto no âmbito empresarial, como dos agregados – setor, fileira, economia nacional, comunidade económica. Avalia-se, por exemplo, ao nível da empresa, o cumprimento de prazos de encomenda, a capacidade de conquista e manutenção de mercados. A um nível mais vasto, avalia-se o bem-estar, o comportamento dos preços, o nível de remuneração, o rendimento *per capita*, a balança comercial. Importante aqui, será compreender as razões das diferenças de desempenho entre si e as empresas de referência.

O estudo dos elementos principais do método tricotómico é completado pela análise das *condições de base* (culturais, políticas e/ou ambientais) que influenciam os restantes elementos[8], subjacentes tanto à *oferta* como à *procura*, bem como outras de natureza *mais geral*, as quais, no seu conjunto, influenciam sem o determinar, o funcionamento do mercado.

De acordo com *Guimarães e Martins* (s/data), tratam-se, afinal, de "simples condições" que estão na origem, ou expressam, situações existentes no conjunto do mercado, tais como:

– Do lado da *oferta*, as matérias-primas utilizadas, a tecnologia disponível, a durabilidade do produto, o enquadramento industrial, particularmente as regras profissionais e condições sindicais, entre outras;

---

[8] Naturalmente que todos estes *elementos* objecto de análise podem e devem influenciar as condições de base, numa relação dicotómica essencial.

- Do lado da *procura*, a elasticidade-preço, a substituibilidade entre produtos, o crescimento do mercado, a natureza mais ou menos estável da procura, condições de comercialização, entre outras.
- Do lado dos *condicionalismos mais gerais*, os que derivam ou do quadro de valores éticos, culturais, religiosos e sociais, ou da situação institucional vigente, ou ainda das concepções historicamente herdadas, e que podem ser tidos em conta influenciando, a vários níveis, a vida económica das nações e, por conseguinte, a atividade empresarial.

A estes elementos junta-se ainda o estudo das *condições de base*, que enquadram a atividade industrial, conforme o diagrama seguinte, que sintetiza a temática discutida neste ponto:

Condições de base		
Oferta:	Procura:	Gerais:
• Matérias-primas	• Elasticidade-preço	• Situação política
• Tecnologia	• Produtos substitutos	• Cultura
• Durabilidade do produto	• Taxa de crescimento	• Condições climatéricas
• Relação valor/peso	• Condições de comercialização	• Serviços de apoio
• Regras de profissão	• Métodos de compra	
• Condições sindicais	• Natureza cíclica ou sazonal	
• Políticas governamentais		

Estrutura dos mercados
• Número de vendedores e compradores
• Diferenciação de produtos
• Barreiras á entrada (fluidez de mercado)
• Estrutura de custos
• Integração vertical (análise de estruturas)
• Estrutura conglomeral (grau de homogeneidade)

Comportamentos
• Política de preços
• Política de produto (alguns autores admitem que esta integre a política de *I & D*)
• Política de investimento
• Política de *I & D*
• Publicidade (políticas de promoção)
• Meios jurídicos

Resultados	
Eficácia agregado: • Competitividade • Produção • Afetação de recursos • Progresso técnico • Emprego • Redistribuição de rendimento	Eficácia micro (Unidade): • Produtividades • Qualidade • Custos unitários • Rendimentos • Competitividade

Fonte: Andrez (1996).

Ainda citando *Guimarães e Martins* (s/data), as relações existentes entre a estrutura, os comportamentos e os resultados – por hipótese, inferiores ao resultado esperado –, são de tipo multifacetado estabelecendo-se em várias direções de uma dada empresa, influenciando em fase posterior a conduta desta (reforço dos investimentos, lançamento de uma campanha publicitária) com reflexos estruturais – *v.g.* o reforço das barreiras à entrada por diferenciação do produto. Aquele resultado pode até ter consequências estruturais de forma direta, por exemplo, por absorção da firma por outra, aumentando do grau de concentração existente.

Estamos, neste âmbito, perante o estudo das condições de competitividade empresarial, a dois níveis sobretudo:

i) ao nível comercial (inclusive internacional), isto é, a capacidade de conquista e de manutenção (ou reforço) da sua posição no mercado; e,

ii) ao nível estrutural (industrial), pressupondo que se mantém a estrutura empresarial atualizada remunerando convenientemente os fatores produtivos.

2.3.2 – DIAGNÓSTICO – AS RAZÕES E OS OBJETIVOS PARA INVESTIR

Cada investimento justifica-se unicamente, por um lado, pelo seu enquadramento e oportunidade, e, por outro, pela sua viabilidade (rendibilidade).

Tradicionalmente, apenas o estudo da viabilidade e da rendibilidade tem constituído a atenção especial da análise de investimento havendo, quando muito, uma abordagem superficial das outras duas preocupações,

DECISÃO DE INVESTIR

em jeito de introdução, muitas vezes confundido com o estudo de mercado feito nos primeiros desenvolvimentos do projeto de investimento.

Com efeito, na abordagem da justificação de qualquer investimento, importa conferir importância às reflexões sobre o seu enquadramento e oportunidade, tratando-as numa peça autónoma do projeto de investimento, normalmente identificada como *diagnóstico e análise estratégica*.

Na verdade, as decisões de avaliação relativas ao *diagnóstico e análise estratégica* são prévias às do estudo de viabilidade e rendibilidade dos investimentos propriamente ditos, sendo que aquelas constituem a base da justificação do investimento empresarial, a partir das oportunidades detetadas no diagnóstico e de acordo com o enquadramento da opção de desenvolvimento sugerido pela análise estratégica.

Tendo em consideração a dinâmica da análise do nível competitivo da empresa a partir dos diagnósticos interno e externo, deve-se optar por uma estrutura de análise que não privilegie a tradicional segmentação entre diagnóstico interno e diagnóstico externo, mas sim a interação do estudo dos diferentes aspetos neles contidos. Assim, aquelas duas peças do diagnóstico deverão ser desenvolvidas de forma integrada em três partes: as duas primeiras inventariando as condicionantes estratégicas de cada uma e a terceira integrando-as na análise dos resultados comparados da atuação da empresa.

Naturalmente, a análise estratégica deverá privilegiar, a partir dos objetivos, a análise das opções de desenvolvimento, de acordo com os cenários alternativos inspirados no diagnóstico. Atenção particular deverá ser dada também aos processos de reavaliação, tornando o documento dinâmico e flexível às alterações das duas condicionantes, com particular ênfase para as externas.

A lógica evolutiva da empresa permite, por seu turno, a análise de descontinuidades que é muitas vezes descurada mesmo pelas entidades financiadoras (banca). Neste âmbito, o cruzamento das condicionantes externas com as internas haverá que ser concretizado na análise de utilização do potencial da empresa.

Por outro lado, quando damos por findo um projeto de investimento, terminámos apenas um cenário a partir do qual se realiza a análise do projeto mediante a afectação de determinados parâmetros[9] e a análise

---

[9] No processo de elaboração dos projetos diz-se que se usam preços constantes, sobretudo a partir do ano 3 do projeto (habitualmente entendido como do início da *velocidade de cruzeiro*),

das respectivas consequências. A escolha dos pressupostos faz parte do processo de análise de projetos, o que implicará, regra geral, uma matriz contendo os vários cenários admissíveis *(Figura 9)*, do tipo:

Figura 9 – **Matriz de cenários**

C_1	p_1	r_1	π_1	R_1	...
C_2	p_2	r_2	π_2	R_2	...
C_3	p_3	r_3	π_3	R_3	...
...	...	...	...	...	...

Sendo:

C_i – cenário i
p_i – prazo do cenário i
r_i – rendibilidade do cenário i
π_i – taxa de lucro do cenário i
R_i – custo de oportunidade do cenário i

Neste contexto, quer por uma questão de homogeneidade de análise, quer por uma questão de rigor, considera-se imprescindível o respeito por uma estrutura que contenha o que se entende como requisitos mínimos para os estudos de *diagnóstico e análise estratégica*.

Tal como os organismos vivos, as empresas são muito diferentes entre si, pelo que o presente capítulo constitui uma (mera) linha orientadora para a elaboração de estudos de *diagnóstico e análise estratégica*[10], apresentando apenas os âmbitos de referência a cumprir na reflexão estratégica, devendo ser encarado como flexível no sentido da sua adaptação à realidade de cada empresa e de cada mercado objeto de análise.

Até aqui tratámos de discutir o *cordão umbilical* entre a economia industrial e a estratégia. Mas, o que é relevante num diagnóstico, será

mas, na verdade, utilizam-se preços *paralíticos*, porque sem correções em função das diferenças de atividade expectável (*Andrez*, 1996).

[10] Sobre a temática do diagnóstico e análise estratégica, ver também *Cruz* (2006:315-323; 339-378).

DECISÃO DE INVESTIR

sobretudo a relevância que seja considerada (ou nos mereça) quanto a aspetos importantes da e para a empresa. Não é, esta, uma análise que obedeça a uma lógica tradicional: situação interna – situação externa. Pelo que preconizamos, mais exatamente, uma lógica de análise que vá mais longe, que parta das condicionantes externas para as de natureza interna – ao contrário do que é prática habitual – que, passando pela análise da exploração do potencial estratégico, termine nas opções estratégicas a prosseguir.

a) As condicionantes externas

Nesta área de análise, pretende-se estudar os aspetos da envolvente externa à empresa que condicionarão as opções de desenvolvimento.

Assim, pretende-se, por um lado, uma visão macroeconómica das variáveis que mais condicionam a atividade empresarial e, por outro, uma visão sistematizada das ameaças e oportunidades que a sua envolvente (meio) lhe sugere, independentemente da sua situação interna. O objetivo principal da identificação das oportunidades e ameaças que se colocam à empresa será o de otimizar as primeiras e procurar meios que permitam transformar as segundas em oportunidades tendo em conta o fator tempo.

Aspetos macroeconómicos

Serão, neste particular, apreciados os aspetos macroeconómicos que, directa ou indiretamente, afetam a atividade empresarial, nomeadamente o ambiente político e económico em que o investimento se vai realizar, numa análise assumidamente de natureza dinâmica que incluirá diferentes parâmetros, como:

- Aspetos culturais e poder de compra das populações;
- Aspetos tecnológicos (política de pesquisa e desenvolvimento, infra-estruturas científicas e tecnológicas, tecnologias emergentes);
- Políticas governamentais (económica e industrial);
- Mercado de trabalho (taxa de desemprego, qualificação de ativos humanos, níveis salariais);
- Crescimento económico (evolução do PIB);
- Balança comercial e condicionantes cambiais;
- Taxa de inflação;
- Enquadramento comunitário.

I · ÂMBITO DA DECISÃO DE INVESTIR

Análise concorrencial no contexto nacional e internacional

A partir da definição da área de negócio em que a empresa se insere – não identificada com os produtos que produz mas com os que teoricamente pode produzir com as tecnologias que domina – importa identificar e avaliar todos os elementos da dinâmica concorrencial do mercado em que a empresa desenvolve a sua atividade:

i) Configuração do mercado na ótica da procura (estudo de mercado)

Pretende-se uma caracterização do mercado ao nível das tendências de segmentação dos produtos, bem como das formas da sua comercialização:

- Evolução dos segmentos de mercado (especialização, diferenciação),
- Estrutura de distribuição do sector.

ii) Organização do mercado na ótica da oferta

Trata-se de proceder à análise da forma como o mercado está organizado, isto é, da arrumação estrutural de empresas aos vários níveis das suas opções e estádios de desenvolvimento, numa leitura histórica e previsional:

- Opções estruturais a partir de fatores-chave (dimensão, integração, concentração, diversificação),
- Realidade concorrencial existente (rivalidades, poderes de influência), poder de mercado e poder económico das empresas *leaders*,
- Fatores-chave das estratégias empresariais,
- Barreiras à entrada e à saída.

iii) Evolução tecnológica

Pretende-se, neste particular, o estudo da variável tecnológica, enquanto determinante das opções de desenvolvimento:

- Determinantes tecnológicas e impacte estratégico das tecnologias (no processo industrial e na engenharia do produto),
- Tecnologias disponíveis,
- Maturidade tecnológica,
- Estabilidade das tecnologias,

- Difusão e opções da concorrência,
- Previsões tecnológicas,
- Possibilidades de integração vertical[11],
- Possibilidades de automação[11],
- Possibilidades de exploração de economias de escala ou de gama[11],
- Possibilidades de exploração de tecnologias flexíveis[11].

b) As condicionantes internas

Nesta área de análise, pretende-se realizar o estudo da situação interna da empresa, devendo ser tomada como uma *fotografia* da mesma relativamente ao momento em que é efetuado, com o objetivo de compreender e fundamentar a análise crítica do seu posicionamento face ao meio envolvente (externo) e a tomada de decisões de caráter estratégico.

Estão associadas ao estado de desenvolvimento de cada um dos elementos funcionais (estrutura da organização).

Lógica evolutiva da empresa

Pretende-se sintetizar a linha de evolução da empresa, analisando o contexto e a lógica de investimento que a mesma desenvolveu, focando os principais acontecimentos que determinaram o seu aparecimento e a forma como tem progredido até ao presente.

É um tipo de análise em geral descurada (ou ignorada) por todos os interessados na empresa *(stakeholders)*, incluindo a própria banca. Contudo, a compreensão do passado, no que se refere ao *normal* desenvolvimento do negócio, é uma das fontes essenciais na análise do risco de investimento a prosseguir.

Situação atual dos recursos de gestão

O objetivo primordial é o da análise do estado dos recursos das empresa, por forma a avaliar a eficiência da sua gestão, permitindo identificar oportunidades de melhorias da exploração.

---

[11] Uma questão, neste particular, se deve colocar: verificando-se estas potencialidades, então, porque não couberam nas opções estratégicas da empresa?

I · ÂMBITO DA DECISÃO DE INVESTIR

Assim, deverão ser objeto de análise todas as áreas funcionais da empresa, focando os aspetos primordiais para o desenvolvimento da sua atividade:

i) Análise dos produtos e mercados

Pretende-se neste âmbito proceder ao levantamento e análise da relação *produtos-mercados* que a empresa explora:

- Capacidades produtivas virtuais (possibilidades produtivas da tecnologia da empresa),
- Caracterização tecnológica dos produtos (*mix* atual),
- Estratégias de *marketing-mix* (incluindo política de preços, planos de publicidade e promoção, imagem do negócio e da empresa),
- Capacidade produtiva do *mix* atual (quantificado),
- Processo de produção (horas, requisitos, padrões a respeitar),
- Programa de produção (taxa de utilização),
- Matérias-primas (caracterização tecnológica),
- Estrutura comercial,
- Programa de vendas,
- Mercados actuais e potenciais (interno e externo),
- Clientes e comportamentos.

ii) Análise tecnológica

Pretende-se uma análise das capacidades tecnológicas da empresa face às exigências que caracterizam o meio envolvente em que se insere, numa perspetiva de constante atualização justificada pelas mutações que nele ocorrem.

Serão também consideradas áreas associadas à logística e complemento industrial com relevância para a atividade da empresa, incluindo as técnicas aplicadas, estejam ou não atualmente a ser cobertas.

Deverão, assim, ser abordados, designadamente, os seguintes aspetos:

- Tecnologias
  - Avaliação tecnológica,
  - Estrutura industrial (organização fabril por unidades/secções produtivas),
  - *Layout* e equipamentos,

DECISÃO DE INVESTIR

- – Sistemas e tecnologias de informação,
- – Acesso a novas tecnologias – grau de integração das tecnologias de informação e electrónica *(TIE)* na empresa,
- – Grau de modernização tecnológica (quantificado),
- – Adequação da tecnologia *vs.* produto *vs.* mercado.
- • Logística e complemento industrial
  - – Planeamento estratégico,
  - – Investigação e desenvolvimento (funcionamento, meios e articulação com as restantes áreas),
  - – Planeamento operacional,
  - – *Design,*
  - – Sazonalidades (moda),
  - – Aprovisionamento (armazenagem – gestão de inventários),
  - – Gestão da qualidade,
  - – Organização da manutenção,
  - – Gestão da energia (fontes energéticas, consumos específicos, recuperação energética).
- • Instalações e infra-estruturas
  - – Edificações,
  - – Infra-estruturas produtivas (equipamento).

iii) Análise dos ativos humanos

Análise da estrutura e qualificação dos ativos humanos da empresa, focalizando-se a sua adequação nas exigências tecnológicas e organizacionais:

- – Número de trabalhadores, níveis de qualificação e experiência e afetação por posto de trabalho (por área funcional),
- – Instrumentos de gestão de ativos humanos (designadamente, programação de recrutamento, formação, métodos e políticas de remuneração, substituição e motivação),
- – Nível de absentismo,
- – Identificação das pessoas-chave.

iv) Análise dos recursos financeiros

Levantamento da situação económico-financeira tendo em vista permitir a avaliação da viabilidade económica (rendimentos, gastos e margens)

I · ÂMBITO DA DECISÃO DE INVESTIR

e o equilíbrio financeiro (estrutura de financiamento) da empresa, com base na análise do *Balanço*, da *Demonstração dos resultados*, da *Demonstração das origens e aplicações de fundos (DOAF)* e, eventualmente, de *Balancetes*:

- Estudo da alavanca financeira (proporções adequadas entre os capitais próprios e alheios),
- Estrutura de financiamento e produtos financeiros,
- Instrumentos de gestão financeira e sistemas de controlo financeiro,
- Identificação das áreas-chave para a melhoria do custo (eficiência),
- Análise da estrutura de formação das margens económicas.

v) Análise das condições ambientais

Análise do impacte da atividade empresarial nos seus ambientes externo e interno. Refere-se à avaliação da situação atual, quanto a protecção do ambiente, caracterizando-a qualitativa e quantitativamente nas seguintes áreas:

- Consumos de água,
- Recuperação de produtos,
- Tratamento de efluentes,
- Emissões gasosas,
- Resíduos sólidos e semi-sólidos, sua recuperação e destino,
- Condições de higiene, segurança e saúde no trabalho,
- Regulamentos aplicáveis,
- Sistema (mecanismos) de controlo ambiental.

Organização

O objetivo é o de analisar a estrutura organizativa e a cultura empresarial, por forma a permitir avaliar a eficiência dos sistemas de gestão:

- Missão e Visão empresariais,
- Cultura da organização,
- Estrutura organizacional,
- Processo de decisão,
- Sistema de comunicação,
- Risco estratégico,
- Capacidade de adaptação à mudança no meio envolvente.

2.3.3 – ANÁLISE DA UTILIZAÇÃO DO POTENCIAL DA EMPRESA

O objetivo, nesta dimensão, é o de se proceder à análise do nível competitivo dos segmentos da empresa.

Pretende-se, assim, que a empresa desenvolva um *olhar* crítico sobre si mesma, no sentido de procurar – a partir de uma retrospetiva da sua existência e da realidade atual – sistematizar os seus pontos fortes (forças) e fracos (fraquezas). O objetivo principal da identificação das forças e fraquezas da empresa será o de otimizar as primeiras e melhorar as segundas em ordem a colocá-las a um nível sempre mais próximo das primeiras.

A filosofia de abordagem será a de uma análise comparativa do desempenho empresarial face às suas potencialidades, decorrente das condicionantes externas e internas da empresa, relativamente aos concorrentes.

No âmbito desta análise deverão, igualmente, ser identificadas e, sempre que possível, quantificadas, as variáveis-chave que, em cada um dos segmentos, determinam o desenvolvimento global da empresa.

Assim, deverão ser avaliadas, em consonância com as análises anteriores, as principais áreas da empresa, designadamente:

a) – Dinâmica comercial

Análise do desempenho empresarial nos *mercados-segmentos* onde atua, identificando os fatores críticos de sucesso (face aos fatores-chave identificados), nomeadamente ao nível de vendas, de *marketing* e de distribuição:

- Posição concorrencial da empresa em relação aos concorrentes (atuais e potenciais),
- Capacidade concorrencial da empresa no mercado (interno/ /externo),
- Quotas de mercado (principais concorrentes atuais e potenciais),
- Evolução das vendas,
- Eficácia dos canais de distribuição,
- Eficiência da estratégia de *marketing*.

Sendo certo que as principais fontes condutoras para o sucesso, se centram basicamente em:

- Conceitos de produto e de serviço,

I · ÂMBITO DA DECISÃO DE INVESTIR

- Categoria e tipo de mercado a explorar,
- Classes de clientes e/ou utilizadores dos produtos e serviços,
- Capacidade produtiva e especificidade da produção,
- Tecnologia *(know-how)*,
- Métodos de venda e de *marketing,*
- Modelos e canais de distribuição,
- Recursos naturais,
- Dimensão do mercado e da empresa e fatores de crescimento,
- Taxa (nível) de retorno do investimento e margens de lucro.

b) – Eficiência produtiva

Análise da eficiência produtiva da empresa numa ótica de gestão integrada:

- Posicionamento tecnológico,
- Adequação da concepção dos produtos,
- Reserva de capacidade produtiva,
- *Desperdícios* na gestão dos fatores de produção,
- Fluxo de produção,
- Eficiência da gestão e níveis de inventários,
- Flexibilidade produtiva,
- Prazos de fabrico,
- Qualidade,
- Produtividades,
- Eficácia da manutenção,
- Racionalização energética,
- Domínio da tecnologia.

c) – Eficiência económico-financeira

A partir da análise das principais peças financeiras (*Balanço* e *Demonstração dos resultados*), deverá ser realizada uma análise da eficiência económico--financeira da empresa, estudando sobretudo:

- Adequação da estrutura financeira (regra do equilíbrio financeiro);
- Margens e rendibilidades;
- Necessidades cíclicas e/ou sazonais de capital circulante e de tesouraria.

Interessante notar que este tipo de análise é a que mais se realiza no mundo empresarial e a que em geral menos informação nos presta sobre a situação (e desenvolvimento) da empresa.

d) – Processo de internacionalização

Identificar as potencialidades de internacionalização da empresa – a partir de uma experiência acumulada, visando o alargamento dos actuais mercados ou partindo de uma primeira abordagem de internacionalização – numa perspetiva, quer das potencialidades de mercados e parceiros, quer da capacidade estrutural da empresa na realização de ações relativas ao processo de internacionalização.

e) – Síntese dos pontos fortes e fracos

Referir as forças (pontos fortes) e fraquezas (pontos fracos) detetadas nos pontos anteriores, salientando as que são determinantes para a definição das opções estratégicas.

Esta é uma ótica conhecida e substanciada por uma análise *SWOT*[12], também identificada por modelo de *Andrews* (seu co-autor), que foi criada, em 1971, por *Christensen et al.* (1982) e consiste num procedimento qualitativo de identificação (inventariação) das posições competitivas segundo quatro parâmetros postos em confronto com as condições do meio envolvente – as oportunidades e ameaças – e com as capacidades empresariais – os pontos fortes e fracos –, tanto ao nível corporativo como para cada unidade estratégica de negócio.

Apesar da sua concepção *mecânica* da gestão e (porque não dizê-lo) já *vetusta* idade, parece ser um tipo de análise que permite estudar a definição estratégica das organizações, por se tratar de um modelo de aplicação qualitativa de identificação das posições competitivas em oposição com as condições do meio envolvente e, ainda, tendo em consideração o tipo de mercado em presença, de produtos muito diversificados. O resultado deste trabalho deve ser enunciado numa matriz *(Figura 10)* do tipo:

---

[12] Sobre esta temática, ver também *Cruz* (2006:351-352; 362-373).

I · ÂMBITO DA DECISÃO DE INVESTIR

Figura 10 – Análise *SWOT*

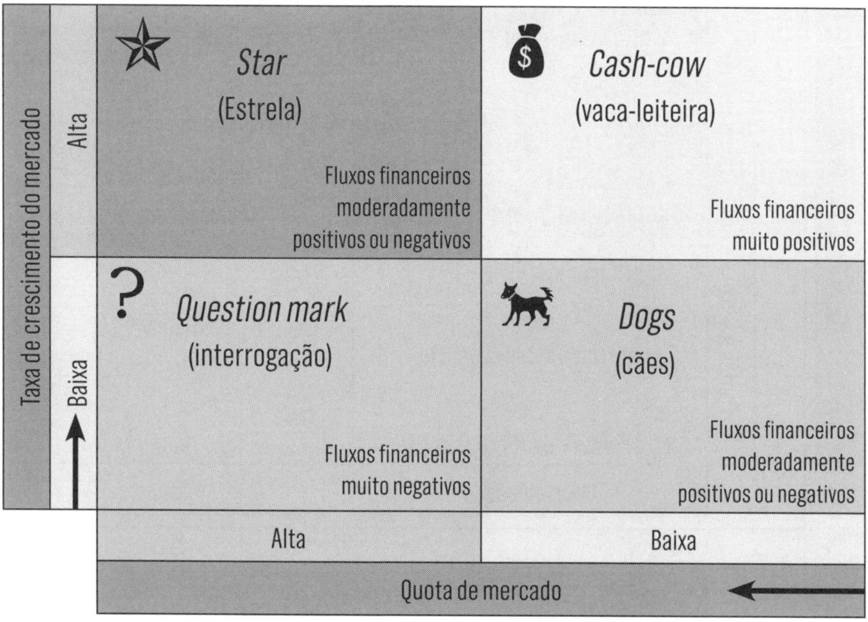

⭐ **Star** (Estrela)	Fluxos financeiros moderadamente positivos ou negativos	💰 **Cash-cow** (vaca-leiteira)	Fluxos financeiros muito positivos
? Question mark (interrogação)	Fluxos financeiros muito negativos	🐕 **Dogs** (cães)	Fluxos financeiros moderadamente positivos ou negativos

Taxa de crescimento do mercado: Alta / Baixa

Quota de mercado: Alta / Baixa

Fonte: adaptado de *Wheelen e Hunger* (2002) e elaboração própria.

Oportunidades e ameaças são eventos ou circunstâncias que ocorrem no meio envolvente e que podem determinar um impacte positivo (oportunidade) ou negativo (ameaças) para o futuro da organização. Ameaças que hão-de constituir, mais precisamente, e sempre, oportunidades latentes (novas tendências). Forças e fraquezas referem-se aos recursos e capacidades da organização postas em confronto com os recursos e capacidades do mercado em que opera.

A sua análise deve constituir o modelo-base de identificação dos fatores estratégicos que determinam o futuro da organização, procurando conduzi-la ao sucesso. Continuando a desenvolver os estudos e procurando identificar cenários de futuro alternativos para afetação de recursos, procurando ainda identificar pontos fortes e fracos, no caso da atividade empresarial no seu conjunto, e de oportunidades e ameaças provenientes do meio envolvente.

A sua interligação permitirá a construção de uma outra matriz como, por exemplo, a constante da *Figura 11* seguinte, potencialmente conclusiva e orientadora do processo de planeamento estratégico da empresa:

DECISÃO DE INVESTIR

Figura 11 – Análise *SWOT* ao serviço da estratégia empresarial

		Oportunidades (++)	Ameaças (– –)
Concorrência interna	**Pontos fortes** (+ +)	• Aproveitar oportunidades • Estratégias ofensivas *Defender pontos fortes*	• Reduzir riscos • Estratégias defensivas *Otimizar pontos fortes*
	Pontos fracos (– –)	• Aproveitar oportunidades • Estratégias de sobrevivência *Reduzir pontos fracos*	• Posição insustentável *Estudar reorientação*

Meio envolvente

Fonte: adaptado de *Wheelen e Hunger* (2002) e elaboração própria.

As conclusões a retirar pela organização poderão ser do tipo:

- Defender ou mesmo otimizar os pontos fortes perante situações de força frente à concorrência (++) através da inovação permanente em novos produtos e mercados; e,
- Reduzir ou ultrapassar os pontos fracos que se lhe apresentem mediante estratégias adequadas entre o potencial estratégico e a posição de resultados pretendida.

2.3.4 – OPÇÕES ESTRATÉGICAS

Neste âmbito, devem definir-se os objetivos e estratégias a dinamizar:

a) – Objetivos

Em face das análises anteriores e em seguida à identificação das oportunidades e ameaças relevantes para a empresa, trata-se agora de estabelecer os objetivos estratégicos orientadores dos cenários alternativos, utilizando um conjunto coerente de indicadores técnico-tecnológicos, económicos, financeiros e comerciais para as diversas áreas críticas e níveis operacionais da empresa, refletindo o grau de segurança estratégica a alcançar:

- Identificação da missão da empresa,
- Estratégias adequadas a cada domínio,
- Identificação dos objetivos de natureza estratégica,
- Identificação dos objetivos e metas do negócio (crescimento, rendibilidade, solvabilidade, liquidez, carteira de atividades da empresa),
- Posição concorrencial.

b) – Cenários alternativos

Pretende-se a definição e análise dos cenários alternativos que se possam colocar à empresa para a prossecução dos objetivos estabelecidos, estruturados, nomeadamente, por produtos, tecnologias, dimensão e alianças estratégicas.

No caso da análise anterior conduzir a cenários de alargamento da atividade para segmentos *virtuais* ou *alternativos* ao alcance da empresa, dever-se-ão desenvolver as respetivas condicionantes externas e internas.

c) – Opções de desenvolvimento

Nesta esfera de ação, haveremos de proceder à análise comparativa dos diferentes cenários e justificação das opções efectuadas.

d) – Processos de reavaliação estratégica

Indicação da forma como a empresa prevê reavaliar e reajustar as opções estratégicas definidas até então, antecipando-se ou reagindo rapidamente a eventuais mutações (por exemplo, a entrada de mais um concorrente) do seu meio envolvente.

e) – Recursos necessários e calendarização

Pretende-se, neste caso particular, a definição das medidas e recursos necessários para a concretização das estratégias selecionadas – recursos financeiros, materiais, tecnológicos e de ativos humanos – e período de realização (calendarização) que permitirá fundamentar o projeto de investimento.

DECISÃO DE INVESTIR

2.4 – INFORMAÇÃO DE BASE PARA A ANÁLISE DA EFICÁCIA ECONÓMICA E FINANCEIRA

A amplitude da avaliação da eficácia económico-financeira do investimento será tanto mais extensa e profunda, quanto mais adequado for o sistema de informação recolhida para o efeito. Tal com referem *Abecassis e Cabral* (2000), assinalam-se como peças ou elementos integrantes dos estudos económico-financeiros necessários à avaliação da rendibilidade do ponto de vista da empresa, os seguintes Planos[13]:

- O Plano de Investimentos;
- O Plano de Exploração;
- O Plano de Financiamento (incluindo o Plano do Serviço da Dívida).

Associado ao Plano de Exploração, dever-se-á, também, estudar o Plano de *Cash-flows*.

2.4.1 – PLANO DE INVESTIMENTOS

a) *O plano de investimentos*

As componentes do investimento poderiam ser registadas, de forma simplificada, a partir de um *Plano de Investimentos* do tipo a seguir apresentado *(Tabela 3)*:

---

[13] Sobre esta matéria sugere-se vivamente a leitura (estudo) da *Estrutura Conceptual* do Sistema de Normalização Contabilística *(SNC)*.

I · ÂMBITO DA DECISÃO DE INVESTIR

Tabela 3 – **Plano de Investimentos**

	Ano 1	Ano 2	Ano 3
1. Investimento em Capital Fixo			
1.1. Corpóreo			
1.1.1. Terrenos			
1.1.2. Edifícios e outras construções			
1.1.3. Equipamento básico			
1.1.4. Equipamento de transporte			
1.1.5. Ferramentas e utensílios			
1.1.6. Equipamento administrativo			
1.1.7. Tara e vasilhame			
1.1.8. Outros corpóreos			
1.2. Incorpóreo			
1.2.1. Despesas de instalação			
1.2.2. Despesas de I & D			
1.2.3. Propriedade Industrial			
1.2.4. Trespasses			
1.2.5. Outros incorpóreos			
2. Investimento em Fundo Maneio			
2.1. Necessidades mínimas de tesouraria			
2.2. Variação de inventários			
2.3. Variação de dívidas de terceiros – Clientes			
2.4. Variação de dívidas a terceiros – Fornecedores			
3. Investimento em custos **técnicos**			
4. Juros durante a construção			
5. Despesas de investimento			

b) O investimento em capital circulante (fundo de maneio)

Em termos objetivos, as necessidades de fundo de maneio *(NFM)* dependem das rotações aconselhadas para as matérias-primas e para os produtos acabados, bem como dos prazos médios de recebimento (de

DECISÃO DE INVESTIR

clientes) e de pagamento (a fornecedores) praticados no mercado e na empresa.

Assim, e de uma forma muito simplificada, poder-se-ia obter um valor aproximado das necessidades de fundo de maneio através do algoritmo seguinte *(Tabela 4)*:

Tabela 4 – **Necessidades de fundo de maneio**

(+)	(PMR) Prazo médio de recebimentos × Vendas[14] (Crédito de Clientes)
(+)	(RIM) Rotação de inventários de materiais × Consumos[14] (Inventário de Matérias Primas)
(+)	(RIP) Rotação de inventários de produtos acabados × Vendas[14] (Inventário de Prod.Acabados)
(–)	(PMP) Prazo médio de pagamentos × Compras (Crédito de Fornecedores)
(=)	(FMP) Fundo de maneio normativo parcial
(+)	(%CB) % para caixa e bancos ou de tesouraria (aplicada sobre o FMP)
(=)	(FMN) Fundo de maneio normativo ou médio[15]

Convém, no entanto, distinguir *Necessidades de Fundo de Maneio* do *Investimento em Fundo de Maneio*, resultando este da diferença entre aquelas necessidades e o fundo de maneio existente (resultado do investimento acumulado que se vai fazendo ao longo dos anos).

Por outro lado, importa fazer notar que se se utilizar aquele algoritmo para determinar as necessidades de fundo de maneio para o ano de cruzeiro, dever-se-á planear a forma de atingir aqueles valores em função da evolução da produção ao longo do período pré-cruzeiro.

Vejamos, através de um *exemplo de aplicação (1)*, muito simples, a aplicação do algoritmo de determinação das necessidades de fundo de maneio:

[14] Correspondendo ao ciclo de produção da empresa.
[15] Do francês *norme* (média).

I · ÂMBITO DA DECISÃO DE INVESTIR

Exemplo de aplicação (1):

Consideremos a seguinte informação relativa a um projeto de investimento:

Anos	1	2	3	
Vendas	1500	2500	2500	em M €
Consumos de matérias primas	600	1000	1000	em M €
Rotação de matérias primas	2	2	2	em meses
Rotação de produtos acabados	1	1	1	em meses
Prazo médio de recebimentos	3	3	3	em meses
Prazo médio de pagamentos	4	4	4	em meses

O investimento em capital circulante seria, então, o seguinte:

Anos	0	1	2	3	4
Matérias-primas:					
Necessidades		100,0	166,7	166,7	
Investimento	100,0	66,7	0,0	−166,7	
Compras	100,0	666,7	1000,0	833,3	
Produtos acabados:					
Necessidades		125,0	208,3	208,3	
Investimento		125,0	83,3	−208,3	
Crédito a clientes:					
Necessidades		375,0	625,0	625,0	
Investimento		375,0	250,0	0,0	−625,0
Crédito de fornecedores:					
Necessidades	100,0	222,2	333,3	333,3	
Investimento	100,0	122,2	111,1	0,0	−333,3
Investimento em capital circulante	200,0	688,9	444,4	−375,0	−958,3

Notas : 1) nas necessidades quanto a crédito de fornecedores, não se aplica o algoritmo, por se tratar de um valor instantâneo de compra; 2) a negativo indica-se o valor correspondente ao desinvestimento.
Os valores negativos representam desinvestimentos no final do período.

DECISÃO DE INVESTIR

2.4.2 – PLANO DE EXPLORAÇÃO

a) *Plano de Exploração*

O Plano de Exploração (equivalente à Demonstração dos Resultados da análise financeira) reflete a eficácia da atividade económica do investimento, o seu desempenho económico, num determinado período, confrontando – de forma horizontal ou vertical – os proveitos e os rendimentos e os custos e gastos daquele período.

O Plano de Exploração, inspirado na *Demonstração dos resultados*, tal como determinada pelo *SNC*, na sua arrumação sintética, pode assumir a seguinte formatação (*Tabela 5*, meramente exemplificativa):

Tabela 5 – **Plano de exploração**

	Ano 1	Ano 2	Ano 3
1. Proveitos e Rendimentos			
Vendas			
Mercado interno			
Mercado externo			
Variação nos inventários da produção			
Prestações de serviços			
Total da faturação			
Trabalhos para a própria entidade			
Outros rendimentos			
Total de Proveitos e Rendimentos			
2. Custos e Perdas			
Custos das mercadorias vendidas e das matérias consumidas			
Nacionais			
Estrangeiras			
Fornecimentos e Serviços Externos			
Subcontratos			
Energia e combustíveis			

I · ÂMBITO DA DECISÃO DE INVESTIR

Tabela 5 – **Plano de exploração** (Continuação)

Comissões e royalties			
Outros fornecimentos e serviços			
Gastos com o pessoal			
(Provisões do exercício)			
Outros gastos e perdas			
3. RAJIAR – Resultados antes de juros, impostos e amortizações (1) – (2)			
(4) Gastos de depreciação e amortização			
5. RAJI – Resultados antes de juros e impostos [(3)– (4)]			
(6) Gastos e perdas de financiamentos (juros suportados)			
(7) (Resultados extraordinários e de exercícios anteriores)			
8. RAI – Resultados antes de impostos [(5) – (6)– (7)]			
(9) Imposto sobre o rendimento do período			
10. Resultado Líquido do Exercício [(8)– (9)]			

Embora as *Provisões do exercício* e os *Resultados extraordinários* e de exercícios anteriores estejam previstos no Plano de Exploração atrás sugerido, por respeito ao disposto no *SNC*, eles não deverão constar do Plano de exploração em virtude de, em termos previsionais, carecerem de sentido. Ou se prevêm ou não prevêm. Se se prevêm, devem constar da rubrica própria, seja ela qual for.

b) Particularidades do Plano de exploração

Existem alguns conceitos importantes no âmbito da análise económica empresarial que se passam a caracterizar:

i) Depreciações

Na relação dos gastos constantes da *Demonstração dos resultados* surgem, com naturalidade, aqueles que se realizam durante o exercício e que dizem integralmente respeito à produção nele gerada. São exemplos, os materiais (consumidos[16]), os gastos com o pessoal, os juros suportados, os impostos,

---

[16] E não os adquiridos. Das compras em excesso, relativamente ao consumo, resulta uma acumulação de inventários (e vice-versa).

os subcontratos, a energia e outros. São gastos ditos de funcionamento e que têm a ver somente com o exercício económico em causa.

Há, no entanto, gastos de investimento – em edifícios, equipamento e outros ativos fixos tangíveis – que não se referem a um único exercício, contribuindo antes para a realização da atividade produtiva de vários exercícios. Neste contexto, não tem sentido afetar um gasto de investimento como custo do exercício em que se realizou, mas sim distribuí-lo por parcelas – segundo a sua vida útil económica admissível – ao longo dos vários exercícios em que for utilizado. As parcelas de custo em causa denominam-se gastos de depreciação.

A determinação da (parcela de) depreciação resulta do esforço para atualizar o valor dos bens sujeitos a um determinado uso ou de imposições legais embora possa (deva) obedecer a outras regras como, por exemplo, em função do período previsível de utilização (vida útil económica).

As depreciações (e amortizações) são um fenómeno de natureza mista: económica e financeira. Representam o *gasto* do bem num determinado exercício económico, respeitando o regime do acréscimo (periodização económica). Tem uma função económica de custo na *Demonstração dos resultados* e um efeito de redução do *Ativo*, portanto, de natureza financeira, porque repõe o valor real dos bens (depreciação) e, simultaneamente, permite a reposição do bem no final da sua vida útil.

Deduzindo-se do valor de aquisição (bruto) os gastos de depreciação obtém-se o valor residual *(Ativo líquido)*. A relação entre os dois valores sugere o grau de modernidade (ou obsolescência) dos respetivos bens.

ii) *Perdas por imparidade*

As perdas por imparidade em ativos fixos tangíveis, propriedades de investimento e ativos intangíveis, respeitam ao excedente do valor contabilístico reconhecido num dado momento em relação à respetiva quantia recuperável, em geral, ao justo valor.

Decorrem da adoção da generalidade de modelos de mensuração aplicáveis aos ativos não correntes – modelo do custo e modelo de revalorização, quanto aos ativos fixos tangíveis e aos ativos intangíveis; modelo do custo exclusivamente, quanto às propriedades de investimento – e são custos *imediatamente reconhecidos nos resultados* que se prevê devam afetar um determinado exercício económico mas cujos gastos deverão ocorrer apenas em exercícios seguintes. No anterior *POC* constituíam a generalidade das provisões correspondentes a imobilizações e inventários.

iii) *Valor bruto da produção*

Observando-se a *Demonstração dos resultados*, verifica-se que na parte relativa aos rendimentos aparece uma rubrica relativa à *variação nos inventários da produção*. A razão da existência desta rubrica tem a ver com o que em Contabilidade se designa de periodização económica (*regime de acréscimo*)[17], respeitando, mais uma vez, a regra da especialização do exercício isto é, apenas confrontar gastos e rendimentos que digam respeito ao mesmo exercício (período económico).

Na verdade, as vendas correspondem aos gastos realizados no exercício apenas quando respeitam ao total da produção gerada no exercício económico (neste caso não se verificou variação de inventários de produtos acabados). Caso não se venda toda a produção, os gastos do exercício dizem não só respeito às vendas mas também à parte armazenada devendo-se, por isso, adicionar às vendas para corresponder à produção global (e aos gastos totais).

No caso contrário, vender-se mais do que se produziu, significa que, além do que a empresa vendeu num dado período, houve que recorrer ao inventário de produtos acabados em armazém (no período anterior), pelo que a produção que diz respeito aos gastos do exercício corresponde às vendas deduzidas da variação (negativa) do inventário de produtos acabados.

Conclui-se, afinal, que enquanto as vendas podem ou não corresponder aos gastos do exercício, o valor da produção respeita sempre àqueles gastos. O valor da produção assim calculada intitula-se *valor bruto da produção (VBP)*, que não constitui, contudo, um valor rigoroso (em termos económicos) porquanto, se não se ajustar, poder-se-á estar a *misturar* dois níveis de preços (o acréscimo de produção reflete, mais propriamente, o custo de produção e não o valor de venda).

iv) *Valor acrescentado bruto*

A capacidade das empresas gerarem maiores ou menores margens económicas depende, em geral, da maior ou menor capacidade de gerarem

---

[17] No antigo *POC* o princípio da especialização dos exercícios...

produto, isto é, de acrescentar valor aos bens (e serviços) adquiridos. Ou seja, da utilização dos gastos necessários para transformar os consumos em produto final.

O valor bruto da produção corresponde à soma dos consumos (em sentido lato) adquiridos pela empresa no exterior – materiais, energia, serviços, fornecimentos diversos –, com outra parcela de gastos gerados no interior e que respeitam ao seu valor de produção intrínseco. Por outras palavras, estes gastos correspondem ao valor que a empresa adicionou aos consumos para obter o seu produto (final ou ainda intermédio) e denomina-se *valor acrescentado bruto (VAB)*, um conceito de inspiração macroeconómica que constitui uma medida básica de produtividade.

Medidas importantes de produtividade são, por exemplo, o VAB/ /Emprego ou o VAB *per capita*.

Os componentes do *VAB*, na ótica da despesa, são as rendas, as remunerações, os gastos de depreciação e de amortização, as perdas por imparidade e provisões, os impostos diretos, os juros suportados e os resultados (antes de imposto sobre o rendimento). Constituem, basicamente, rendimentos de terceiros interessados na empresa.

v) *Excedente bruto de exploração*

O excedente bruto de exploração *(EBE)* é igual à soma dos resultados (antes de impostos), dos juros suportados, dos gastos de depreciação e de amortização e perdas por imparidade e das provisões, correspondendo ao resultado potencial desse exercício económico. De uma forma simplificada, determina-se subtraindo ao *VAB* as remunerações.

Constitui uma medida aproximada de avaliação da rendibilidade porque dela constam as depreciações e amortizações e as perdas por imparidade (que não são gastos efetivos do ano) e pode ser calculada por uma das seguintes proposições:

$$\frac{EBE}{Produção} \quad ou \quad \frac{EBE}{VAB}.$$

É, também, neste âmbito, uma medida de viabilidade porque exprime a capacidade de gerar rendimentos na circunstância de o projeto ser financiado totalmente por capitais próprios.

vi) *Custos fixos e gastos variáveis*

Custos fixos, são os afetos à estrutura empresarial (capacidade), não se alterando, sensivelmente, por isso, com a variação da produção. Em última instância, são os mesmos quando a produção é nula e quando é máxima (para um dado nível – limite – de capacidade produtiva).

Pelo contrário, os gastos variáveis são os que variam, sensivelmente, com a produção. Em última instância, são nulos quando a produção é nula.

vii) *Diferimentos*

Constituem um dos cordões umbilicais que ligam a situação económica com a situação financeira, compreendendo o montante dos gastos e rendimentos que devam ser reconhecidos nos exercícios económicos seguintes, e permitem o cumprimento de um dos pressupostos básicos da Contabilidade: o regime do acréscimo (periodização económica).

viii) *Tipologia das margens*

Conforme se vão deduzindo gastos aos rendimentos, assim a margem (resultado) tende a assumir denominações diferentes (ver *Plano de Exploração – Tabela 5 –* ou a *Demonstração dos resultados*). Assim, teremos:

- *ROp*: Resultado operacional (ou de exploração) = Vendas – Gastos operacionais (ou de exploração);
- *RAJIAR*: resultado antes da dedução de amortizações e reintegrações, de juros e de impostos (próximo do *ROp*); conhecido em termos anglo-saxónicos pela expressão *EBITA (earnings before interests, tax and amortizations)*;
- *RAJI*: resultados antes da dedução de juros e de impostos; conhecido em termos anglo-saxónicos pela expressão *EBIT (earnings before interests and tax)*;
- *RAJAR* ou *CF (cash-flow)*: *RAJIAR* – impostos (calculados sobre o RAJI);
- *RC*: Resultado corrente = *ROp* + Resultado financeiro (Rendimentos financeiros – gastos e perdas de financiamento);
- *RAI*: Resultados antes de impostos = *RC* – Resultados extraordinários;
- *RL:* Resultado líquido = *RAI* – Imposto sobre o rendimento do período *(IRC)*.

2.4.3 – PLANO (MAPA) DE *CASH-FLOWS*

Como se disse, as depreciações correspondem à distribuição de um custo, incorrido num dado exercício, por vários exercícios económicos.

Sendo assim, a margem financeira para (auto) financiar a atividade da empresa, gerada pelos resultados económicos, não se identifica apenas pelo resultado líquido (diferença entre os rendimentos totais e os gastos totais), mas sim pela soma do resultado líquido com os gastos de depreciação e as perdas por imparidade. Esta margem económica denomina-se de *margem bruta de autofinanciamento* ou *meios libertos líquidos (cash-flow)*.

O efeito líquido da combinação dos fluxos de entrada e saída, de exploração e de investimento, pode ser visto conforme a *Tabela 6* que segue:

Tabela 6 – Fluxos de entrada e saída

Inputs: fluxos de entrada (recebimentos e receitas).
Outputs: fluxos de saída (pagamentos e despesas).
Decomposição do *cash-flow*
De Exploração: (+) RAJIAR (–) IRC (calculado sobre o RAJI)
Ou
(+) Depreciações do Exercício (+) Juros e Custos Assimilados x (1–t) (+) Resultados Líquidos de Exploração
De Investimento: (+) Investimento (Capital Fixo e Capital Circulante) (–) Valor Residual do Investimento
Do Projeto ou Líquido: (+) *Cash-flow* de Exploração (–) *Cash-flow* de Investimento

Esta temática pode ser melhor estudada através de um pequeno *exemplo de aplicação (2)*, como segue:

I · ÂMBITO DA DECISÃO DE INVESTIR

Exemplo de aplicação 2:

Consideremos o seguinte investimento em capital fixo de uma dada empresa, que passa pela aquisição de três tipos de equipamento diferentes:

Equipamentos	Vida útil (em anos)	Ano 0
A	3	150
B	2	100
C	4	60

É conhecida ainda a seguinte informação relativa à exploração:

Anos	0	1	2	3

	0	1	2	3	
Vendas		120	300	300	em M €
Consumos de matérias-primas		96	180	180	em M €
Rotação de matérias-primas		1	1	1	em meses
Rotação de produtos acabados		2	2	2	em meses
Prazo médio de recebimentos		3	3	3	em meses
Prazo médio de pagamentos		4	4	4	em meses

Seria, então, o seguinte o mapa do *cash-flow* do projeto:

Anos	0	1	2	3	4

Depreciações					
A		50	50	50	
B		50	50	50	
C		15	15	15	(15)

As depreciações resultam da divisão do valor do equipamento pela respectiva vida útil.

Investimento em capital fixo				
A (3 anos)	150		0	
B (2 anos	100		100	-50
C (4 anos)	60			-15
Cash-flow do Capital Fixo	310	0	100	-65

DECISÃO DE INVESTIR

Em virtude do equipamento B ter apenas uma vida útil de dois anos, foi necessário reinvesti-lo (100) no último ano da sua vida útil por forma a poder-se usufruir dele no 3º ano da vida do projeto.
Os investimentos em capital fixo são desinvestidos pelo seu valor residual, isto é, a diferença entre o valor de aquisição e o somatório das depreciações até ao último ano da vida do projeto. Veja-se, por exemplo, para o equipamento B, ao ser (re)investido no ano 2 e utilizado apenas no ano 3 (um ano de depreciações), o seu valor residual será:

$$100 - (100/2) \times 1 = 50$$

Os valores residuais, porque se tratam de desinvestimentos, têm sinal negativo.

Investimento em capital circulante					
	0	1	2	3	4
Matérias primas					
Necessidades		8,0	15,0	15,0	
Investimento	8,0	7,0	0,0	−15,0	
Compras	8,0	103,0	180,0	165,0	
Produtos acabados					
Necessidades		20,0	50,0	50,0	
Investimento		20,0	30,0	−50,0	
Crédito a clientes					
Necessidades		30,0	75,0	75,0	
Investimento		30,0	45,0	0,0	−75,0
Crédito de fornecedores					
Necessidades	8,0	34,3	60,0	60,0	
Investimento	8,0	26,3	25,7	0,0	−60,0
Cash-flow do Capital Circulante	0,0	30,7	49,3	−65,0	−15,0

	0	1	2	3	4
Cash-flow do Investimento	-310,0	30,7	149,3	-130,0	−15,0

2.4.4 – PLANO DO SERVIÇO DA DÍVIDA

O Plano do serviço da dívida é um documento necessário para avaliação do mérito dos financiamentos bancários, sendo necessário para a avaliação da viabilidade das soluções de financiamento, confrontando o ritmo dos *cash-flows* do projeto com o ritmo do serviço da dívida.

Entendendo-se por serviço da dívida o conjunto dos pagamentos, no período de vida do projeto, de reembolsos e juros, resultante dos empréstimos.

Caso haja diferimento de reembolsos, são sempre devidos juros à taxa contratualizada. Por sua vez, caso haja diferimento do pagamento de juros, estes serão capitalizados e aumentam o capital em dívida no final do período (equivalente ao capital em dívida no início do período seguinte).

Esta temática pode ser melhor entendida através de um pequeno *exemplo de aplicação (3)*, como segue:

Exemplo de aplicação (3):

Consideremos a seguinte informação relativa a um determinado empréstimo:

Empréstimo: 40 000€
Período concedido: 6 anos
Diferimento de reembolsos: 2 anos
Diferimento de juros: 1 ano
Taxa de juro: 5%
Saque instantâneo no início do ano 1.

O mapa do serviço da dívida resultante deste projeto seria o seguinte:

Anos	1	2	3	4	5	6
Capital em dívida no início do período	40.000	42.000	42.000	31.500	21.000	10.500
Capital por sacar	0	0	0	0	0	0
Juros não pagos	2.000	0	0	0	0	0
Reembolso	0	0	10.500	10.500	10.500	10.500
Juros	0	2.100	2.100	1.575	1.050	525
Serviço da dívida (pagamentos)	0	2.100	12.600	12.075	11.550	11.025
Capital em dívida no fim do período	42.000	42.000	31.500	21.000	10.500	0

De notar que por não haver reembolsos nem juros no ano 1, ao capital em dívida soma-se os juros não pagos (5% de 400.000€, isto é, 2.000€); tendo-se pago juros no ano 2, transita só para o ano 3 o capital em dívida, isto é, 42.000€.

---

3 – EFICIÊNCIA ECONÓMICA DA DIMENSÃO FABRIL – OTIMIZAR OS CUSTOS

A partir de uma opção estratégica prévia de produto – ou produtos – as empresas deverão implementar uma capacidade produtiva capaz de assegurar a sua produção nas condições de quantidade, qualidade, prazo e preços desejados.

A instalação dessa capacidade deve ser concebida entre várias alternativas de tecnologia (processo de produção), de localização, de disposição fabril (*layout*) e de configuração fabril (repartição da capacidade produtiva e da variedade de produto em uma ou mais fábricas).

A opção do processo tecnológico está condicionada pela disponibilidade das alternativas impostas pela tecnologia disponível e das suas virtualidades em função das necessidades tecnológicas.

A localização da unidade fabril é determinada, de acordo com cada atividade industrial, por uma multiplicidade de fatores técnicos e económicos, associados às necessidades de transporte, abastecimento de materiais, escoamento de produtos, recrutamento de pessoas, espaço, recursos naturais, processo de produção, fatores institucionais.

A disposição fabril – de colocação e movimentação – dos ativos humanos e dos recursos técnicos e tecnológicos da fábrica é essencialmente determinada pelo processo tecnológico adotado e pela dimensão da capacidade produtiva, não obstante as alternativas organizacionais em questão.

Quando definimos uma dada capacidade produtiva em função de uma determinada opção de produto estamos, afinal, a definir as quantidades de produção. A dimensão fabril não tem a ver, assim, com as quantidades comerciais mas tão somente com a função da eficiência económica da própria unidade (organização).

Uma das vertentes da configuração de fábrica tem a ver com a dimensão fabril, que importa distinguir da dimensão do negócio, isto é, a quantidade de produção sugerida (procurada) pelo mercado e pela capacidade financeira para lhe responder. Para dar resposta a uma dada dimensão de negócio, a empresa tanto pode construir uma fábrica de grande dimensão, como pode construir várias de menor capacidade – tudo depende das economias de escala exploráveis – entendendo-se a escala como a capacidade produtiva, em monoprodução, definida em função de uma unidade de tempo qualquer. À decisão de dimensão da fábrica presidem, então, essencialmente, fatores de eficiência económica.

I · ÂMBITO DA DECISÃO DE INVESTIR

Outra vertente da configuração fabril tem a ver com os produtos. Nestes, importa saber escolher os que facilitam a função de *marketing* da empresa, representando a combinação que, por um lado, reflete os níveis de agressividade e de diferenciação de maior oportunidade comercial, e que, por outro lado, otimize os custos de produção. Tudo depende das economias de variedade[18] exploráveis (multi-produção).

De um modo sintético, o esquema original de *Caldeira Menezes* (1995), ora atualizado, estrutura o raciocínio atrás desenvolvido *(Figura 12)*:

Figura 12 – **Interligação entre os parâmetros económicos essenciais**

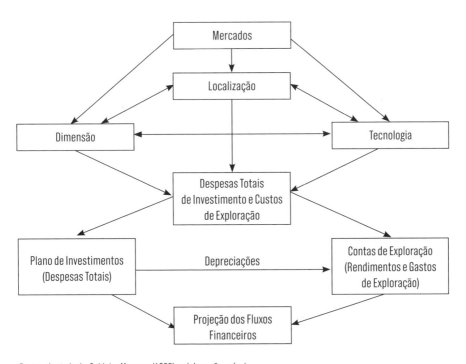

Fonte: adaptado de *Caldeira Menezes* (1995) e elaboração própria.

---

[18] Economias de variedade, de diversificação, de gama ou de *scope*, são diferentes expressões utilizadas quase indiferentemente para exprimir o mesmo conceito, a mesma realidade.

3.1 – MANIFESTAÇÕES DE ECONOMIAS DE ESCALA

As diferentes análises neoclássicas referem-se à empresa como uma *caixa negra* que combina recursos, transformando-os em produtos vendáveis no mercado. As possibilidades tecnológicas dessa *caixa negra* são representadas por uma função de produção que é definida como a fronteira das combinações de fatores eficazes, o que quer dizer que ela dá, para cada combinação quantitativa de fatores, a quantidade máxima de produto que é possível obter no estado atual de conhecimentos técnicos.

Sendo a remuneração dos fatores de capital determinada pelo mercado (que é externo à empresa), a tecnologia revela-se como uma restrição, também externa, que determina a função de produção. Esta inscreve-se como uma função de custos na formulação do problema de otimização (da afetação de recursos) de uma determinada capacidade produtiva (quantidade produzível).

A função de custos assim deduzida da função de produção satisfaz uma condição de eficácia tecnológica, descrevendo os custos da empresa quando estão resolvidos os problemas de engenharia e de organização próprios das ações de pesquisa das condições ótimas de combinação de fatores.

As condições de eficácia inserem-se no âmbito das leis do rendimento. Os economistas clássicos põem em evidência duas leis de rendimento: a de rendimentos crescentes e a de rendimentos decrescentes.

A lei de rendimentos crescentes (constatada mas nunca formalizada por *Adam Smith*, 1776), considera que se deve refletir o progresso económico geral que resulte da divisão do trabalho e da extensão do mercado.

A lei dos rendimentos decrescentes (constatada e formalizada em função do *fator Terra,* por *David Ricardo,* 1821), inscreve-se no modelo de crescimento e refere-se às condições de produção da agricultura em que a Terra é um fator limitativo na medida em que, aumentando a produção, o rendimento físico diminui, aumentando a renda fundiária e diminuindo o lucro industrial.

Atualmente, trabalhamos sobretudo com a lei dos rendimentos não proporcionais a alterações de escala, ou melhor, a alterações de dimensão de escala de produção (segundo os neoclássicos, que referem a existência de uma só lei), que é apresentada como uma generalização das análises clássicas, e que se inscreve em forma de U das curvas de custo médio e marginal (tendo, assim, dois ramos: um crescente e outro decrescente).

A eficiência económica da dimensão da capacidade produtiva de uma empresa ou, por outras palavras, da sua escala de produção, representa, afinal, a eficiência da utilização dos fatores de produção. A partir de uma combinação dada desses fatores – matérias-primas, energia, capital, trabalho, tecnologia, etc. – que se designará por $(y_1, y_2, ..., y_n)$, de uma produção q, de um parâmetro de evolução h (a variar de 0 a $+\infty$) e de uma função do tipo:

$$q = f[(y_1, y_2, ..., y_n)],$$

poder-se-á medir a eficiência económica da capacidade produtiva – sendo que a velocidade de crescimento dos custos e dos rendimentos de escala pode ser igual ou diferente – concluindo-se poderem existir:

- Rendimentos de escala constantes, se a produção crescer de forma proporcional às quantidades de fatores utilizados e, por isso,

$$f[h(y_1, y_2, ..., y_n)] = hq;$$

- Rendimentos de escala decrescentes, se a produção crescer de forma mais lenta que as quantidades de fatores utilizados e, portanto,

$$f[h(y_1, y_2, ..., y_n)] > hq;$$

- Rendimentos de escala crescentes, se a produção crescer de forma mais rápida que as quantidades de fatores utilizados e, por isso,

$$f[h(y_1, y_2, ..., y_n)] < hq.$$

3.2 – RENDIMENTO FÍSICO

Na análise da eficiência de escala importa distinguir entre rendimentos físicos e economias de escala.

A noção de rendimento físico está intrinsecamente associada à função de produção e exprime o efeito da variação dos fatores no volume de produção, sendo as grandezas intervenientes medidas em quantidades físicas.

A noção de economia de escala exprime o mesmo efeito mas medido em termos dos respetivos referenciais de preços, estando, por conseguinte, mais diretamente associada com as funções de custo.

De acordo com os resultados já obtidos torna-se evidente que a noção de rendimento físico é essencialmente teórica. De facto, a heterogeneidade dos fatores primários – *capital* e *trabalho* – obsta, na generalidade dos casos, ao estabelecimento de padrões físicos comuns de medida. A homogeneidade de cada fator só será possível pela tradução das disparidades de qualificação (trabalho) ou de qualidade (capital) em diferenças dos respetivos custos, ou seja, admitindo para cada fator a hipótese de equiproporcionalidade entre as remunerações dos seus segmentos diferenciáveis e as respetivas produtividades marginais. Assim sendo, só tem realidade prática a noção de economias de escala.

3.3 – ESCALA DE PRODUÇÃO

São várias as designações de dimensão de escala, consoante a tipologia de atividades, produto e processos produtivos, em circunstâncias de monoprodução quanto a custos e economias de escala.

Poderíamos, no entanto, sintetizar as que afetam a eficiência de produção:

- A taxa de produção de determinados produtos por unidade de tempo;
- A produção total de determinados produtos ao longo do tempo;
- A duração do processo de produção durante a qual um determinado produto é produzido;
- A capacidade produtiva dos componentes produtivos (linhas de produção, máquinas);
- A capacidade total de uma fábrica, num período fixo de tempo.

Importa, no entanto, salientar que quaisquer que sejam as designações da dimensão de escala, elas não afetam a formalização do problema de otimização da afetação dos recursos (escassos) em função da escala de produção.

I · ÂMBITO DA DECISÃO DE INVESTIR

3.4 – FONTES DE ECONOMIAS DE ESCALA

As economias de escala resultam de diversos fatores, alguns com incidência externa à produção propriamente dita, todavia, sempre associados com a dimensão e o custo do produto, os quais se designam por fontes de economias de escala, que são abordadas neste ponto, se bem que de forma sintética.

Para certos tipos de tecnologias, tanto os custos de investimento, como os de exploração, crescem menos rapidamente que a capacidade produtiva, reproduzindo-se assim economias de dimensão acrescida em função da lei dos rendimentos não proporcionais, diluindo mais adequadamente os custos fixos nos gastos totais. Este efeito não atua, na prática, com linearidade, dada a heterogeneidade dos equipamentos e serviços necessários para uma instalação industrial.

Paralelamente, há dificuldades em descer abaixo de determinadas dimensões, dado que os equipamentos têm normalmente rendimentos mínimos, equilibráveis apenas em níveis discretos de dimensão. Há, na verdade, um efeito de calibres mínimos em dimensões que tenham um subaproveitamento de equipamentos por esse motivo, sendo racional equilibrar os fluxos produtivos dos vários equipamentos ao nível do menor múltiplo comum da respetiva dimensão.

Existem, por vezes, certos gastos – como os trabalhos preparatórios, os de projeto de uma instalação fabril, os de investigação e desenvolvimento, os de promoção – que não variam, ou só variam, em certos intervalos do patamar de produção: o crescimento da escala gera, assim, um efeito de indivisibilidades, refletindo-se melhor em produções maiores.

Por outro lado, quanto maior for a produção, numa fábrica ou numa outra empresa, maior a possibilidade de especialização do trabalho e do equipamento. Este efeito de especialização permite à empresa, por exemplo, contratar várias especialidades de trabalho e utilizar máquinas também elas especializadas e, até, fornecedores também eles especializados.

Existe, também, um efeito de massificação de recursos que atua sobretudo ao nível da gestão de inventários, quer de peças de reserva, como de materiais, através da redução do peso relativo dos inventários de segurança. Atua, também, ao nível dos riscos de experimentação de novos materiais, técnicas ou processos.

Consoante se incrementa a capacidade produtiva, passa a ser possível encontrar um efeito de utilização de técnicas avançadas de gestão (da

DECISÃO DE INVESTIR

produção) – sistemas *CAD*[19] e *CAM*[20], de informatização de controlo de produção – incluindo a introdução das tecnologias a elas associadas, rendibilizadas a partir de determinada dimensão.

O domínio dos mercados, a montante e a jusante, pode conduzir, também, a economias através do controlo dos mercados: na gestão dos inventários, nas operações redundantes, no estado de determinados produtos, nos gastos de compra e venda, etc.

Outras fontes de economias de escala são ainda possíveis como as relacionadas com gastos de caráter financeiro, de distribuição e de transporte. Quando se negoceia em larga escala, o risco e as condições de compra e venda são favorecidas.

Uma das fontes das economias de escala que, neste particular, poderá ser referenciada, refere-se à relevância que poderá ser dada à evolução tecnológica e sua influência na função de custos de que, muito embora não se enquadre especificamente na temática deste livro, se entendeu, ainda assim, deixar algumas notas sobre a matéria em *Anexo (2)*.

3.5 – FONTES DE DESECONOMIAS DE ESCALA

O aumento da dimensão pode, contudo, em determinadas situações, originar acréscimos de custos mais que proporcionais à variação de escala, originando aumentos dos custos unitários ao longo do acréscimo da escala de produção.

Razões técnicas associadas à tecnologia de produção fazem com que o aumento de dimensão possa originar, em determinados equipamentos, tensões ou esforços excessivos que levem a um sobredimensionamento de espessuras e calibres e/ou a uma manutenção demasiado cara e a subutilização por paragens frequentes. Estas situações envolvem normalmente três tipos de gastos adicionais: menor utilização do equipamento por paragens mais frequentes, necessidade de adquirir materiais mais caros e resistentes e de obter a mobilização de pessoal mais especializado e gastos em investigação e desenvolvimento *(I&D)* suplementares no sentido de uma melhoria de tecnologia para se obviar àquelas situações.

[19] *Computer Aided Design.*
[20] *Computer Aided Machine.*

Causas organizativas e de gestão podem, também, gerar acréscimos de gastos mais que proporcionais que os incrementos da escala de produção. Na verdade, a eficácia da gestão pode declinar dada a extensão da sua cadeia – e está associada às perdas de tempo na decisão ou mesmo na inexistência de decisões, complexidade da estrutura organizativa, a desmotivação dos quadros técnicos – induzindo os gastos de coordenação e organização da produção a crescer mais que proporcionalmente que o crescimento da escala.

Existem, por outro lado, causas ligadas às relações de trabalho. De facto, com o aumento da escala é natural que as pessoas trabalhem *pior*, perdendo-se o fator de humanização do trabalho e o *espírito de família* e gerando-se uma menor compreensão dos objetivos de cada tarefa individual, que pode conduzir, inclusive, à mobilização e movimento reivindicativo para exigência de melhores condições de trabalho.

Finalmente, causas associadas à venda e à distribuição geram também deseconomias de escala quando a necessidade de entrar em novos mercados, em dimensões que não diluem perfeitamente os gastos associados nos custos totais, ou não o fazem de forma conseguida até aí, gera gastos mais que proporcionais de venda e de distribuição. Associados à logística de distribuição, estes gastos têm a ver com o reforço de frotas próprias, comissionistas, publicidade, entre outros.

3.6 – CARACTERÍSTICAS DAS INDÚSTRIAS E AS ECONOMIAS DE ESCALA

A maior parte dos empresários afirma que a sua indústria é diferente das outras. No entanto, segundo *Pratten* (1988), as indústrias podem ser agrupadas por várias características, com perspetivas de exploração de economias de escala diferentes, como são também diferentes as soluções a prescrever para a sua otimização (utilização de condições favoráveis ou neutralização das desfavoráveis):

- Produção padronizada: nesses casos a exploração de economias de escala são bastante favoráveis; é exemplo disso mesmo o cimento onde é natural a produção em grande série;
- Complexidade dos produtos: a complexidade afecta gastos de desenvolvimento, concepção e produção; é o caso, por exemplo, dos aviões, carros, comboios (os quais são produzidos com partes

DECISÃO DE INVESTIR

muito distintas e algumas muito sensíveis), produtos com diferenças amplas em variedade (cores, feitios, dimensões, moda, qualidade e preço). Aqui, neste particular, surgem oportunidades para a exploração de economias de variedade;

- Produtos fabricados em número muito elevado de unidades: a produção de um número muito grande de unidades identifica-se normalmente por não se poder explorar adequadamente economias de escala; na indústria de tabaco, por exemplo, em que se produz biliões de cigarros, a curva de aprendizagem é baixa;
- Produtos de elevada dimensão: os produtos volumosos como os navios, por exemplo, têm de ser construídos numa base que limita a exploração de economias de escala. Pode-se, no entanto, encontrar economias de escala no fator trabalho, assimiláveis ao efeito de aprendizagem[21];
- Tecnologias de processo de produção contínua: alguns processos reúnem melhores condições de exploração de economias de escala do que outros; processos associados a economias de escala temos os produtos de refinaria, estiragem de metais, pasta, papel, gráficas, tinturarias, maquinagem de metais.

A apreensão de cada uma das características é importante para uma primeira inferência da possibilidade de exploração de economias de escala.

3.7 – MEDIÇÃO DAS ECONOMIAS DE ESCALA

A eficiência económica da dimensão da capacidade produtiva de uma fábrica ou, por outras palavras, da sua escala de produção, representa, afinal, a eficiência da utilização dos fatores de produção envolvidos.

Teoricamente, a dimensão de uma fábrica tem uma zona de eficiência económica em que qualquer crescimento induz, até determinada quantidade crítica, uma redução dos custos médios; a partir dessa quantidade, os acréscimos conduzirão a incrementos dos custos unitários. Na primeira

---

[21] Em *anexo (3)* encontrará algum desenvolvimento desta temática do efeito de experiência ou de aprendizagem.

situação *(Figura 13)* teríamos *economias de escala* e na segunda *deseconomias de escala*:

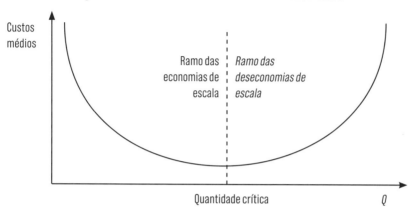

Figura 13 – **Economias de escala *vs.* deseconomias de escala**

Fonte: adaptado de *Andrez* (1996).

Uma possibilidade de medição das economias de escala *S* seria, segundo *Baumol et al.* (1982), a comparação entre o custo médio *(CM)* e o custo marginal *(Cm)* – representando este o custo do último produto produzido.

Neste caso, os rendimentos de escala são crescentes, decrescentes ou constantes conforme seja superior, inferior ou igual à unidade. O custo marginal é sempre inferior ao custo médio, logo, para que se verifiquem economias de escala, teremos que $S = (CM / Cm) > 1$.

Porém, tendo em conta a dificuldade de determinação do custo marginal, a comparação entre os custos unitários (ou médios) de duas dimensões diferentes, representaria assim uma outra medida *S* das economias de escala. Haveria economias de escala sempre que $S = (CM_1 / CM_0) < 1$, ou seja, sempre que os custos médios da dimensão seguinte fossem inferiores ao da dimensão anterior.

No entanto, acompanhando outros estudiosos, como *Gaffard* (1990), as economias de escala não devem ser confrontadas com os custos médios, pois pode haver decréscimos destes custos sem haver economias de escala. Dito de outro modo, a existência de economias de escala é uma condição suficiente mas não necessária para haver decréscimos dos custos médios.

Na verdade, uma boa medida de economias de escala deveria confrontar as variações de custos e de capacidade produtiva.

Um método prático para medição de economias de escala resulta de estudos de engenharia baseados na relação técnica entre as variações dos custos e das quantidades de produção (de produtos específicos), que poderá ser expressa na seguinte relação, representando S a medida de escala e que, neste caso, é geralmente denominada por fator de escala (*size factor*):

$$\frac{C_1}{C_0} = \left(\frac{Q_1}{Q_0}\right)^S,$$

sendo:

C_1, o custo (de produção ou investimento) para a produção de Q_1,
C_0, o custo (de produção ou investimento) para a produção de Q_0,
Q_1, a quantidade produzível na escala superior,
Q_0, a quantidade produzível na escala inferior.

Generalizando, obteríamos as seguintes situações, conforme os valores assumidos por S (calculado por logaritmização), numa relação técnica entre as evoluções de custos e as quantidades de produção:

$$S = \frac{ln\left(C_1/C_0\right)}{ln\left(Q_1/Q_0\right)}.$$

Logo, teremos:

- Economias de escala, quando $S < 1$,
- Deseconomias de escala, quando $S > 1$,
- Nem economias nem deseconomias de escala, se $S = 1$.

O *fator de escala* é definido com referência a uma determinada amplitude de variação de dimensão, podendo variar ao longo de amplitudes de escala mais envolventes. De facto, S não tem elasticidade constante ao longo da amplitude de variação de escala, não é contínuo: verifica-se que à medida que a capacidade produtiva vai variando, o *fator de escala* vai também variando.

Por esta razão, deverão ser desdobrados submúltiplos de amplitude da escala em estudo, procurando conhecer o comportamento de S ao longo da amplitude de escala.

Do ponto de vista do estudo das economias de escala, deverão ser avaliados fatores de escala para todos os componentes dos gastos de exploração (trabalho, materiais, energia, etc.) que tenham relevância na empresa.

Muito importante também, é o estudo dos *fatores de escala do investimento*. Este é mais importante, no entanto, para os projetos ditos intensivos em *capital*, do que para os denominados intensivos em trabalho. No caso, por exemplo, da produção de eletricidade a partir da geotermia, os custos de exploração são insignificantes, sento os custos de investimento que determinam a viabilidade global do projeto.

Um *exemplo de aplicação (4)* permitirá discutir esta temática de forma mais segura:

~~~~~~

Exemplo de aplicação (4):

Considerando a seguinte informação relativa a um investimento de expansão da capacidade produtiva de uma empresa:

(Valores em M€)	Pré-projecto	Pós-projecto
Capacidade produtiva (em toneladas)	2720	5380
Valor do investimento	23,5	38,2
Custo das matérias consumidas	56,7	109,4
Fornecimentos e serviços externos	21,2	44,1
De energia	11,1	25,3
Outros FSE	10,1	18,8
Gastos com o pessoal	25,7	42,8
Outros gastos e perdas	8,6	16,3
RAJIAR	95,1	186,1

DECISÃO DE INVESTIR

Poder-se-ia calcular as economias de escala do investimento (e dos custos de exploração), seguintes:

(Valores em M€)	S	(%)
Capacidade produtiva (em toneladas)	–	
Valor do investimento	0,71	

Custo das matérias consumidas	0,96	0,59
Fornecimentos e serviços externos:	1,07	0,24
De energia	1,21	0,14
Outros FSE	0,91	0,10
Gastos com o pessoal	0,75	0,23
Outros gastos e perdas	0,94	0,09
RAJIAR	0,98	1,00

Para ilustração dos cálculos ter-se-ia, por exemplo:

$$S\ (Gastos\ com\ o\ pessoal) = \frac{ln\left(^{42,8}/_{27,5}\right)}{ln\left(^{5.380}/_{2.720}\right)}.$$

O fator de escala de investimento (0,7) manifesta um ganho de escala razoável; em contrapartida, o fator de escala dos custos totais revela umas economias de escala praticamente neutras (0,98, próximas de 1), devido a um comportamento de ineficiência de escala de diversos componentes dos custos de exploração (com exceção dos relativos aos gastos com o pessoal). A análise do peso de cada componente do custo, no custo total, é importante para a compreensão do contributo de cada uma delas para o fator de escala global (tendencialmente uma média ponderada dos vários fatores de escala).

3.8 – ECONOMIAS DE ESCALA E FUNÇÃO DE CUSTO NO LONGO PRAZO

Após a formalização da medida S do fator de escala, podemos passar da formulação neo-clássica das funções de custo no longo prazo, mais abstratizantes, para uma tentativa de concretização que represente mais facilmente a realidade industrial.

Assim, a partir da relação já conhecida,

$$\frac{C}{C_0} = \left(\frac{Q}{Q_0}\right)^S,$$

e considerando, em abstrato, C_0 como o custo de investimento ou de exploração de uma capacidade produtiva igual à unidade (portanto, $Q_0 = 1$), e se generalizarmos C para uma dimensão qualquer, e admitindo, ainda, que os fatores intermédios de produção terão uma variação praticamente linear com a produção, é possível deduzir para o custo total no longo prazo, uma expressão do tipo:

$$CT_{LP} = CT_0 Q^S,$$

em que CT_{LP} é o custo total de longo prazo, e, CT_0, o custo total para o funcionamento da capacidade produtiva unitária.

Os parâmetros C_0 e S são determinados, na prática, por regressão entre os diversos pares de valores (custo do fator ou do investimento e capacidade produtiva) observados nas unidades fabris já instaladas ou simuladas e CT_0 e Q^S devem ser calculados em submúltiplos de escala para avaliar as inflexões da curva.

Estudos empíricos permitem verificar que em muitas indústrias não há unanimidade acerca do fator de escala. Estas discrepâncias resultam basicamente de duas razões:

i) Os dados de base foram estabelecidos em épocas diferentes, o que introduz a possibilidade de mudanças tecnológicas;
ii) S não é constante, variando ao longo da variação de escala.

Isto significa que as elasticidades medidas em diferentes pontos da função $CT_{LP}(Q)$ são diferentes entre si, o que mostra que aquela função não é de elasticidade constante, contrariamente à hipótese subjacente àquela expressão, tal como, aliás, ficou referido anteriormente.

Da função *custo total* (de exploração), deduzem-se imediatamente as funções de custo médio e de custo marginal:

$$CM_{LP} = \frac{CT_{LP}}{Q} = CT_0 Q^{S-1},$$

e

$$Cm_{LP} = \frac{\delta\, CT_{LP}}{\delta\, Q} = S\, CT_0 Q^{S-1} = S \times CM_{LP}.$$

Verifica-se, assim, que o custo marginal é sempre menor que o *custo médio* no caso de existirem economias de escala (uma vez que o fator de escala será, nesta situação, menor que a unidade). O inverso acontece se existirem deseconomias de escala.

Por outro lado, fica comprovada a aderência desta medida S, assim deduzida, àquela outra inspirada na microeconomia, isto é, $S = CM / Cm$.

Portanto, para uma indústria, numa determinada época, dentro de um determinado estado de possibilidades tecnológicas, e de acordo com a experiência que se tem da instalação e funcionamento de uma dada unidade industrial, teremos uma função CM_{LP} conforme a curva representada a cheio na *Figura 14* seguinte. Nessa época, o limite dimensional, dadas aquelas restrições, é a capacidade Q_I. Se $Q > Q_I$, então, os custos médios aumentam:

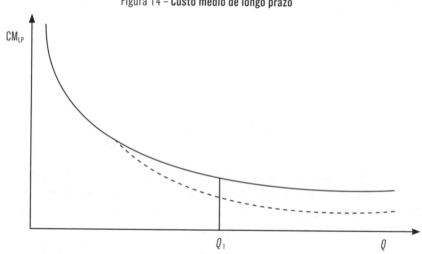

Figura 14 – Custo médio de longo prazo

Fonte: adaptado de *Andrez* (1996).

A tracejado indica-se a curva que será possível obter quando houver maior experiência sobre o funcionamento de unidades com aquela dimensão e se façam *correções técnicas* e organizativas adequadas.

Escreveu-se *correções técnicas* e não *alteração das condições tecnológicas* uma vez que, se estas ocorrem, é toda a curva de escala – a curva do CM_{LP} – que é modificada, porquanto essas alterações poderão, em princípio, implicar uma translação completa da curva referida.

Esta situação pode ser interpretada graficamente pela análise da *Figura 15* seguinte:

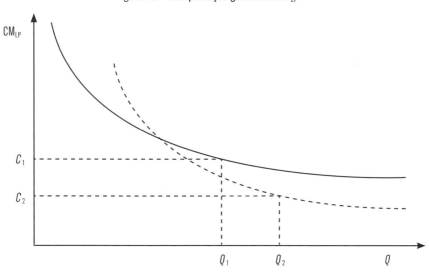

Figura 15 – **Interpretação gráfica da CM_{LP}**

Fonte: adaptado de *Andrez* (1996).

A capacidade máxima para a qual havia experiência de instalação e funcionamento, numa dada época, corresponde à quantidade Q_1. A alteração das condições tecnológicas modificou a posição da curva do CM_{LP}, passando de C_1 para C_2. Estamos, agora, numa situação em que, até Q_2, é possível definir economias de escala. A partir de Q_2 só a posterior acumulação de experiência relativa à instalação e funcionamento deste tipo de unidades poderá indicar se o andamento da curva seguirá segundo uma ou outra configuração.

Normalmente, como, aliás, está representado na figura anterior, a modificação tecnológica pode implicar o aumento da *dimensão mínima* óptima *(DMO)*, mas não necessariamente...

São estes os dois principais efeitos que se exercem sobre as funções de CM_{LP}, por ação da tecnologia e do *know-how* industrial.

3.9 – ENQUADRAMENTO DAS FUNÇÕES DE CUSTO NO CURTO PRAZO NAS FUNÇÕES DE LONGO PRAZO

Abordemos, agora, a função de custos médios no curto prazo *(CM$_{CP}$)* em confronto com a equivalente de longo prazo.

Tendo uma unidade industrial sido projetada e construída para uma determinada capacidade, o fator capital pode ser considerado constante. O mesmo se pode dizer de uma parcela importante do fator trabalho.

Outros fatores serão variáveis: parte do fator trabalho (trabalhadores não efetivos, turnos extraordinários, etc.) e os consumos intermédios.

A realidade comprova que existe uma combinação ótima de fatores para a qual a função *CM$_{CP}$* coincide com a função *CM$_{LP}$*. No caso, representado na *Figura 16* seguinte, será o ponto correspondente à quantidade Q_0:

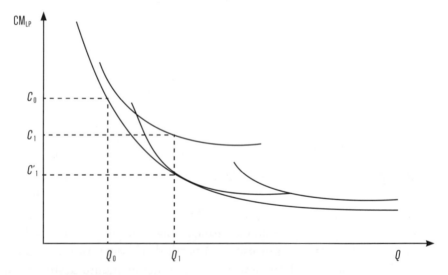

Figura 16 – **Combinação ótima de fatores**

Fonte: adaptado de *Andrez* (1996).

É aqui que se define a capacidade da unidade industrial em causa. Aparentemente, esta afirmação parece contrariar a ideia de que deveria ser no ponto em que *CM$_{CP}$* é mínimo (correspondente à quantidade Q_1) que a unidade deveria funcionar. No entanto, basta analisar a figura anterior *(16)* para se verificar que se se quisesse produzir Q_1 teria sido mais vantajoso ter construído uma unidade maior, cuja função CM_{CP} seria tangente à função CM_{LP} no ponto correspondente à quantidade Q_1.

A função CM_{LP} é, portanto, a envolvente das diversas funções de curto prazo (CM_{CP}) correspondentes às diversas capacidades com cuja escolha se é confrontado quando se pretende construir uma unidade industrial.

3.10 – DIMENSÃO MÍNIMA ÓTIMA E RACIONALIDADE ORGANIZACIONAL

Podemos precisar agora a noção de *Dimensão Mínima Óptima (DMO)*.

Dentro da formulação neoclássica e atendendo à forma então proposta para o andamento da curva de *Custos Médios de Longo Prazo (CM$_{LP}$)*, o valor da *dimensão mínima ótima* seria o da capacidade produtiva correspondente ao início do patamar (inferior) daquela curva.

Na *Figura 17* seguinte, está representada a função CM_{LP} de acordo com, a formulação neoclássica. Nesse caso a *DMO* corresponderá à capacidade produtiva Q_1:

Figura 17 – Função CMLP na formulação neoclássica

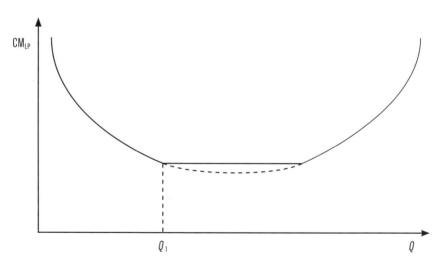

Fonte: adaptado de *Andrez* (1996).

Paralelamente, têm sido apresentadas formulações de ordem prática, refletindo constatações empíricas das regras de funcionamento da atividade industrial. Assim, de uma maneira geral, segundo *Pratten* (1988), o mínimo de escala acima do qual qualquer duplicação de escala reduziria os custos totais unitários em menos de 5% e acima da qual qualquer possível duplicação reduz o valor acrescentado unitário em menos de 10%, identifica-se com a *DMO* ou *Mínimo de Eficiência de Escala (MEE)*.

Analisando esta definição, que parece aceitável, até por que reflete uma constatação empírica, verifica-se que, no caso de os custos incluírem apenas a remuneração dos fatores primários, se uma subsequente duplicação da capacidade conduzir a uma diminuição do *custo médio* inferior a 10%, então, atingimos a *DMO*.

No caso dos custos incluírem igualmente a remuneração dos fatores intermédios – matérias-primas e subsidiárias, energia e outros serviços externos – aquela redução deveria ser inferior a 5%. Note-se que cerca de 63% das *DMO* são inferiores a 5% da produção da União Europeia (*Pratten*, 1988).

Embora de forma sintética, e a título meramente (in)formativo, apresenta-se no *Quadro 2* alguns dos resultados obtidos por *Pratten* (1988) nesta temática:

I · ÂMBITO DA DECISÃO DE INVESTIR

Produto	Estudo	Ano	DMO em % Produção na EU	DMO	Aumento em % dos custos de produção em DMO
Petróleo	Scherer	1975	2,6	200.000 barris/dia	4% (1/3)
Aço	Muller	1985	9,8	10 milhões ton/ano	+ 10% (1/3)
Tijolo	Pratten	1971	0,2	25 milhões tijolos/ano	25%
Cimento	Muller	1985	1,0	1,3 milhões ton/ano	+ 10% (1/3)
Garrafas de vidro	Scherer	1975	0,5	133.000 ton /ano	11% (1/3)
Adubo	Wagner	1976	4,1	3.000.000 ton/ano	n.e.
Fibras químicas	Scherer	1980	1,0	41 m barris/ano (PE+A)	10% (1/2)
Fundição de ferro	Pratten	1971	0,3	50.000 ton/ano	10% (1/2)
Calculadoras electrónicas	Wagner	1981	n.e.	3,5 milhões/ano	n.e.
Máquinas eléctricas de escrever	Muller	1985	4,0	500.000/ano	5 - 10% (1/3)
TV	Muller/Owen	1983	9,0	1,15 m unidades/ano	15% (1/3)
Vídeos	Muller	1985	20,0	0,9 m unidades/ano	n.e.
Automóveis	Muller/Owen	1985	3,1	2 m unidades/ano	15% (1/3)
Cerveja	Scherer	1975	3,0	4,5 m barris/ano	5% (1/3)
Cigarros	Muller	1985	6,0	70 biliões cigarros/ano	-5% (1/3)
Fiação e tecelagem de algodão	Scherer	1975	1,0	5.500 rotações	
			0,2	300 teares	
Tapetes	Weiss	1976	0,04	64.000 m2/semestre	10% (1/5)
Sapatos	Muller/Owen	1983	0,03	4.000 pares/semestre	1,5% (1/3)
Papel kraft	Weiss	1976	1,4	896 ton/dia	13% (1/2)
Pneus	Weiss	1976	3,0	16.500 pneus/dia	5% (1/2)
Baterias de automóve	Weiss	1976	4,0	1 milhão/ano	4,6% (1/3)

3.11 – RELATIVIDADE DAS SOLUÇÕES DE ESCALA E DE TECNOLOGIA E A ESTRATÉGIA DE ESCALA

Até há alguns anos atrás, a preocupação de exploração das economias de escala presidiu à racionalidade teórica do estudo das decisões sobre a escolha da dimensão das capacidades produtivas da empresa. No entanto, apesar do desenvolvimento tecnológico que permitiu explorar elevadas escalas de produção em quase todos os setores industriais, os especialistas têm referido que elas foram só aplicadas a uma pequena percentagem do total da atividade industrial nos países industrializados. A tendência para

DECISÃO DE INVESTIR

a concentração, tanto nos países industrializados, como nos países emergentes ou em vias de desenvolvimento, tem-se realizado, aparentemente, apenas nos grandes setores industriais (químicas, aço, pasta celulósica, automóveis, construção naval, cimento, seguros, etc.), bem como em setores energéticos, mineiros e agrícolas.

A constatação de economias de escala não se apresenta como um dado absoluto, universal e imutável. Verifica-se, aliás, atualmente, um recuo na generalidade dos setores em relação às opções sobre a dimensão das capacidades produtivas. As preferências dos consumidores por produtos de alta qualidade e *design* e por uma elevada variedade de artigos e modelos, as alterações constantes das matérias-primas disponíveis (em qualidade e preços), as vagas sucessivas das mutações tecnológicas, a redução dos ciclos de vida dos produtos, as flutuações constantes da procura final e os períodos de crise a que são frequentemente sujeitas, têm sido os fatores deste novo comportamento.

Na verdade, e de acordo com *Gaffard* (1990), as economias potenciais decorrentes de elevadas escalas só podem ser conseguidas quando se podem manter elevados níveis de utilização da capacidade produtiva por longos períodos de tempo, por forma a rendibilizar os custos totais de investimento.

É, aliás, difícil garantir que diferenças de eficiência de custos médios em diferentes unidades produtivas correspondam a diferenças de escala de produção e que não resultem, também, de diferenças nas tecnologias utilizadas, na localização, nos modelos de organização e gestão da produção, de diferenciação dos produtos e no comportamento da procura, bem como de outras fontes de economia que contribuem para as economias globais (de variedade e de aprendizagem). Os ganhos de competitividade através de baixos custos de produção, por ajustamento da escala de produção, devem ser reforçados por outras determinantes do sucesso económico, tais como, planeamento adequado, *marketing* agressivo, estrutura de financiamento adequada, qualidade do serviço prestado, entre outros.

A procura de soluções tecnológicas que permitam produções industriais economicamente justificáveis a níveis inferiores, tem conduzido à descoberta, em muitos setores, de tecnologias capazes de remover os obstáculos com que se confronta o processo de industrialização face à exploração de economias de escala. De facto, a microeletrónica, as tecnologias de informação e comunicação e a automação vieram revolucionar as estruturas industriais das fábricas gigantes.

I · ÂMBITO DA DECISÃO DE INVESTIR

É claro que para um determinado grupo de setores industriais as economias de escala serão sempre suficientemente importantes para não sugerirem a diminuição dos níveis de capacidade produtiva, continuando a exigir elevados valores de crescimento, emprego e infraestruturas por unidade produtiva (embora muito abaixo dos níveis atuais). Como é o caso, por exemplo, das indústrias metalúrgicas, petrolíferas, certos troços da fileira da indústria do papel e determinadas indústrias farmacêuticas (*Andrez*, 1996).

As novas tecnologias já começaram a afetar a estrutura, a organização e a gestão de muitos outros setores e subsetores industriais, mesmo dos ditos tradicionais. As opções de escala de produção variarão com o setor, o produto e o enquadramento sócio-económico, bem como com a estratégia de industrialização adotada.

Para cada uma delas, importa estudar as fontes de economias e deseconomias de escala, bem como proceder à avaliação dos eventuais ganhos ou perdas de eficiência das várias opções da capacidade produtiva antes de qualquer decisão sobre a dimensão de escala associada a qualquer investimento.

3.12 – QUADRO ESTRATÉGICO DAS ECONOMIAS GLOBAIS

Até há alguns anos atrás, a preocupação de exploração das economias de escala presidiu à racionalidade teórica do estudo das decisões sobre a escolha da dimensão das capacidades produtivas das empresas.

A otimização da eficácia da produção industrial passa pela exploração de economias globais, onde as economias de escala (ou de dimensão) e de economias de variedade (ou de gama ou ainda de *scope*) assumem papel determinante.

O cuidado estratégico com a exploração das economias de escala não está tanto na sua exploração – para isso bastaria crescer até ao limite *físico* possível – mas sim procurar conhecer o nível da capacidade produtiva a partir da qual se manifestam as deseconomias de escala, evitando ultrapassá-lo, mudando-se de escala – desde que ultrapassada a *DMO* (ou dimensão de eficiência mínima).

Por um lado, e ao contrário, o cuidado estratégico a ter com as economias de variedade está na maximização das condições da sua exploração, isto é, maximizando as componentes comuns dos produtos e os *troços* comuns

DECISÃO DE INVESTIR

do processo produtivo, e, por outro, utilizando ao máximo as tecnologias flexíveis no que não é comum, componente ou processo – o que implica conceber os produtos em conjunto. Produzir vários produtos não gera por si economias de variedade, pode mesmo gerar deseconomias de escala.

Quando se estuda o comportamento das *leis do rendimento* nas empresas industriais, não se pode deixar de ter em conta a realidade de que a maioria delas é multi-produtora.

Assim, é necessário estudar o comportamento das economias de escala, ditas globais, mas também outro tipo de economias encontradas, pelo facto de a empresa utilizar adequadamente a combinação de recursos na sua função de produção multi-produtora.

Tendo também em atenção que as economias de escala apenas se medem com rigor apenas em ambiente de monoprodução, a medida do fator de escala acusará variações, na mesma dimensão, caso se varie o *product mix*.

Um pequeno *exemplo de aplicação (5)*, permitirá uma melhor discussão sobre esta temática:

~~~~~~

Exemplo de aplicação (5):

Conhecendo a seguinte informação relativa à projeção dos fatores de escala em dois cenários de crescimento de uma unidade fabril:

		Fatores de escala	
		Do investimento	De exploração
Mix 1	Produto A (65%)	0,67	0,93
	Produto B (35%)	0,77	1,03
	Total da produção	0,71	0,98
Mix 2	Produto A (45%)	0,81	1,01
	Produto B (55%)	0,75	0,98
	Total da produção	0,78	0,99

Poder-se-ia inferir a manifestação de economias de gama nesta unidade fabril, dado que se alteraram os fatores de escala quando se alteraram as composições dos produtos. Poder-se-á, então dizer que em multiprodução, os fatores de escala são influenciados por outras economias presentes, nomeadamente as de variedade, tendo de ser calculados com outros cuidados analíticos, tratados mais à frente; os resultados, como também se verá mais à frente, apresentam, assim, mais economias globais do que as de escala.

~~~~~~

A maior parte das situações implica um equilíbrio entre um certo grau de variedade e um certo nível de exploração de economias de escala e a solução *(Figura 18)* depende das propriedades associadas à preferência dos consumidores e às propriedades de escala de produção e de distribuição (*Lancaster*, 1991):

Figura 18 – **Economias de variedade**

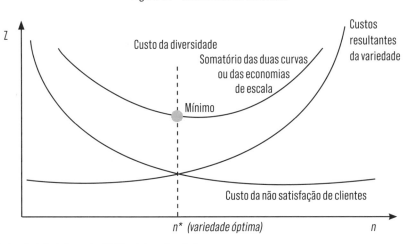

Fonte: adaptado de Lancaster (1991) e elaboração própria.

Embora não sendo matéria que esteja diretamente relacionada com a decisão de investimento em ambiente de incerteza e risco, a análise das economias de variedade e das economias globais poderá ser aprofundada no *Anexo (4)*. Relevante será constatar que grande parte das economias de escala poderá ser explorada em multi-produção, desde que se estabeleça uma estratégia adequada para o efeito.

3.13 – OUTROS FATORES DE INFLUÊNCIA DO RESULTADO

Importa ainda, enquanto parte relativa ao âmbito da decisão de investir, e mais concretamente no que respeita às condicionantes da eficiência da decisão de investir, referir outros aspetos que também devem ser tidos em conta neste tipo de análise e que influenciam os resultados, ou seja,

DECISÃO DE INVESTIR

que determinam a qualidade do potencial estratégico do investimento – e que são função da tipologia do investimento associada à situação interna da empresa.

Nesta esfera de ação, apresenta-se um modelo geral de avaliação da criação (geração) potencial de riqueza numa organização empresarial, designadamente no âmbito e aquando da decisão de investir, sintetizados num diagrama *(Quadro 3)* que contém diferentes grupos de variáveis que influenciam os resultados.

Quadro 3 – **Avaliação empresarial na decisão de investimento**

(Tem a ver com o tipo de investimento a realizar...)	Factores de EFICIÊNCIA ECONÓMICA (afectam os recursos técnicos)	• Impacte dimensional • Efeito diversificativo das tecnologias utilizadas • Opção de crescimento • Localizaçãotécnicos) • Impacte na estrutura de custos			Classificação segundo os objectivos
	Factores de EFICIÊNCIA FINANCEIRA (afectam os recursos financeiros)	• Necessidades de capitais • Modalidades de financiamento • Dimensão do capital circulante			Classificação segundo o ciclo de vida da empresa/projeto
Variáveis que influenciam os resultados	Factores de EFICÁCIA (afectam a rendibilidade)	• Efeitos associados *(sunk effects)*	– Investimentos associados	• Aculturação • Domínio tecnológico • Estrutura oganizacional	Classificação segundo a relação entre si
			– Custos diferidos (particularmente, rendibilidade no futuro) – Investimentos antecipados (particularmente, rendibilidade no passado)		
(Variáveis que devem ser controladas na análise do projecto...)		• Variável tempo	– Antecipação ⇒ Volume de vendas		Classificação segundo a cronologia dos fluxos
			– Valores atualizados	• Taxa de atualização • Configuração dos fluxos *(cost/beneficts ratio)*	
			– Valores residuais		

⇒ Princípio da especialização do investimento...

Fonte: Elaboração própria.

114

I · ÂMBITO DA DECISÃO DE INVESTIR

Num primeiro grupo de variáveis, encontram-se os fatores de eficiência económica, isto é, os que afetam os recursos técnicos; estão aqui considerados os impactes dimensionais e os efeitos diversificativos, como vimos, bem como as opções de crescimento, de localização e ainda o impacte na estrutura de custos. Estas variáveis têm em conta, particularmente, a classificação dos projetos segundo os seus objetivos.

Num segundo grupo de variáveis, encontram-se os fatores de eficiência financeira que, tendo em conta o ciclo de vida da empresa e do projeto, asseguram a viabilização do investimento; estão aqui contempladas as necessidades absolutas de capitais, as modalidades de financiamento e as necessidades de fundo de maneio.

Finalmente, num terceiro grupo, situam-se os fatores de eficácia, ou seja, os que afetam os resultados (leia-se rendibilidade) ou a sua exatidão e que se subdividem em outros dois grupos:

- Os efeitos associados *(sunk effects)*, que têm em conta a classificação dos projetos segundo a relação entre si, nomeadamente, os investimentos anteriores (a empresa pré-projeto...); haverão de ser considerados os custos com os investimentos associados (aculturação, domínio tecnológico, estrutura organizacional), os custos diferidos – parcialmente rendibilizáveis no futuro – e os investimentos antecipados (parcialmente utilizados no passado).
- A variável tempo, que tem em conta a classificação dos projetos segundo a cronologia dos fluxos; consideram-se neste caso particular as possibilidades de antecipação estratégica (sendo a programação dos fluxos muito importante), a atualização dos valores (considerando as taxas de atualização e a configuração dos fluxos) e os valores residuais (normalmente esquecidos ou não devidamente avaliados).

DECISÃO DE INVESTIR

4 – EXERCÍCIOS SOBRE A EFICIÊNCIA ECONÓMICA DA DIMENSÃO FABRIL

Apresentam-se, de seguida alguns exercícios que facilitam, não só a compreensão do cálculo de alguns indicadores tratados nesta parte, mas também, e sobretudo, a compreensão da leitura dos seus resultados.

~~~~~~

Exercício 1: Capital circulante e mapa dos *cash-flows*

Tendo em conta os seguintes dados de um determinado investimento:

Dados sobre o investimento		
Capital Fixo		
Tipo I (vida útil de (4) anos)	220.000	€
Tipo II (vida útil de (3) anos)	30.000	€
Capital Circulante		
Prazo médio de recebimentos	2	meses
Prazo médio de pagamentos	3	meses
Rotação de matérias primas	1	mês
Rotação de produtos acabados	15	dias

Dados sobre a exploração		
Capacidade produtiva nominal	60.000	unidades físicas
Grau de exploração da Cap. Produtiva		
ano 1	1	
ano 2 e seg.	1	
Preço unitário	12	€/unidade física
Custos variáveis unitários	6	€/unidade física
Custos fixos (sem depreciações)	100.000	€
Depreciações	quotas constantes	
Taxa de IRC	26%	

Custo de oportunidade do capital investido	10%

Calcule:

a) O investimento necessário em fundo de maneio;
b) A evolução do *cash-flow* do projeto.

I · ÂMBITO DA DECISÃO DE INVESTIR

Resolução:

Plano de exploração	0	1	2	3	4	5
Capacidade (q)		60.000	60.000	60.000	60.000	
Grau de Exploração do Capital Produtivo		1	1	1	1	
Vendas Anuais (q)		30.000	54.000	54.000	54.000	
Preço de venda		12	12	12	12	
Proveitos anuais		360.000	653.400	648.000	648.000	
Custo variável unitário		6	6	6	6	
Custos variáveis (matérias-primas)		180.000	324.000	324.000	324.000	
Custos fixos fabris		100.000	100.000	100.000	100.000	
RAJIAR		80.000	229.400	224.000	224.000	
Depreciações		65.000	65.000	65.000	65.000	
RAJI		15.000	164.400	159.000	159.000	
IRC (26% s/ RAJI)		3.900	42.744	41.340	41.340	
Cash-flow de exploração		76.100	186.656	182.660	182.660	

Capital circulante	0	1	2	3	4	5
Crédito a clientes						
Crédito a Clientes (meses)		2	2	2	2	2
Crédito a cliente (t-1)	0	0	60.000	108.900	108.000	108.000
Crédito a clientes (t)	0	60.000	108.900	108.000	108.000	0
Variação do crédito a clientes	0	60.000	48.900	-900	0	-108.000
Inventários (produtos acabados)						
Rotação de inventários (meses)		1	1	1	1	1
Inventários (t-1)		0	15.000	27.225	27.000	0
Inventários (t)		15.000	27.225	27.000	0	0
Variação de inventários (pa)		15.000	12.225	-225	-27.000	0
Inventários (matérias-primas)						
Rotação de inventários (meses)	1	1	1	1	1	1
Inventários (t-1)	0	15.000	15.000	27.000	27.000	0
Inventários (t)	15.000	15.000	27.000	27.000	0	0
Variação de inventários (mp)	15.000	0	12.000	0	-27.000	0
Compras	15.000	180.000	336.000	324.000	297.000	0
Crédito de fornecedores						
Crédito de fornecedores (meses)	3	3	3	3	3	3
Crédito de fornecedores (t-1)	0	15.000	45.000	84.000	81.000	74.250
Crédito de fornecedores (t)	15.000	45.000	84.000	81.000	74.250	0
Variação do crédito de fornecedores	15.000	30.000	39.000	-3.000	-6.750	-74.250
Investimento em Capital Circulante	0	45.000	34.125	1.875	-47.250	-33.750

DECISÃO DE INVESTIR

Plano de investimento	0	1	2	3	4	5
Investimento em Capital Fixo						
Tipo I (4)	220.000	0	0	0	0	
Tipo II (3)	30.000			30.000	-20.000	
Total	250.000	0	0	30.000	-20.000	0
Investimento em Capital Circulante	0	45.000	34.125	1.875	-47.250	-33.750
Investimento total	250.000	45.000	34.125	31.875	-67.250	-33.750
(-) Cash-flow do investimento	250.000	45.000	34.125	31.875	-67.250	-33.750
(+) Cash-flow de exploração	0	76.100	186.656	182.660	182.660	0
Cash-flow do projeto (líquido)	-250.000	31.100	152.531	150.785	249.910	33.750

Como se pode constatar o investimento em fundo de maneio (capital circulante) é significativo nos anos 1 (18% do investimento em capital fixo) e 2 (13,65%), começando a ser recuperado no início do ano 3.

~~~~~~

~~~~~~

Exercíco 2: Serviço da dívida

Considerando a seguinte informação relativa a um determinado empréstimo:

- Empréstimo: 120 000€,
- Utilização de 90.000€ no ano 0 e o remanescente no ano 1,
- Período concedido: 6 anos,
- Diferimento de juros (J): 2 anos,
- Diferimento dos reembolsos (C): 3 anos,
- Taxa de juro: 7,5%,
- Comissão de imobilização: 0,5%,
- Taxa de atualização: 7%.

Tendo em conta a possibilidade de diferimento de juros e reembolsos até a um máximo de 3 anos, bem como o mapa de cash-flows a seguir apresentado, sugira um plano de serviço de dívida que possibilite o pagamento mais antecipado possível tanto de reembolsos como juros.

Anos	0	1	2	3	4	5	6
Cash-flow	-320.000	-355.000	-53.000	42.000	205.000	205.000	205.000

I · ÂMBITO DA DECISÃO DE INVESTIR

Resolução:

Seria o seguinte o mapa do serviço da dívida:

Anos	1	2	3	4	5	6
Capital em dívida no início do período	90.000	126.750	136.256	136.256	90.838	45.419
Capital por sacar	30.000	0	0	0	0	0
Juros não pagos	6.750	9.506	0	0	0	0
Reembolso	0	0	0	45.419	45.419	45.419
Comissão de imobilização	150	0	0	0	0	0
Juros	0	0	10.219	10.219	6.813	3.406
Serviço da dívida (pagamentos)	150	0	10.219	55.638	52.232	48.825
Capital em dívida no fim do período	96.750	136.256	136.256	90.838	45.419	0

Note-se que o empréstimo seria liquidado (capital) em 3 anos após o período de diferimento concedido (3 anos), ou seja, seria completamente amortizado, com os cash-flows gerados previsivelmente pelo projeto, dentro do período contratado.

~~~~~~

~~~~~~

Exercício 3: Economias de escala

1 – Numa primeira fase, analise o comportamento das economias de produção de uma dada empresa metalo-mecânica, relativamente a uma opção de crescimento de n para n+2 de 625 para 1.500 unidades produtivas, em duas alternativas – A e B – para o *mix* de produção dos seus dois produtos, 1 e 2, conhecendo o seguinte comportamento dos custos e quantidades produzidas:

Rubrica	Ano n	Ano n + 2	
		Mix A	*Mix B*
Gastos variáveis	230.818	467.391	478.943
Custos fixos	83.750	116.926	124.874
Custos totais	314.568	584.318	603.816
Quantidades (u.p.)	625	1.500	1.500

2 – Numa segunda fase, aprofunde a análise a partir do conhecimento da evolução dos gastos variáveis por produto, para as duas opções do *mix* de produção:

Rubrica	Ano n		Ano n + 2			
			Mix A		*Mix B*	
	Produto 1	Produto 2	Produto 1	Produto 2	Produto 1	Produto 2
Gastos variáveis	121.364	109.454	220.499	246.893	250.981	227.961
Quantidades (u.p.)	250	375	500	1.000	625	875

DECISÃO DE INVESTIR

Resolução:

Fase 1 da resolução:

Iremos obter o seguinte resultado:

- Uma certeza de economias de variedade.
- Uma probabilidade de EE (economias de escala),

Poderemos começar a análise através dos custos médios; assim, teremos:

	Custos médios		
	Ano n	Opção A	Opção B
Gastos variáveis	369,3	311,6	319,3
Custos fixos	134,0	78,0	83,2
Custos totais	503,3	389,5	402,5

Exemplifica-se, de seguida o cálculo da variação dos custos médios;

$$CM_0 \rightarrow \frac{314.568}{625} = 503,308$$

$$CM_1 \rightarrow mix\ A: \frac{584.318}{1.500} = 389,545$$

$$CM_1 \rightarrow mix\ B: \frac{603.816}{1.500} = 402,544$$

Poderíamos calcular o fator de escala em função da variação dos custos médios já que:

$$S_2 = \frac{CM_1}{CM_0},$$ então, se $S_2 < 1$, há economias de escala.

e,

$$S_A = \frac{389,545}{503,308} = 0,773969$$

$$S_B = \frac{402,544}{503,308} = 0,799797$$

Isto é, a um custo médio inferior, e havendo economias de escala muito próximas, sendo inferior a S_B (mais próximo de 1), então, é preferível o mix A.

Como verificamos, os custos médios desceram em qualquer das opções, sendo mais favoráveis na Opção A. A descida dos custos médios indiciam a existência de economias de escala. A presença de custos médios diferentes entre as duas opções pode sugerir a presença de outro tipo de economias.

I · ÂMBITO DA DECISÃO DE INVESTIR

Iremos então utilizar a medida S (fator de escala) para confirmar se se gera ou não rendimento de escala, quando se passa de 625 para 1.500, tanto na hipótese A como na hipótese B, e qual o nível dessas economias de escala.

Se o fator S for <1, então haveria certeza da existência de EE, mas sem ter a certeza do rigor da intensidade desse indicador.

Se S for igual tanto para o *mix* A como para o *mix* B, então, haveria a probabilidade de não haver economias de variedade mas apenas economias de escala.

Porém, se $S_A \neq S_B$, então, há uma grande probabilidade de a medida de economias de escala estar a ser adulterada pela manifestação de outras economias, neste particular das economias de variedade.

Vejamos então:

Fatores de escala		
	Opção A	Opção B
Q(n+2)/Qn	2,400	2,400
Gastos variáveis (n+2)/Gastos variáveis (n)	2,025	2,075
Custos fixos (n+2)/Custos fixos (n)	1,396	1,491
Custos totais (n+2)/Custos totais (n)	1,858	1,920
ln (Q(n+2)/Qn)	0,875	0,875
ln (Gastos variáveis (n+2)/Gastos variáveis (n))	0,706	0,730
ln (Custos fixos (n+2)/Custos fixos (n))	0,334	0,399
ln (Custos totais (n+2)/Custos totais (n))	0,619	0,652
S GV (ln GV/ln Q)	0,806	0,834
S CF (ln CF/ln Q)	0,381	0,456
S CT (ln CT/ln Q)	0,707	0,745

Exemplifica-se, de seguida o cálculo dos fatores de escala:

$$S_{A,B} = \frac{ln\left(C_1/C_0\right)}{ln\left(Q_1/Q_0\right)}, \text{ e se } S < 0,8, \text{ então, existe uma forte economia de escala...}$$

$$S_A = \frac{ln\left(584.318/314.568\right)}{ln\left(1.500/625\right)} = \frac{0,61925}{0,87547} = 0,70733$$

Ou seja, $S_A = 0,70733$ o que define forte economia de escala. Confirma-se pois a existência de economias de escala.

$$S_B = \frac{ln\left(603.816/314.568\right)}{ln\left(1.500/625\right)} = \frac{0,65207}{0,87547} = 0,74483$$

DECISÃO DE INVESTIR

Donde, $S_B = 0,74483$, que igualmente define forte economia de escala, mas inferior a S_A.

Isto é, $S_A < S_B$, logo, é preferível a solução S_A, ou melhor, o *mix* A, notação que confirma a anterior.

Confirma-se pois a existência de economias de escala, nas duas opções e confirma-se a presença de outras economias a alterar os valores dos fatores de escala.

Fase 2 da resolução – análise por produto

Podemos trabalhar com gastos variáveis ou com custos totais, começando por decompor o fenómeno, designadamente as economias de escala por produto (eficiência) permitindo-nos optar pelo *mix* A ou pelo *mix* B.

Comecemos mais uma vez pelos custos médios, recuperando os cálculos anteriores:

	Custos médios								
	Ano n			Opção A			Opção B		
	Produto 1	Produto 2	Total	Produto 1	Produto 2	Total	Produto 1	Produto 2	Total
Gastos variáveis	485,5	291,9	369,3	441,0	246,9	311,6	401,6	260,5	319,3
Custos fixos			134,0			78,0			83,2
Custos totais			503,3			389,5			402,5

Dado que os cálculos são efetuados exatamente da mesma forma que para a fase 1 desta resolução, dispensa-se a sua exemplificação, passando à análise dos resultados.

A nível de produtos verifica-se, então, que:

$$P_1: \text{Mix B} < \text{Mix A} < \text{Ano n}$$
$$P_2: \text{Mix A} < \text{Mix B} < \text{Ano n}$$
$$\text{Conjunto: Mix A} < \text{Mix B} < \text{Ano n}$$

Qualquer das hipóteses colocadas para "n+2" será sempre preferível à solução (manter) "n". Se bem que no que respeita ao produto 1, o *mix* B apresente menores custos médios, ainda assim, será preferível adotar o *mix* A porque, globalmente, é a solução que contém custos médios inferiores.

Utilizemos agora o cálculo dos fatores de escala:

I · ÂMBITO DA DECISÃO DE INVESTIR

Fatores de escala						
	Opção A			Opção B		
	Produto 1	Produto 2	Total	Produto 1	Produto 2	Total
Q(n+2)/Qn	2,000	2,667	2,400	2,500	2,333	2,400
Gastos variáveis (n+2)/Gastos variáveis (n)	1,817	2,256	2,025	2,068	2,083	2,075
Custos fixos (n+2)/Custos fixos (n)			1,396			1,491
Custos totais (n+2)/Custos totais (n)			1,858			1,920
ln (Q(n+2)/Qn)	0,693	0,981	0,875	0,916	0,847	0,875
ln (Gastos variáveis (n+2)/Gastos variáveis (n))	0,597	0,813	0,706	0,727	0,734	0,730
ln (Custos fixos (n+2)/Custos fixos (n))			0,334			0,399
ln (Custos totais (n+2)/Custos totais (n))			0,619			0,652
S GV (ln GV/ln Q)	0,86143	0,82935	0,80590	0,79296	0,86590	0,83379
S CF (ln CF/ln Q)			0,38118			0,45629
S CT (ln CT/ln Q)			0,70733			0,74483

Mais uma vez, dispensa-se a exemplificação do cálculo dos fatores de escala em virtude de serem efetuados exatamente da mesma forma que para a fase 1 desta resolução, passando à análise dos resultados.

Confirma-se a existência de economias de escala a nível dos custos variáveis (valores sempre inferiores a 1), mas tendencialmente fraca (valores próximos, no mínimo de 0,8), invertendo ao nível de produtos as situações mais favoráveis para cada opção em causa.

Certo nas variações de fatores entre as duas opções é a existência de economias de variedade que se manifestam favoravelmente quando o peso de um dos produtos aumenta ou diminui, explicando o porquê da inversão de posições, ao nível do produto, entre as duas opções.

No conjunto, em qualquer das situações, seria sempre selecionável o *mix* A, por ser o que melhores economias de escala oferece...

II
A Decisão de Investir na Ótica Empresarial

A avaliação de projetos de investimento na ótica empresarial assenta em critérios de rendibilidade previsional e orienta-se tradicionalmente para a fundamentação de uma seleção de investimentos entre várias alternativas admissíveis ou cenários avaliados, em geral referentes a investimentos de raiz, ou seja, à criação de empresas.

Não obstante, em termos reais e concretos, as situações em que um investidor utiliza as técnicas de avaliação para fundamentar uma escolha são muito raras e ocasionais. Em geral, a avaliação fundamenta decisões sobre a configuração do investimento, isto é, serve para ir ajustando o investimento até se obter os resultados esperados desejáveis. Em última instância, serve para decidir se se investe, ou não, na circunstância de não se lograr uma configuração do projeto capaz de gerar os resultados esperados.

Por outro lado, a maioria dos investimentos a ser avaliados têm a ver com investimentos em empresas existentes, reproduzindo efeitos que nem sempre podem ser marginalmente autonomizados e, quando o são, reproduzem também efeitos sobre a empresa pré-projeto, exigindo tratamentos de valorização específica do investimento, associada com os efeitos ocultos *(sunk effects)*.

As duas situações referidas exigem uma utilização adaptada das técnicas e medidas de avaliação tradicionalmente utilizadas, principalmente no que se refere ao segundo caso – investimento em empresas existentes – em que, mais do que avaliar-se o projeto de investimento, se avalia a situação da empresa após projeto ou, se se quiser, o impacte do projeto na empresa.

Quaisquer que sejam as medidas e métodos utilizados, os seus resultados servem um dos dois critérios seguintes:

1º – Critério de rejeição: sempre que um projeto em si apresente uma medida de rendibilidade inferior ao pretendido ou com risco incomportável;
2º – Critério de seleção: na escolha das melhores rendibilidades e menor risco entre vários projetos alternativos.

Em qualquer das situações importa analisar cenários de desenvolvimento diferentes, tendo em conta não só as variações admissíveis nos pressupostos, mas também as relacionadas com o ambiente – interno e externo – em que o investimento se irá concretizar. Esta análise tem a ver com o que usualmente se denomina de análise de risco associado ao projeto, tendo em consideração variações admissíveis nos pressupostos e no ambiente.

Com segurança sabemos que o potencial estratégico depende da forma como ele é criado (investido) e utilizado (gerido). No que se refere ao investimento, sabemos também que os focos estratégicos da decisão são, numa primeira instância, a qualidade das decisões relativas à sua rendibilidade e seleção de alternativas, à opção de financiamento e ao controlo do risco, e, numa segunda instância, à avaliação estratégica global de desenvolvimento da empresa, para a qual o investimento contribui.

O esquema seguinte *(Figura 19)* reflete esta visão e prenuncia o âmbito das matérias tratadas nesta parte do livro:

Figura 19 – **Avaliação estratégica global**

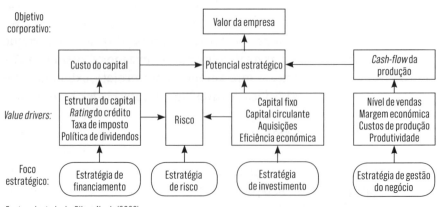

Fonte: adaptado de *Pike* e *Neals* (2009).

1 – DECISÃO ECONÓMICA DE INVESTIR – CONTROLAR A RENDIBILIDADE

A missão de uma qualquer entidade empresarial, com ou sem fins lucrativos, é a criação de valor para todos os interessados *(stakeholders)*, sobretudo os acionistas e os clientes. Neste sentido, a análise empresarial deve privilegiar o acréscimo de rendibilidade e a minimização do risco (segurança), o que pressupõe a existência de um sistema de informação de gestão que permita o acompanhamento permanente dos objetivos fixados.

1.1 – *CASH-FLOW* COMO MARGEM ECONÓMICA PARA AVALIAÇÃO DO INVESTIMENTO

Os critérios de rendibilidade utilizados na análise previsional de investimentos apoiam-se, essencialmente, no *cash-flow* de exploração (margem bruta de autofinanciamento), que se traduz pelo montante que a exploração permite libertar para reposição do investimento (via depreciações e perdas por imparidade) e remuneração dos capitais investidos (gastos de financiamento do capital alheio e resultados a distribuir pelo capital próprio).

Os custos e benefícios decorrentes da realização de um determinado investimento devem ser avaliados, não em termos de lucro contabilístico, mas sim em função dos *cash-flows* gerados. Para *Pike e Neals* (2009), os espetaculares colapsos de negócio demonstram mesmo como uma opção errada pelo lucro, como medida de desempenho, pode ser perigoso. Os mesmos autores afirmam que a atual visão dos homens de negócios é a de que *the cash-flow is the King*.

Genericamente, podemos definir *cash-flow* como o montante de dinheiro que é gerado pelas operações normais da empresa e que não é necessária para reinvestimento em novos projetos da empresa. Representa, então, o montante que pode ser reembolsado aos acionistas (desde que positivo) de forma *a empresa poder sustentar e aumentar os seus pagamentos de dividendos*, enquanto compensação dos capitais investidos.

Os *cash-flows* globais compreendem, assim, as entradas *(cash inflows)* ou as saídas *(cash outflows)* de fundos de caixa, quer estes se destinem a:

- Suportar os custos de investimento (construção da fábrica, compra de equipamento, inventário de materiais) e
- Fazer face a gastos de exploração (matérias-primas, salários, gastos gerais de fabrico),

ou provenham de:

- Rendimentos de exploração (valor de venda de produtos ou prestação de serviços) e
- Alienação de investimento (desinvestimento),

cujos valores haverão de ser discriminados de acordo com as respetivas origens e aplicações, para efeitos da sua avaliação, mas sempre depois de imposição fiscal (saída de fluxos).

O que importa na opção dos *cash-flows*, em detrimento do lucro do exercício, é o facto de ser uma margem que não considera nem as depreciações e reintegrações, nem os gastos com o financiamento, não sendo assim influenciado pela opção de financiamento.

As depreciações e reintegrações ou *depreciações (e as perdas por imparidade) do período* devem ser tratadas, no âmbito da avaliação do investimento, como custos de exploração que não geram *cash-flows* (não implicam desembolsos, saídas de dinheiro), logo, não deverão ser consideradas no âmbito do projeto. Porém, já teremos de ter em atenção que a sua não constituição será geradora de acréscimo nos lucros (ou redução nos prejuízos), com reflexos – ainda que mediatos – na imposição fiscal, pelo que, para este efeito, deverão ser considerados no cálculo do *IRC*.

Existe outra razão para não serem consideradas. Na verdade, na avaliação de investimento confrontam-se, subtraindo ou dividindo, os *cash-flows* de exploração *(CFE)* do projeto com o capital investido, ou seja o *cash-flow* de investimento *(CFI)*. Se considerássemos as depreciações e reintegrações estaríamos a deduzir duplamente o investimento em capital fixo. Vejamos, num confronto entre *CFE* e *CFI*, admitindo que estão ambos atualizados para simplificar a exposição (considerando *B* como o *benefício líquido do projeto*):

$$B = \Sigma\ CFE - \Sigma\ CFI.$$

Considerando, por outro lado, *P* como *proveitos* (rendimentos) do projeto e *CE* como *custos de exploração*,

$$CFE = P - CE.$$

Considerando ainda *DR* como *depreciações e reintegrações* e *OCE* como *outros custos de exploração*, teríamos:

$$CE = AR + OCE.$$

Sendo assim, o *benefício líquido do projeto* seria, se considerarmos agora *CFI* (não considerando desinvestimentos) igual à soma do investimento em capital fixo *(CF)* e capital circulante *(CC)*:

$$B = \Sigma\ [P - (DR + OCE)] - \Sigma\ (CF + CC).$$

Ou, se quisermos:

$$B = \Sigma\ P - \Sigma\ AR - \Sigma\ OCE - \Sigma\ (CF + CC).$$

Ou ainda:

$$B = \Sigma\ P - \Sigma\ OCE - \Sigma\ DR - \Sigma\ CF - \Sigma\ CC.$$

Como sabemos, a soma das depreciações *(Σ DR)* representa o capital fixo *(Σ CF)*, pelo que:

$$B = \Sigma\ P - \Sigma\ OCE - \Sigma\ CF - \Sigma\ CF - \Sigma\ CC,$$

ou ainda

$$B = \Sigma\ P - \Sigma\ OCE - 2\ \Sigma\ CF - \Sigma\ CC,$$

ou seja, estaríamos a deduzir duas vezes o investimento em capital fixo na avaliação do projeto.

Por seu lado, os *gastos de financiamento*, embora sejam um custo efetivo de exploração, todavia não deverão ser considerados na avaliação do projeto porque devemos procurar avaliar os vários projetos em função dos respectivos méritos (relativos ou absolutos), isto é, independentemente da forma de financiamento de cada um deles. Com efeito, estes gastos financeiros dificilmente serão comparáveis, em razão dos desvios introduzidos na situação de diferentes projetos e diferentes modalidades de financiamento.

Por outro lado, a rendibilidade do investimento não varia com a opção de financiamento – ao contrário da rendibilidade dos capitais próprios, como veremos mais à frente –, devendo a decisão de investir inspirada naquela rendibilidade ser independente da opção do financiamento (e dos gastos que implica). A margem económica a utilizar na avaliação da rendibilidade do projeto deveria, assim, ser insensível à opção de financiamento, o que acontece com o *cash-flow* de exploração e não acontece com o resultado líquido do exercício como se pode verificar do mapa seguinte, considerando:

DECISÃO DE INVESTIR

- dois Mapas de Demonstração de Resultado do Exercício *(MDR)*, diferenciando-se apenas por considerarem e não considerarem os juros *(IRC = 30%)*,
- os respectivos Mapas de *Cash-flow* de exploração *(MCF)*, nas mesmas condições.

Assim *(Quadro 4)*:

Quadro 4 – Métodos de cálculo do *cash-flow*

Descrição	Situação 1 (considerando juros)			Situação 2 (não considerando juros)		
		CF 1	*CF 2*		*CF 1*	*CF 2*
Rendimentos (proveitos)	125			125		
Variação de inventários	10			10		
Valor bruto da produção *(VBP)*	135			135		
Custo das matérias consumidas	40			40		
Fornecimentos e serviços externos	30			30		
Gastos com o pessoal	20			20		
Impostos	10			10		
Outros custos operacionais	5			5		
Custos totais	105			105		
RAJIAR	30	30		30	30	
Depreciações	10		10	10		10
RAJI	20			20		
Juros	5		3,5	0		0
Resultados antes de impostos *(RAI)*	15			20		
IRC	4,5	6		6	6	
Resultado líquido do exercício *(RLE)*	10,5		10,5	14		14
Cash-flow de exploração		24	24		24	24

Situações:
  1 – Financiamento por capitais próprios e capitais alheios (gerando juros no valor de 5*um.*)
  2 – Financiamento apenas por capitais próprios (não gerando juros).
Cash-flow (leia-se "método de cálculo do *cash-flow*"):
  1 – Calculado de acordo como o método do investimento (método indirecto)
  2 – Calculado de acordo com o método contabilístico (método indirecto).

Como se verifica, enquanto o resultado líquido do exercício *(RLE)* varia de uma situação para outra (10,5 para 14,0), o *cash-flow* é insensível a essa situação mantendo-se em 24,0.

Finalmente, importa ainda referir que os *cash-flows* associados ao projeto constituem o suporte de análise dos projetos de investimento e devem ser analisados na base de um critério diferencial, ou seja, deverá ser analisada a diferença entre os *cash-flows* para a empresa com e sem projeto(s). Com efeito, aqui e agora, não se trata de decidir perante projetos convencionais (de raiz). Pelo contrário. Trata-se de decidir da eventual realização de projetos em empresa instalada, pressupondo, assim, investimentos de expansão e/ou investimentos de substituição, pelo que o que teremos de fazer é, de facto, comparar a situação com e sem projeto.

Por exemplo, se a empresa pretende lançar um novo produto que poderá concorrer com outros produtos da empresa, os *cash-flows* (positivos) deverão ser analisados também em função da quebra induzida nas vendas dos produtos existentes e não apenas nas vendas previstas (estimativas) para o novo produto.

1.2 – FATOR TEMPO

O *cash-flow* atualizado será, por seu turno, um método para expressar uma série de *cash-flows* futuros esperados em termos do seu valor atual, ou seja, do seu valor expresso em unidades monetárias atuais. Como sabemos, qualquer operação de investimento envolve uma troca de fundos disponíveis em períodos diferentes no tempo. O que significa que existe, para o investidor, um custo de oportunidade associado à troca de disponibilidades imediatas por disponibilidades futuras.

O que equivale a dizer que é diferente o valor das disponibilidades para o investidor, consoante o momento em que se verifica essa disponibilização.

Nestas circunstâncias, para que a informação referente aos vários *cash--flows* seja relevante para o processo de avaliação e decisão, é necessário que todos os *cash-flows* sejam comparáveis.

O *cash-flow* atualizado é, assim, o princípio fundamental subjacente à avaliação de projetos e de empresas e é utilizado com diversos objetivos como sejam, por exemplo:

a) Calcular os benefícios futuros esperados para os investidores,
b) Avaliar interesses (acionistas) minoritários, ou,
c) Calcular os valores parciais da empresa na circunstância de cisão (ou alienação).

DECISÃO DE INVESTIR

O *cash-flow* de exploração resulta do *Plano de exploração* (Demonstração dos resultados previsional) e representa a diferença entre os rendimentos (receitas) líquidos e os gastos de exploração, isto é, o resultado bruto de exploração, não considerando as depreciações e perdas por imparidade e os juros.

Atualizar a uma certa data, consiste em calcular o valor nessa data de um conjunto de fundos tornados disponíveis em data posterior. Sendo que o fator de atualização, ou de desconto, *(1 + r)*, é o operador de transferência no tempo da unidade monetária e traduz, economicamente, o preço (custo) que será necessário suportar para receber a soma de uma unidade monetária dentro de um dado período:

$$V_0 = \frac{V_1}{(1 + r)^1} + \frac{V_2}{(1 + r)^2} + \cdots + \frac{V_n}{(1 + r)^n}.$$

Tendo em consideração o fator tempo ao longo do ciclo de vida do investimento, os critérios de rendibilidade exigem a atualização dos *cash-flows* anuais a uma dada taxa de juro[22] e a sua comparação com o montante total investido, para averiguar se é garantida a recuperação do investimento e a remuneração do capital investido àquela taxa.

Por seu turno, a avaliação de projetos em clima de inflação leva a distinguir duas situações diferentes para a atualização:

- Elaboração dos cálculos previsionais de rendimentos e gastos a preços constantes de um dado ano de referência: a taxa de atualização a utilizar deverá refletir o custo do capital ou a eficiência marginal do capital (taxa de juro real) e ainda uma margem de risco (prémio de risco) "definida em função do risco de mercado e do risco do projeto" (*Soares et al.*, 2007), características das situações não inflacionistas;
- Elaboração dos cálculos previsionais de rendimentos e gastos a preços correntes, admitindo o efeito dos pressupostos de comportamento inflacionário para os vários componentes dos gastos e ren-

---

[22] Nesta asserção, a taxa de juro pode ser definida, na esteira de *Barros* (2007), como a remuneração do risco inerente à aplicação de poupança em investimento, *ou como o preço a pagar pelo utilizador do capital ao agente económico aforrador* como compensação pelo diferimento da sua *preferência por consumo atual a favor de consumo futuro.*

132

dimentos: a taxa de atualização a utilizar deve refletir igualmente o custo do capital e ainda a taxa de inflação prevista, a que se deverá acrescentar o produto da taxa real pela taxa de inflação.

Segundo *Abecassis e Cabral* (2000), esta relação é dada através da formulação seguinte:

$$1 + r = (1 + i) \times (1 + h).$$

Logo,

$$r = i + h + ih,$$

sendo, r – a taxa de atualização nominal (com inflação incorporada),
i – a taxa de juro real de remuneração do capital (sem inflação), e,
h – a taxa de inflação.

De notar que as taxas não se somam; na verdade, *"i+h+ih"* resulta do produto das taxas.

Devemos, por outro lado, considerar que a taxa i se decompõe em duas taxas: a referente à remuneração sem risco e a taxa de risco. Como refere *Menezes* (1995), quando sugere que a taxa de atualização depende de três parâmetros essenciais: a remuneração desejada para os capitais próprios (i_1), o risco económico e financeiro associado ao projeto (i_2), a taxa média de inflação para o futuro (h). A taxa de atualização r poderia, então, ser formalizada da seguinte forma:

$$r = [(1+i_1) \times (1+i_2) \times (1+h)] - 1.$$

A taxa r assim definida representa um valor semelhante ao da *rendibilidade-objetivo* dos capitais próprios (ROE^0), *próxima do custo de oportunidade que desenvolveremos mais à frente*. Considerando $i = [(1+i_1) \times (1+i_2)] - 1$, as duas propostas são confluentes[23].

As taxas de atualização indevidamente elevadas penalizarão os investimentos de capital intensivo, com forte concentração de investimento nos anos iniciais e baixos resultados por períodos prolongados, e serão favorecidos os investimentos virados essencialmente para o consumo ou de curta vida útil, com comportamentos diferentes.

---

[23] Basicamente complementar ao que será estudado no capítulo seguinte, *ponto 2.2.*

Todos os critérios que consideram o fator tempo fazem-no através da teoria da atualização, que permite concentrar e comparar, num determinado momento do tempo, fluxos financeiros de receita ou despesa que se prevê ocorram em períodos temporais bem diferenciados.

A atualização dos *cash-flows* anuais para o início da vida útil do projeto de investimento (definido como ano 0) faz-se através do fator de desconto ou de atualização $(1+r)^{-k}$, em que r é a taxa de juro adotada para a atualização e k o inteiro correspondente ao ano (ordenado por ordem crescente desde o ano 0) a que respeita o *cash-flow (CF)*.

Genericamente, o valor atualizado do *cash-flow* de um certo ano k é dado por:

$$CF_0 = CF_k \times (1+r)^{-k},$$

em que CF_0 é o custo de financiamento do ano 0.

1.3 – CRITÉRIOS DE RENDIBILIDADE

Apresentam-se em seguida os critérios de rendibilidade que repousam em métodos de atualização do *cash-flow*, isto é, que consideram o fator tempo.

1.3.1 – CRITÉRIO DO VALOR ATUAL LÍQUIDO *(VAL)*

Pode definir-se valor atual como o valor corrente de um recebimento ou um fluxo de recebimentos futuros. O valor atual é calculado pela aplicação de uma taxa de atualização aos recebimentos ou pagamentos futuros.

O método de cálculo do valor atual é a base de valorização da empresa e é utilizado pelas empresas e pelos investidores para determinar o *justo valor* de mercado de um investimento potencial.

O valor atual líquido *(VAL)* é, por seu turno, o valor que se espera vir a receber no futuro, expresso em valores monetários atuais, ou seja, *o excedente do acumulado dos fluxos líquidos de tesouraria, ou* cash-flows *de exploração atualizados, calculados para todo o tempo de vida útil do investimento subtraídos do montante do capital investido* (*Silva e Queirós*, 2009). Exprime o montante dos *cash-flows* futuros de um investimento que excedem o valor inicialmente investido: quando positivo, o investimento é, em princípio, suscetível de realização (ou concretização).

Nestes termos, o *VAL* mais não é que uma regra de atualização de *cash-flows* futuros, que compara o valor atual dos *cash-flows* de entrada (*cash inflows*) e dos *cash-flows* de saída (*cash outflows*) futuros, de um dado investimento.

O critério do valor atual líquido *(VAL)* traduz-se, outrossim, no cálculo do somatório dos *cash-flows* de exploração anuais atualizados a uma dada taxa escolhida e deduzidos do montante, atualizado à mesma taxa dos investimentos. O resultado deste procedimento denomina-se *benefício total atualizado* ou, na terminologia anglo-saxónica, *net present value (NPV)*.

Este critério é particularmente aconselhado em caso de seleção entre vários projetos de níveis de investimento e de vida útil semelhantes.

Assim, sendo,

B_k, o benefício que mede a capacidade do projeto de fazer pagar o investimento,

$R_0, R_1, R_2, ... R_n$, os rendimentos (receitas) líquidos anuais de exploração do projeto,

$G_0, G_1, G_2, ... G_n$, os gastos anuais de exploração, em que se poderão incluir os impostos diretos previstos,

ambos antes da função financeira, isto é, excluindo encargos financeiros ou juros (gastos de exploração sem juros), e,

$I_0, I_1, I_2, ..., I_n$, os investimentos anuais em capital,

e dado que $R_k - G_k$ é o *cash-flow* anual de exploração, tem-se que o benefício anual líquido de investimento será:

$$B_k = (R_k - G_k) - I_k.$$

Sendo r a taxa de atualização dos investimentos (o custo dos capitais, ou dos juros que eles vencerão), o valor atual líquido *(VAL)* é determinado a partir da seguinte formulação:

$$VAL = \sum_{k=0}^{n} \frac{R_k - G_k - I_k}{(1 + r)^k}.$$

Se ao fim de n anos de vida útil do projeto se prevê que o bem será ainda utilizável no ano k, então, deve considerar-se um determinado valor residual (V_r), e o valor líquido atual virá, então:

$$VAL = \sum_{k=0}^{n} \frac{R_k - G_k - I_k}{(1 + r)^k} - \frac{V_r}{(1 + r)^n}.$$

DECISÃO DE INVESTIR

A utilização desta expressão pressupõe que:

- é conhecida a taxa de atualização apropriada, e que deve corresponder ao custo do capital da empresa;
- a taxa de atualização (r) permanece constante ao longo do período de vida do projeto;
- os fundos gerados pelo projeto ao longo da sua vida útil vão sendo reinvestidos à mesma taxa (r).

A decisão de investir será favorável se o valor atual líquido for igual ou superior a 0 (zero). No caso de alternativa entre vários projetos de investimento, será de preferir o que tiver maior valor atual líquido.

É importante considerar, na leitura do *VAL*, que o seu valor representa, não a rendibilidade do investimento, mas sim o excedente, medido em valor absoluto, do rendimento induzido pelo custo de oportunidade, ou taxa de atualização. Notar que quando o *VAL* = 0, significa que o investimento tem uma rendibilidade exatamente igual ao custo de oportunidade (r).

Um pequeno *exemplo de aplicação* (6) permitirá uma melhor visibilidade do exposto:

~~~~~~

Exemplo de aplicação (6):

Considerando uma taxa de atualização de 5%, e o seguinte fluxo de *cash-flows* para um determinado investimento:

Taxa de atualização:	0,05					
	0	1	2	3	4	5
Cash-flow do Investimento	-310	30,7	149,3	149,3	149,3	35
Factores de atualização	$(1+i)^0$	$(1+i)^1$	$(1+i)^2$	$(1+i)^3$	$(1+i)^4$	$(1+i)^5$
	1,000	1,050	1,103	1,158	1,216	1,276
CF atualizados $[CF/(1+i)^n]$	-310,0	29,2	135,4	129,0	122,8	27,4
VLA (Somatório dos CF atualizados)	133,9					

Nestas condições, em que o VLA é positivo, o investimento é exequível, porquanto será recuperado no respetivo ciclo de vida estimado, permitindo ainda um rédito expectável significativo.

~~~~~~

Importa ainda referir que tanto se utilizam as expressões *VAL* como *VLA* para exprimir o mesmo conceito de rendibilidade, sendo os dois tecnicamente aceitáveis tendo em conta a ordem do cálculo de valores líquidos que são atualizados:

$$VLA = (CFE - CFI)_{atualizados}$$

ou, valores atualizados que são tornados líquidos,

$$VAL = CFE_{atualizados} - CFI_{atualizados}$$

Permitindo o mesmo resultado e sendo o critério pessoal o da escolha da utilização de *VLA* ou *VAL*, admitindo que *VLA* se apresenta foneticamente mais aconselhável pois evita a leitura da sigla *VAL* como se de uma palavra se tratasse.

1.3.2 – CRITÉRIO DO ÍNDICE DE RENDIBILIDADE DOS PROJETOS *(IRP)*

Perante projetos com níveis de investimento e prazos de vida útil acentuadamente diferentes, o critério do *VAL*, como medida absoluta, pouco adianta, sendo aconselhável, então, o recurso complementar a critérios relativos. Poderão ser utilizadas, por exemplo, as relações entre o *VAL* e o investimento (*VAL/I*) de cada projeto para permitir uma comparação aceitável.

O índice de rendibilidade, acompanhando *Silva e Queirós* (2009), vem colmatar a insuficiência do *VAL* em relativizar o seu valor, porquanto com este método consegue saber-se quantas vezes se multiplica o capital investido durante o período considerado.

É um critério que deve ser seguido quando os níveis de investimento sejam muito diferentes.

Para o efeito, relativiza-se o *VAL* com a soma dos investimentos atualizados, obtendo-se um índice de rendibilidade dos projetos que decorre do *VAL* e pode ser formulado como segue:

$$IRP = \frac{VAL}{\sum_{k=0}^{n} \frac{I_k}{(1+r)^k}}.$$

O *IRP* relaciona, assim, o valor do benefício atual líquido do projeto com os gastos atuais de investimento.

Admitamos, por exemplo, que o VAL de um dado projeto é igual a 521*um* e o investimento inicial foi de 1.600*um*. Então, teremos: 521/1.600 = 0,3256 ⇒ 32,56%, resultado que, na esteira de *Silva e Queirós* (2009), significa que o investimento não só será totalmente recuperado, como ainda ultrapassa em 32,56% o investimento inicial a valores atuais.

Um pequeno *exemplo de aplicação (7)* permitirá uma melhor compreensão do exposto:

Exemplo de aplicação (7):

Relativamente ao exemplo de aplicação anterior, considerando 310*um.* como o valor do investimento inicial e 133,9 como o VLA, teríamos então:

$$IRP = \frac{133,9}{310,0} = 43,2\%$$

O que significa que não só se recupera todo o capital investido, como ainda se obtém um rédito equivalente a 43,2% do investimento inicial.

O índice de rendibilidade pode assumir outra expressão, comparando os *CFE* com os *CI* totais e atualizados:

$$IR = \frac{\displaystyle\sum_{t=0}^{n} \frac{CFE_t}{(1+k)^t}}{\displaystyle\sum_{t=0}^{n} \frac{CI_t}{(1+k)^t}}$$

1.3.3 – CRITÉRIO DA ANUIDADE

A *anuidade* consiste numa variante do *VLA* que resulta da transformação do *cash-flow* de investimento, do *cash-flow* de exploração e do valor residual em anuidades constantes.

A anuidade do rendimento do projeto será igual à diferença entre a anuidade do *cash-flow* de investimento e a soma das anuidades do *cash-flow* de exploração e do valor residual.

Na verdade, procura-se substituir a série de *cash-flows* do projeto por outra com valores anualmente iguais *(A)*, que gera o mesmo *VLA*.

É a seguinte a fórmula da anuidade:

$$A = VLA \times \frac{1 - (1 + r)^{-n}}{r} \times (1 + r)$$

Para o cálculo da anuidade utilizou-se a fórmula que estabelece a relação entre o capital inicialmente aplicado *(C_0)* e o termo da renda *(R)*, antecipada:

$$C_0 = R \times \frac{1 - (1 + r)^{-n}}{r}$$

Se substituíssemos C_0 por *VLA* e *R* por *A*, teríamos a fórmula anterior de *A*; importante referir que o fator *(1+r)* no final da fórmula tem a ver com o desfasamento temporal entre o momento do pagamento do termo de uma renda (antecipada, por isso, no início do ano 0) e o momento de aferição e atualização do *cash-flow* (no final do ano), repondo o resultado para o final do ano 0.

O fator $\dfrac{1 - (1 + r)^{-n}}{r}$ pode ser apresentado de forma simplificativa por $a_{\overline{n}|\,i}$. Assim, $A = VLA \times a_{\overline{n}|\,i}$.

O critério de decisão é semelhante ao do *VLA*: aprovar os projetos com *A > 0*, e, selecionar os projetos com *A* superior.

A anuidade constitui uma alternativa de utilização do *VLA* para projetos de vidas úteis diferentes.

DECISÃO DE INVESTIR

Um pequeno *exemplo de aplicação (8)* permitirá uma melhor visibilidade do exposto:

Exemplo de aplicação (8):

Considerando o valor do *VLA* do exemplo de aplicação anterior, era o seguinte o cálculo da anuidade *A*:

$$A = 133,9 \times \frac{1 - (1 + 0,05)^{-6}}{0,05} \times (1 + 0,05) = 25,12094$$

Demonstra-se agora que a *A* corresponde a uma série de *cash-flows* equivalente à original em termos de gerar o mesmo *VLA*, recordando que a taxa de atualização é de 5%:

$$a_{\overline{n}|i} = 5,0755692$$

$$A = 25,12094$$

	0	1	2	3	4	5
Cash-flow do Investimento	25,121	25,121	25,121	25,121	25,121	25,121
Fatores de atualização	$(1+i)^0$	$(1+i)^1$	$(1+i)^2$	$(1+i)^3$	$(1+i)^4$	$(1+i)^5$
	1,000	1,050	1,103	1,158	1,216	1,276
CF atualizados [$CF/(1+i)^n$]	25,1	23,9	22,8	21,7	20,7	19,7
VLA (Somatório dos CF atualizados)	133,9					

Como se verifica, quer calculando com o fluxo inicial dos *cash-flows* do investimento, quer calculando com fluxo anual de *cash-flows* igual a A, o *VLA*, calculado tal como oportunamente referido, dará o mesmo resultado.

1.3.4 – CRITÉRIO DA TAXA INTERNA DE RENDIBILIDADE *(TIR)*

A taxa interna de rendibilidade *(TIR)*, é um método que permite determinar eficientemente as taxas de atualização que deverão ser utilizadas nas análises que tomem por base o *cash-flow* atualizado. É agora a nossa incógnita a estimar, e mede a taxa de remuneração máxima que o projeto poderá proporcionar (*Soares et al.*, 2009).

O critério da taxa interna de rendibilidade é utilizado normalmente quando se desconhecem as condições específicas de financiamento (quanto a juros) e quando, entre alternativas de projetos de investimento, estes apresentam montantes e vidas úteis diferentes. Visa-se com esta medida determinar a taxa de juro de atualização que permite igualar o somatório dos *cash-flows* de exploração ao somatório dos investimentos, isto é, o valor r que torna o valor atual líquido *(VAL)* nulo.

Isto é, a *TIR*, algebricamente, é a taxa que conduz o *VAL* a *zero* sendo, por isso mesmo, frequentemente utilizada pelos analistas enquanto modelo complementar, quando da tomada de decisão de investir, pressupondo que os *cash-flows* intermédios serão reinvestidos a uma taxa de atualização (ou de retorno) equivalente à calculada para o próprio projeto.

A taxa de atualização assim determinada poderá ser comparada, por um lado, com a taxa de juro de financiamento do próprio projeto (se for conhecida) de modo a saber-se se este é suficientemente rendível para cobrir os capitais (próprios e alheios) envolvidos no projeto e respetivas remunerações e, por outro, com a taxa de juro do mercado financeiro de modo a inferir se não será preferível, em vez de realizar o investimento, aplicar o capital correspondente nesse mercado.

Na maioria dos casos, uma oportunidade de investimento é aceite quando a taxa interna de rendibilidade é superior ao custo de oportunidade do capital necessário para o investimento, isto é, a rendibilidade esperada num investimento de risco semelhante.

Na prática, a *TIR* traduz a taxa de atualização que, aplicada a dois conjuntos de *cash-fows* (um negativo e um positivo), os torna equivalentes, isto é, será a taxa de atualização que torna nulo o *VAL* do projeto.

Algebricamente, pode calcular-se uma *TIR* = p, tal que:

$$\sum_{t=0}^{n} \frac{I_t}{(1+p)^t} = \sum_{t=0}^{n} \frac{CF_t}{(1+p)^t} + \sum_{t=0}^{n} \frac{Vr_t}{(1+p)^t},$$

ou, lógica de cálculo do *VAL*, teremos uma *TIR* = p, tal que:

$$\sum_{t=0}^{n} \frac{CF_t}{(1+p)^t} + \sum_{t=0}^{n} \frac{Vr_t}{(1+p)^t} - \sum_{t=0}^{n} \frac{I_t}{(1+p)^t} = 0.$$

DECISÃO DE INVESTIR

A resolução teoricamente correta da expressão algébrica da *TIR* é algo complexa. Com efeito, consiste em resolver a equação descrita, de grau *n*, em ordem a *p*, com *n* igual ao número de anos de vida útil do projeto.

É, assim, um processo difícil e que, além do mais, não será teoricamente o mais correto uma vez que não deixará de constituir uma aproximação – com uma maior ou menor margem de erro – à "verdadeira" *TIR* do projeto.

O seu cálculo envolve duas metodologias:

1. Aproximação sucessiva à *TIR* que termina com a determinação de duas taxas de atualização: a última para a qual o *VAL* é positivo e a primeira para a qual o *VAL* é negativo. Logo, quanto maior for a diferença entre estas duas taxas, maior será a dimensão possível de erro relativamente à "verdadeira" *TIR*.

2. Cálculo da *TIR* por um processo de interpolação linear, baseado nos resultados da etapa anterior ou, alternativamente, poderá utilizar--se uma expressão do tipo:

$$TIR = VAL_1 \times \frac{r_2 - r_1}{VAL_1 - VAL_2} + r_1,$$

em que:

VAL_1, é o último *VAL* do projeto com valor positivo,
VAL_2, o primeiro *VAL* do projeto com valor negativo,
r_1, a taxa de atualização utilizada na determinação do VAL_1, e,
r_2, a taxa de atualização utilizada na determinação do VAL_2.

Formalmente, como podemos relacionar o *VAL* com a *TIR*? – Um pequeno exemplo gráfico *(Figura 20)* de interpolação linear será, certamente, mais elucidativo:

Figura 20 – **Exemplo gráfico do modelo de interpolação linear**

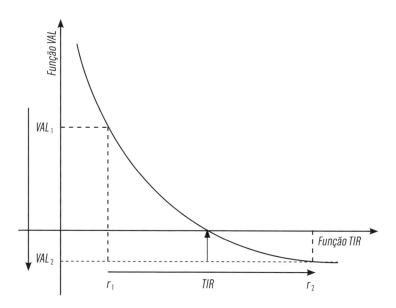

Como podemos constatar, a *TIR* é calculada por aproximação e a um $\Delta TIR \Rightarrow -\Delta VAL$.

Nestas condições, e sendo qualquer destes métodos meras aproximações, logo com uma muito difícil aderência à realidade, então, para ser possível deter algum rigor no cálculo da *TIR*, haverá que recorrer a meios eletrónicos (folha de cálculo ou calculadoras financeiras).

A taxa interna de rendibilidade e o valor atual líquido são critérios complementares. Um projeto terá tanto maior *VAL* quanto mais baixa for a taxa de juro do capital e será tanto mais justificável quanto maior for a sua taxa interna de rendibilidade. Quanto mais alta for a taxa de juro de financiamento em vigor no mercado, mais reduzida será a faixa dos projetos rendíveis do ponto de vista empresarial, pois o empresário quando calcula a rendibilidade é imediatamente induzido a compará-la com a taxa de juro do mercado para averiguar se não lhe será preferível uma colocação financeira do seu capital, não só eventualmente mais rendível, mas sobretudo de menor risco.

A *TIR* revela-se insuficiente como critério de rendibilidade perante alternativas de projetos, pelo que se utiliza, na prática, conjugada com o *VAL*.

DECISÃO DE INVESTIR

Um pequeno *exemplo de aplicação (9)* permitirá uma melhor compreensão do exposto:

Exemplo de aplicação (9):

Aplicando a taxa de 18,85% como taxa de atualização verificamos que anula o *VLA*; esta taxa corresponde, então, à *TIR* (calculada de forma iterativa até anularmos *VLA*).

Taxa de atualização:	0,1885

	0	1	2	3	4	5
Cash-flow do Investimento	-310	30,7	149,3	149,3	149,3	35

	0	1	2	3	4	5
Fatores de atualização	$(1+i)^0$	$(1+i)^1$	$(1+i)^2$	$(1+i)^3$	$(1+i)^4$	$(1+i)^5$
	1,000	1,189	1,413	1,679	1,995	2,371

	0	1	2	3	4	5
CF atualizados [CF/(1+i)n]	-310,0	25,8	105,7	88,9	74,8	14,8
VLA (Somatório dos CF atualizados)	0,0					

VLA = 0, significa que a taxa de atualização é igual à TIR.

Em alternativa ao cálculo automático daquela taxa, poderíamos utilizar um método expedito e aproximado do seu valor. Assim, admitindo o desconhecimento da *TIR*, mas sabendo que o custo de oportunidade era de 10%, o *VLA*, calculado da mesma forma seria de 77,2*um*. Se considerássemos uma taxa superior (bem superior), por exemplo 20%, teríamos um *VLA* negativo de −8,3*um*. Poderíamos então calcular, e forma manual, um valor aproximado da *TIR*:

- Aumentando a taxa de atualização em 10 pontos, conseguimos descer o *VLA* em 85,4*um*.
- Se quiséssemos descer apenas 77,2*um* (para anular o *VLA*), o que nos daria a *TIR*), poderíamos calcular o acréscimo da taxa necessária aplicando a regra de três simples:

$$\text{Acréscimo da taxa} = \frac{0,10 \times 77,2}{85,4} = 0,09.$$

Assim, a *TIR* aproximada seria de:

$$TIR = 0,10 + 0,09 = 0,19.$$

Que compara com os 18,85% atrás calculados interativamente.

Notar que este cálculo raramente é exato, podendo dar erros de alguma dimensão; na verdade, depende das taxas de referência que utilizamos; o erro deve-se à diferença entre a forma linear da curva resultante da regra de três simples e a curva do *VLA*. A *Figura (21)* seguinte demonstra o erro possível de escolhas de diferentes conjuntos de taxas de referência:

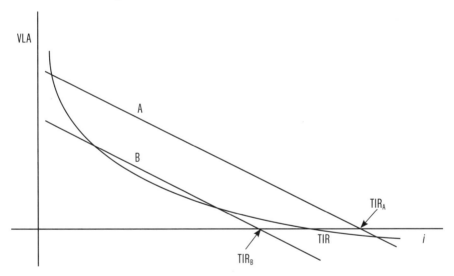

Figura 21 – **Admissibilidade de erro das taxas de referência**

De notar que o erro da TIR_A é menor que o da TIR_B.

1.3.5 – CRITÉRIO DO PONTO CRÍTICO DO PROJETO

Para avaliar a sensibilidade de um projeto a uma determinada grandeza (taxa) faz-se variar esta – segundo a técnica do *VAL* – *cæteris paribus*, isto é, pressupondo todas as outras grandezas constantes.

DECISÃO DE INVESTIR

É uma técnica particularmente útil[24] para análise das variáveis que oferecem maior insegurança permitindo avaliar, ainda, qual a variável que afecta de modo mais significativo o projeto (aquela a que for mais sensível).

Esta grandeza designa-se de *valor critério* e corresponde ao montante assumido pela grandeza a que se fez o teste de sensibilidade e que iguala o *VAL* a 0 (zero). Isto é, o *valor critério* é o limite da variável em estudo e será:

- *máximo* – quando o *VAL* é uma função decrescente da grandeza em questão, como é o caso dos gastos de investimento, dos gastos variáveis ou da taxa de atualização *(TIR)*, e,
- *mínimo* – quando o *VAL* cresce com o aumento da variável, como é o caso do volume de negócios (vendas), do preço de venda, da duração do investimento.

O *breakeven point*, ou, ponto crítico económico (das vendas), define, por exemplo, o valor mínimo que a variável volume de vendas pode assumir face a uma dada estrutura de custos fixos/gastos variáveis.

1.3.6 – CRITÉRIO DO CUSTO ANUAL EQUIVALENTE *(CAE)*

Este critério é particularmente indicado no caso de comparação de alternativas de projetos de investimento que diferem, tanto no montante inicial a investir, como no período de vida útil e em investimentos de substituição. Procura-se estabelecer, para as várias alternativas, um valor comparável – custo anual equivalente – que ajude a esclarecer a decisão.

É utilizável quando se desconhece o custo do financiamento *(CF)* afetável ao projeto, ou quando o objetivo seja a minimização de custos (em investimentos de natureza social, por exemplo), ou ainda na aquisição de equipamentos, de entre duas ou mais hipóteses admissíveis, sabendo-se que o desempenho técnico será potencialmente semelhante em todas.

Seja, I – o montante global a investir no projeto, e,
i – a taxa de juro do capital investido,

---

[24] A este propósito, sugere-se a consulta do *ponto 3.3.2*, onde o tema é tratado genericamente.

então, a anuidade equivalente de capital C será:

$$CAE = I \times \frac{i \times (1 + r)^n}{(1 + r)^n - 1} \cdot$$

No caso de o investimento se prolongar por vários períodos, parcelando-se em I_k investimentos, e existindo um valor residual previsível (V_r) no final da vida útil, o custo anual equivalente será dado pela formulação seguinte:

$$CAE = \left(\sum_{k=0}^{n} \frac{I_k}{(1 + r)^n} - V_r \right) \times \frac{i \times (1 + r)^n}{(1 + r)^n - 1} + V_r \times i \cdot$$

A este custo anual equivalente do investimento poder-se-á acrescentar o custo anual equivalente de exploração, ou seja, a anuidade constante dos gastos de exploração. Sendo G_k os gastos anuais de exploração do ano k, o custo anual equivalente de exploração será:

$$CAE = \left(\sum_{k=0}^{n} \frac{G_k}{(1 + r)^k} \right) \times \frac{i \times (1 + r)^n}{(1 + r)^n - 1} \cdot$$

Os projetos de investimento em alternativa poderão ser comparados na base das anuidades constantes calculadas, porquanto o *CAE* traduz uma anuidade constante que, para uma dada taxa de atualização *(r)*, é equivalente ao custo do investimento adicionado dos gastos anuais de exploração.

Verifica-se que este critério não esclarece o nível de rendibilidade dos projetos em causa, uma vez que se limita ao aspeto custo, tendo de se complementar com outro dos critérios apresentados. É, de resto, um expediente de cálculo de quotas de amortização constantes com juro, designado *sinking fund method*.

É sobretudo para a decisão em investimentos de substituição que os conceitos do custo anual equivalente de investimento e de exploração são utilizados.

Um pequeno *exemplo de aplicação (10)* poderá permitir uma melhor compreensão desta temática:

DECISÃO DE INVESTIR

Exemplo de aplicação (10):

Numa dada empresa a máquina A foi comprada há 4 anos por 8.000 milhares de euros e prevê-se a sua duração por mais 4 anos.

A produção decorrente da utilização desta máquina gera um *cash-flow* anual de 2.500 milhares de euros.

Há a possibilidade de, por 5.000 milhares de euros, comprar uma máquina mais moderna, com um período de vida útil estimado de 5 anos e susceptível de gerar um *cash-flow* anual de 4.000 milhares de euros.

A máquina A não tem valor de troca, mesmo hoje, e a taxa de atualização a considerar é de 20%.

Pretende-se saber se é preferível substituir a máquina de imediato.

Resolução:

Em geral, a situação apresenta-se como segue:

$$+V \quad -P \quad -P \quad -P \quad -P$$

e, $\dfrac{V}{a_{\overline{n}|i}} \rightleftharpoons$ isto é, investir V, hoje (no momento 0) é o mesmo que investir P ao longo de cada um dos (vários) anos seguintes.

Aplicando esta noção ao caso presente, teremos:

Máquina A:

$$2.500 \quad 2.500 \quad 2.500 \quad 2.500$$
$$0$$

Máquina B:

$$-5.000 \quad 4.000 \quad 4.000 \quad 4.000 \quad 4.000 \quad 4.000$$

Os projetos não são diretamente comparáveis porque têm períodos de vida útil diferente. E os respetivos *VAL* médios, serão:

$$VAL \text{ médio de } A: \ \frac{a_{\overline{4}|0,20} \times 2.500}{a_{\overline{4}|0,20}} = 2.500 m€ \quad (a_{\overline{4}|0,20} = 2,58873)$$

$$VAL \text{ médio de } B: -\frac{5.000}{a_{\overline{5}|0,20}} + \frac{a_{\overline{5}|0,20} \times 4.000}{a_{\overline{5}|0,20}} = 2.328,1 m€ \quad (a_{\overline{5}|0,20} = 2,99061)$$

Nestas condições seria preferível manter a máquina A até ao final da sua vida útil.

1.3.7 – SISTEMÁTICA DE UTILIZAÇÃO DOS CRITÉRIOS

A utilização dos diversos critérios não é indiferente ou neutra, podendo ser aconselhável a utilização simultânea de diferentes critérios perante várias alternativas para tornar mais claras eventuais decisões de investir.

a) *Em termos individuais*

Cada um dos critérios estudados anteriormente poderá ser utilizado isoladamente na decisão de investir nas seguintes condições:

Critério do VAL: a preferir quando se comparam vários projetos com valores de investimento e períodos de vida útil semelhantes, quando se conhece a taxa de juro de atualização *(r)* ou a sua seleção não é objeto de grande controvérsia;

Critério do IRP: representa apenas uma interpretação relativa do VAL, o que o torna útil para comparar projetos com valores de investimento diferentes;

Critério da Anuidade: útil para a seleção de projetos com períodos de vida distintos, considerando-se, neste caso, que o *cash-flow* líquido dos projetos é equivalente a uma anuidade com determinada taxa de juro por um período dado.

Critério da TIR: a preferir quando se desconhece ou é controversa a escolha da taxa de atualização *(r)* e quando se comparam projetos com níveis de investimento e períodos de vida útil diferentes, devendo complementarmente calcular-se o *VAL* ou o *IRP*;

Critério do CAE: a preferir quando se desconhece ou se torna difícil avaliar o custo do financiamento *(CF)* ou o *cash-flow* de exploração (em atividades não produtivas, por exemplo), ou quando se trate de investimentos de substituição; dever-se-á utilizar critérios mais refinados se for seguro que a substituição conduz a melhorias de qualidade, diferentes níveis de custo de exploração anual e houver riscos de obsolescência para o novo equipamento.

b) *Seleção de investimentos*

Apresenta-se de seguida uma proposta de metodologia para a seleção de projetos:

Projetos independentes:

i) Sem restrição financeira

$VLA\ (A) > 0$		Selecionar os projetos A e B porque geram
$VLA\ (B) > 0$	$\Rightarrow$	individualmente um volume de riqueza superior à proporcionada pela alternativa de referência.
$VLA\ (C) < 0$		

O projeto C não deve ser selecionado, pela razão contrária.

ii) Sob restrição financeira

$VLA\ (P_k) > 0 \quad \Rightarrow$ O projeto Pk deverá ser selecionado desde que:

$Pk \in$ conjunto P = {P1, P2, P3, ..., Pn}

Sendo, P_k e P_{k+1} projetos independentes, verificada a seguinte condição:

$$Max\ \Sigma\ VLA\ (P_k)$$

e,

$$\Sigma\ I\ (P_k) \leq F$$

sendo F o volume de recursos financeiros disponíveis.

Um pequeno *exemplo de aplicação (11)* poderá permitir uma melhor compreensão desta temática:

~~~~~~

Exemplo de aplicação (11):

Suponhamos um conjunto de projetos passíveis de concretização, isolada ou conjuntamente, desde que não seja ultrapassada a restrição orçamental é de 2.500M€, conforme o descrito no quadro que segue:

Projeto	Investimento	VLA
1	2100	1250
2	1200	750
3	1000	650
4	900	550
5	600	350

Resolução:
As hipóteses admissíveis serão as seguintes:

Hipóteses	Projetos	Soma dos investimentos	Soma *VLA*
1	P1	2100	1250
2	P2 + P3	2200	1400
3	P3+P4+P5	2500	1550

Logo, tendo em consideração a restrição orçamental que maximiza o somatório dos *VLA*, escolhe-se a solução correspondente à soma dos 3 últimos projetos.

Projetos mutuamente exclusivos

i) Iguais investimentos e iguais períodos de avaliação
O critério geral deverá ser o seguinte:

VLA (A) > VLA (B) $\Rightarrow$ O projeto *A* deverá ser selecionado em prejuízo de *B* dado que o volume de riqueza gerada (face à alternativa de referência) é superior.

A utilização da *TIR*, de forma isolada ou independente, deverá ter em conta a seguinte regra:

$i_1 > TIR\ (A - B)$	$\Rightarrow$	VLA B > VLA A Selecionar o projeto de maior *TIR*
$i_2 < TIR\ (A - B)$	$\Rightarrow$	VLA B < VLA A Selecionar o projeto de menor *TIR*

A opção de utilização do *VLA* ou da *TIR* pode ser observada pela análise da *Figura 22* que segue, na qual o ponto de intersecção das curvas nos mostra a taxa de indiferença entre os projetos:

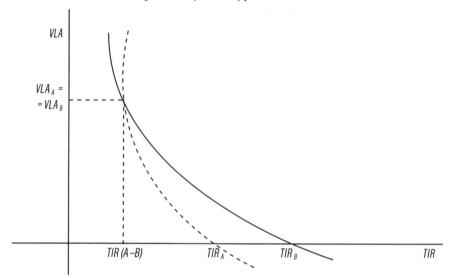

Figura 22 – **Esquema de opção entre VLA e TIR**

ii) Diferentes investimentos

O raciocínio é equivalente, utilizando-se o *índice de relativização* do VLA *(IRP)* em vez do próprio VLA, para assegurar a sua comparabilidade.

iii) Diferentes períodos de avaliação dos projetos

Igual raciocínio, utilizando-se o critério da *anuidade* em vez do VLA, para ultrapassar a diferença de períodos de vida útil diferentes.

2 – A DECISÃO DO FINANCIAMENTO – CONTROLAR A VIABILIDADE DA OPÇÃO

Assegurada a avaliação da rendibilidade do investimento, importa agora decidir sobre o seu financiamento de forma mais eficaz, em termos de modalidade, prazos e custo.

As decisões de investimento, nomeadamente as que envolvem capital, "no contexto da afectação de recursos porque permitem criar riqueza" (*Barros*, 2007), são as decisões financeiras mais importantes tomadas pela empresa, porquanto, implicam montantes relativamente elevados de fundos líquidos e são invariavelmente de longo prazo, as mais das vezes não reversíveis, ou mesmo irreversíveis.

Associadas às decisões do investimento, que financiam, são decisões que envolvem o emprego imediato, ou em futuro próximo, de fundos mais ou menos significativos na expectativa de obter uma rendibilidade num futuro muitas vezes distante. São, por conseguinte, decisões que envolvem um certo risco.

2.1 – ESTRATÉGIA DE FINANCIAMENTO

Neste âmbito, a estratégia de financiamento assume-se como uma das decisões mais importantes no âmbito da decisão de investir. Dela depende o sucesso ou insucesso de um investimento técnica e comercialmente bem concebido.

Com efeito, de que valerá um projeto técnica e comercialmente bem concebido sem que se encontrem viabilizados os recursos adequados para o seu financiamento? – Uma das questões básicas que se nos coloca é a de completar os cenários de decisão quanto às diferentes fontes, qualquer que seja a estratégia de financiamento.

Segundo *Ward* (1993), na estratégia de financiamento dever-se-á ter em linha de conta todas as fontes possíveis *(Figura 23)*, as mais das vezes não consideradas no conceito tradicional de produtos financeiros.

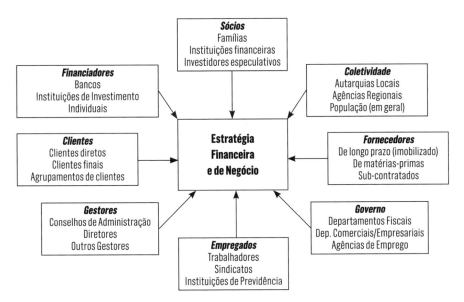

Figura 23 – Fontes de Financiamento

Fonte: adaptado de *Ward* (1993) e elaboração própria.

DECISÃO DE INVESTIR

Realmente, quem normalmente pensa que os trabalhadores financiam a componente de fundo de maneio ao receberem semanal, quinzenal ou mensalmente? Não se deveria, pois, programar adequadamente o ritmo de pagamento dos gastos com o pessoal segundo as suas modalidades (salários, prémios, subsídios de férias e 13º mês, etc.)? E o mesmo não sucede com os fornecedores e os clientes? Não é por acaso que muitos autores consideram a combinação entre o *prazo médio de pagamentos* e o *prazo médio de recebimentos* como uma das mais importantes fontes de financiamento.

Mesmo quando escolhemos uma modalidade tradicional de financiamento – os capitais próprios, por exemplo – temos de refletir sobre os seus componentes internos. Quando nos interessa usar o capital social? Não seria mais adequado utilizar as prestações suplementares? Quando devemos utilizar o capital de risco? Na verdade, cada uma das modalidades ou sub-modalidades – dir-se-á produtos financeiros – têm características próprias e, por isso mesmo, utilizações específicas.

Procurar-se-á, neste capítulo, mais do que listar os produtos financeiros a considerar na estratégia de financiamento, estruturar o raciocínio básico, associando-o, porém, com os principais produtos financeiros disponíveis, caracterizados de forma sintética e complementarmente.

2.2 – CONDICIONANTES DE BASE

Na estratégia de financiamento, poderíamos considerar que o primeiro cuidado estratégico consiste na valorização exata, ou minimizada, do próprio investimento. Com efeito, qualquer componente em excesso tem de ser financiado, o que significa custos associados a considerar. A combinação entre a valorização otimizada do investimento e a escolha das modalidades de investimento é o *princípio fundamental* daquela estratégia.

2.2.1 – CONCEITO DE ALAVANCA FINANCEIRA *(GEARING)*

Ainda em finais do século passado, qualquer financiamento que uma empresa lograsse obter no exterior (capital alheio), tinha como indicador-chave de decisão (pela entidade financiadora) o da sua *capacidade de endividamento*, isto é, do rácio entre a dívida da empresa e os seus fundos – capitais – próprios *(leverage)*.

Contudo, em épocas de recessão este é um indicador algo limitado. Por exemplo, para que serviriam os fundos próprios de uma empresa quando as taxas de juro aumentavam e a empresa tinha dificuldades de liquidar as suas dívidas em tempo útil?

Surgiu, assim, o conceito de *alavanca de rendimento* (financeira) que se constitui como a proporção dos lucros de uma empresa que são destinados a pagar os juros de financiamento (sobre os empréstimos). Ou, dito por outras palavras, a proporção dos rendimentos (lucros) de uma empresa que se destina a remunerar os capitais alheios postos à sua disposição.

Do ponto de vista do acionista, porém, será a proporção dos rendimentos de uma empresa destinados a remunerar os seus capitais próprios, após a remuneração dos capitais alheios (financiamento). Eis, por outras palavras, o *efeito de alavanca* (financeira).

Sendo a alavanca financeira a relação entre capital alheio e o capital próprio , tal significa que o objetivo de qualquer empresa, se desejar obter financiamentos no exterior, será o de manter o equilíbrio entre estes dois tipos de capital.

O efeito alavanca tem impacte direto na rendibilidade, logo, no custo do capital próprio; nestas circunstâncias, uma empresa com um baixo grau de alavanca conseguirá resistir melhor à turbulência económica do que uma outra com um elevado efeito de alavanca.

Um pequeno *exemplo de aplicação (12)*, permitirá uma melhor discussão sobre esta temática:

DECISÃO DE INVESTIR

~~~~~~

Exemplo de aplicação (12):

Considerando as três hipóteses diferentes de financiamento do investimento por capitais próprios, verifica-mos que – enquanto a rendibilidade do investimento é sempre igual, quaisquer que sejam aquelas opções – a rendibilidade dos capitais próprios varia conforme a estrutura de capitais:

Rubrica	Hip. I	Hip. II	Hip. III	
Investimento (Activo)	1.250	1.250	1.250	
Resultado antes da função financeira(*)	375,0	375,0	375,0	(a)
Capitais próprios	1.250	625	312,5	
Juros (r = 8%)	0	50	75	(b)
Resultados de exploração	375,0	325,0	300,0	(c) = (a) - (b)
Impostos sobre o rendimento (25%)	93,8	81,3	75,0	(d)
Resultado líquido	281,3	243,8	225,0	(e) = (c) - (d)
ROE	23%	39%	72%	
ROA	30%	30%	30%	

(*) São resultados orgânicos

Fonte: adaptado de *Barros*, 2007 e elaboração própria.

Verifica-se, assim, que, se a alavanca financeira for favorável (mais tarde veremos em que condições), e mesmo que se tenha disponibilidade de capitais (próprios), por vezes é preferível recorrer a capitais alheios para fazer aumentar a rendibilidade do investimento e, sobretudo, dos capitais próprios.

~~~~~~

2.2.2 – ESTRUTURA ÓTIMA DE CAPITAL – A PROPORÇÃO ADEQUADA ENTRE CAPITAIS PRÓPRIOS E CAPITAIS ALHEIOS

a) *Lógicas teóricas*

Existem basicamente duas teorias (*escolas do pensamento*) relacionadas com os níveis de financiamento, a saber:

- A primeira, é a *da escola clássica do financiamento*, segundo a qual, para se obter uma estrutura de capital ótima, seria necessário que *Ki* (a rendibilidade dos capitais alheios) crescesse com o nível de endividamento – e sabemos que não é assim que se passa no mercado... – e que *Ke* (a rendibilidade dos capitais próprios) se mantivesse constante para níveis de endividamento baixos, e depois crescesse (*Barros*, 1994, 2007).

Graficamente, teremos *(Figura 24)*:

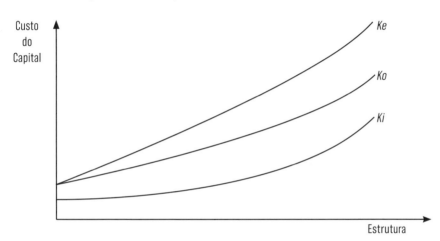

Figura 24 – Estrutura óptima da Escola clássica do financiamento

Fonte: adaptado de *Barros*, 2007 e elaboração própria.

- A segunda teoria, é a chamada *escola tradicional do financiamento*, segundo a qual *Ke* (a taxa de rendibilidade dos capitais próprios) cresce com o aumento do endividamento, porquanto inclui um prémio de risco pelo risco económico e outro pelo risco financeiro[25], refletindo a volatilidade (inconstância) crescente do investimento e a *não-miopia* dos investidores (*Modigliani e Miller, apud Barros*, 2007 e *Soares et al.*, 2007). *Ki*, é constante e definida pelo mercado de concorrência perfeita e *Ko* é constante desde que não se verifiquem situações de arbitragem no mercado de capitais.

[25] Enquanto risco associado à forma de financiamento da empresa.

Graficamente, teremos *(Figura 25)*:

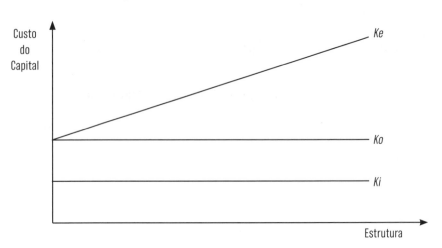

Figura 25 – **Escola tradicional do financiamento**

Fonte: adaptado de *Barros*, 2007 e elaboração própria.

Eis o que defende a *escola tradicional do financiamento*, que vimos seguindo.

O conceito que se procura adiantar é o de *alavanca financeira*, que agora vamos desenvolver mais um pouco.

b) *Aplicação prática*

A proporção adequada entre capitais próprios e capitais alheios tem, como vimos, um impacte importante sobre a rendibilidade dos capitais próprios, e, por isso, sobre a rendibilidade global do investimento.

Essa proporção é ditada, como se viu, pelo efeito de *alavanca financeira*, o qual tem em conta as relações entre o preço (médio) dos capitais alheios – juros – a rendibilidade do investimento (ativo total após projeto) – *ROA* – e a rendibilidade (pretendida) para os capitais próprios – ROE^0.

Nesta medida, a adequação desta relação faz-se considerando a rendibilidade normal do investimento *(ROA)* e o custo (preço) do capital alheio *(CA)* – taxa de juro *j* – tendo como referência o objetivo fixado para a rendibilidade dos capitais próprios da empresa *(ROE)*. Isto é, a alavanca

II · A DECISÃO DE INVESTIR NA ÓTICA EMPRESARIAL

financeira *(CA/CP)* pode ser calculada a partir da seguinte expressão[26] relativa ao custo médio do capital total (próprio e alheio):

$$ROA = ROE \times \frac{CP}{AL} + j \times \frac{CA}{AL}, (com\ CA = AL - CP),$$

onde,

j – taxa juro (média ponderada das taxas de juro suportadas no âmbito de diversos empréstimos),

AL – o ativo líquido total,

CA – o montante dos capitais alheios afeto ao projeto, e,

CP – o montante dos capitais próprios afeto ao projeto.

Na verdade, se substituirmos na expressão do custo (ou rendibilidade) médio dos capitais totais *(ROA)*, inicialmente *(CA/AL)*, por *(1 – CP/AL)* e posteriormente *(CP/AL)*, por *[1/(CA/CP+1)]*, e resolvessemos em função da alavanca financeira, teríamos:

$$\frac{CA}{CP} = \frac{ROE^0 - ROA}{ROA - j}.$$

De notar que a relação entre *CA/CP* e *CP/AL* é a seguinte:

$$\frac{CP}{AL} = \frac{1}{\frac{1 + CA}{CP}}$$

E, em contrapartida:

$$\frac{CA}{CP} = \frac{1}{\frac{CP}{AL}} - 1$$

---

[26] Relembrando conceitos estudados anteriormente, a *ROA* é a rendibilidade total (ativo) admitindo valorimetria de inventário equivalente de todos os bens e a *ROE* a rendibilidade dos capitais próprios.

DECISÃO DE INVESTIR

Logo, em alternativa, se resolvermos a fórmula em ordem ao grau de autonomia financeira, temos:

$$\frac{CP}{AL} = \frac{ROA - j}{ROE - j},$$

modelo de análise económica que permite selecionar os investimentos que cumprem um dado objetivo a obter na *ROE*, ou seja:

$$\frac{CP}{AL} = \frac{ROA - j}{ROE^0 - j}.$$

Esta condição reflete a denominada alavanca financeira *(AF)* que condiciona a cobertura do ativo por capitais próprios em função da taxa de juro, da rendibilidade-objetivo dos capitais próprios e da rendibilidade *(organicamente possível)* do investimento.

Note-se que a *ROA* é uma medida orgânica, determinística, que não depende do financiamento. A *ROE*, por seu turno, constitui, afinal, o objetivo nuclear de qualquer empresa.

Por outras palavras, as necessidades de capitais próprios dependem, por um lado, da capacidade da empresa em gerar rendimentos globais e do objetivo que se tiver para a rendibilidade dos capitais próprios, e, por outro, dos diferenciais daquelas duas rendibilidades em relação à taxa de juro (preço do capital alheio).

A rendibilidade dos capitais próprios *(ROI)* pode agora ser expressa pela relação:

$$ROI = \frac{R + j}{Investimento}.$$

Um pequeno *exemplo de aplicação (13)*, permitirá uma melhor discussão sobre esta temática:

Exemplo de aplicação (13):

O quadro seguinte exemplifica o efeito da alavanca financeira (CA/CP), e da sua correspondência em termos do grau de cobertura do Ativo por capitais próprios, a partir do conhecimento de r^0, r_a, r_e e j:

Descrição	Hip. I	Hip. II	Hip. III
r_a	0,15	0,15	0,15
r^0_e	0,25	0,2	0,25
j	0,08	0,08	0,12
$(r_a - j)$	0,07	0,07	0,03
$(r^0_e - j)$	0,17	0,12	0,13
$(r^0_e - r)$	0,10	0,05	0,10
$CP/AL = (r_a - j)/(r^0_e - j)$	0,412	0,583	0,231
$CA/CP = (r^0_e - r_a)/(r_a - j)$	1,429	0,714	3,333
$CP/AL = [1/(1 + CA/CP)]$	0,412	0,583	0,231

Como se verifica, reagindo a situações diferentes das diversas taxas em questão, a alavancagem financeira sugere, também, diversas propostas de alavanca financeira.

Assim, poderíamos agora chegar à expressão que mede o efeito da alavanca financeira *(Capitais Alheios/Capitais Próprios)* sobre a rendibilidade dos capitais próprios *(ROE ou r_e)*:

$$ROE = ROA + \frac{CA}{CP} \times (ROA - j).$$

Como se verifica, existe uma condição financeira, a denominada *alavanca financeira*, que condiciona a cobertura do ativo por capitais próprios. Por outras palavras, as necessidades de capitais próprios dependem, por um lado, da capacidade da empresa em gerar rendimentos globais *(ROA)* e do objetivo que se tiver para a rendibilidade dos capitais próprios *(ROE)* e, por outro, dos diferenciais daquelas duas rendibilidades em relação à taxa de juro (custo do capital alheio). A fixação de um objetivo para a *ROE (ROE⁰)*, permite reduzir aquela expressão a uma só variável *(CP/AL)*.

A condição para que o efeito alavanca se manifeste positivamente é a de que a rendibilidade do ativo seja superior ao custo do capital alheio:

$$\frac{RL}{AL} + j < \frac{j}{CA},$$

o que implica que,

$$\frac{RL}{AL} > \frac{RL + j}{CA},$$

sendo ainda *RL* os resultados líquidos.

2.2.3 – CUSTO-OBJETIVO DOS CAPITAIS PRÓPRIOS

Paralelamente, e como se pode inferir do que se disse antes, será importante a fixação do ROE^0 (ou seja, o *ROE-objetivo*), o qual varia com as oportunidades alternativas de investimento, de risco e de conjuntura macroeconómica. A remuneração esperada dos capitais próprios resulta da composição da sua remuneração isenta de risco *(L)* e do prémio de risco *(Pr)*, assumindo-se que a inflação está contida na remuneração isenta de risco, de acordo com a seguinte relação:

$$ROE^0 = [(1+L) \times (1+Pr)] - 1.$$

Se, ao contrário, se assumir que a taxa de inflação *(h)* é autónoma à remuneração do risco *L*, então, aquela formulação terá a forma que segue:

$$ROE^0 = [(1+L) \times (1+h) \times (1+Pr)] - 1.$$

Uma proposta admissível para *L* será, por exemplo, a taxa de remuneração dos *Bilhetes do Tesouro*, caracterizados por uma maturidade de curto prazo e pela ausência de risco.

Para a taxa composta ROE^0, teremos várias alternativas, para a circunstância de se verificarem dificuldades na determinação do prémio de risco, de acordo com *Caldeira Menezes* (1995):

- Taxa de remuneração das *Obrigações do Tesouro*, que incorpora um risco de maturidade;
- Taxa de remuneração das obrigações de uma empresa de referência (*EDP*, por exemplo), que incorpora um risco de insolvência;

II · A DECISÃO DE INVESTIR NA ÓTICA EMPRESARIAL

- Taxa de remuneração de uma carteira de acções de empresas de referência (*PSI20*, por exemplo), que incorpora um risco de mercado.

2.2.4 – CUSTO DE OPORTUNIDADE DO CAPITAL *VS.* CUSTO DO CAPITAL ALHEIO

Custo de oportunidade do capital
O valor de uma empresa resulta de três componentes básicas (*Silva e Queirós*, 2009):

- *i)* A "capacidade de gerar *cash-flows* sobre os ativos";
- *ii)* A "capacidade de reinvestir tendo em vista criar futuros crescimentos, e a qualidade destes investimentos"; e,
- *iii)* O custo de capital, porquanto "elevados custos com o capital resultam em baixos valores para a empresa".

Ou seja, segundo os mesmos autores, *a empresa, para criar valor terá que gerar altos cash-flows sobre os ativos utilizados, sem afetar o seu crescimento ou o risco, deve reinvestir muito e com elevados retornos, sem agravar o risco dos seus ativos, e deve, por fim, reduzir o custo do financiamento dos ativos ou o futuro crescimento, sem com isso baixar os níveis de rendibilidade dos investimentos.*
O indicador mais simples de avaliação da criação de riqueza numa empresa seria o resultado líquido. Contudo, este indicador não tem em conta o custo de oportunidade do capital investido – ou custo do capital – na empresa.
Para *Pike e Neals* (2009), o rendimento do investidor, o qual reflete o valor do dinheiro ao longo do tempo, compreende:

- A taxa de retorno sem risco, compensando o investidor pelo adiamento do consumo imediato, e
- A compensação pela capacidade de assumir riscos.

Para aqueles autores, a análise dos *cash-flows* contempla todas as entradas e saídas de caixa resultantes da decisão de investimento. *Non-cash-flows*, tais como depreciações e reintegrações e outros ajustamentos da política contabilística, não são relevantes para a decisão.
Ora, na verdade, sabemos que o valor, a criação de valor, é conduzido por três imperativos, a saber:

DECISÃO DE INVESTIR

- *Retorno*: investir para alcançar um retorno que exceda o custo do capital;
- *Crescimento*: aumentar a dimensão da empresa e a sua base de investimento; e,
- *Risco*: gerir e assumir os riscos empresariais apropriados.

Parte integrante do processo de valorização da empresa, o *custo do capital* pode ser definido como a taxa de retorno (ou de juro) disponível no mercado que é aplicável em investimentos comparáveis em termos de risco e de outras características de investimento de cariz qualitativo. Dito por outras palavras, é a taxa de retorno que um investidor exigirá para estar disposto a adquirir os direitos de obtenção de fluxos de rendimento futuros.

É um conceito-chave da economia das empresas apesar de não ser um custo habitualmente reconhecido pelos contabilistas.

Os negócios envolvem sempre a realização de opções e a tomada de decisão envolve a seleção de algumas oportunidades e a rejeição de outras. O custo de oportunidade *(opportunity cost)* será, então, o custo de não fazer "qualquer coisa"... Isto é, o custo de oportunidade pode ser definido como o custo que uma empresa ou um indivíduo (investidor) incorre sempre que escolhe uma dada alternativa de investimento sobre a melhor alternativa seguinte.

Tal significa que os custos a suportar por uma empresa devem ser atribuídos ao lançamento de um dado produto num mercado novo ou, ao contrário, de um produto novo num mercado existente? Ou, em alternativa, deve a empresa limitar-se a "guardar" as suas poupanças (ou as suas disponibilidades) num banco, recebendo a respetiva compensação e despedir alguns trabalhadores?

É que, se os proprietários (investidores) conseguirem usufruir de melhores taxas de retorno em aplicações alternativas de risco equivalente (ou menor), os lucros gerados pela empresa podem não ser suficientes para aumentar a sua riqueza relativa e podem, inclusive, não revelar aliciantes eventuais investimentos adicionais que se julguem convenientes ou necessários.

Maximizar o valor para os acionistas a longo prazo tornou-se, assim, um imperativo para as empresas e os seus gestores. Só assim poderão garantir o financiamento dos seus projetos, porque os investidores só decidirão aplicar o seu dinheiro na empresa se a rendibilidade potencial (esperada)

II · A DECISÃO DE INVESTIR NA ÓTICA EMPRESARIAL

for, pelo menos, equivalente à do custo do capital da empresa ou, melhor, à das restantes opções (alternativas) de investimento.

Se a escolha residir entre dois investimentos alternativos, o valor de um é avaliado pelo sacrifício de prescindir do outro. O custo de oportunidade será, outrossim, a recompensa que deveria surgir do melhor curso de ação que o negócio não seguiu.

Genericamente, *medir* o risco significa estudar a relação existente entre o risco (efetivamente) suportado e o prémio de risco exigido (exigível).

Como primeira premissa podemos afirmar que o custo de oportunidade do capital depende do risco do negócio. Ou seja, se estamos a analisar um projeto tomado como seguro, a atualização poderá ser feita com base na taxa de juro corrente sem risco; porém, se estivermos a analisar um projeto de risco médio, a atualização já deverá ser feita com base na rendibilidade esperada da média das "ações ordinárias" (atividade da empresa), que estudos empíricos sobre dados históricos – em variadas empresas e setores de atividade – sugerem poder situar-se entre 8% e 9% acima da taxa sem risco.

Quais serão, então, os componentes do custo de oportunidade do capital (ou taxa de atualização)? – Serão, basicamente, como vimos, as seguintes: taxa de juro de investimentos sem risco; prémio de risco (*spread*); e, inflação.

Trata-se de considerar, em qualquer decisão de investimento, ajustamentos para o risco que possam revelar-se compensadores quando confrontados com alternativas de investimento sem risco.

Nesta asserção, cada projeto (cada investimento) deverá ser avaliado pelo seu próprio custo de oportunidade de capital tanto mais que, sabe-se, "o verdadeiro custo do capital da empresa depende da utilização que é dada ao capital" (*Brealey* e *Myers, 2006*).

O custo de oportunidade do capital – ou custo do capital da empresa – poderá, então, acompanhando aqueles autores, ser definido pela taxa de atualização correta para os projetos que envolvam um risco equivalente ao da atividade atual da empresa.

O custo do capital é uma taxa mínima para as decisões de investimento. Depende do risco económico das oportunidades de investimento da empresa[27] e podemos admitir ter alguma estabilidade de um ponto de

---

[27] Os acionistas, a empresa, também suportam um risco financeiro desde que as empresas contraiam dívidas para financiar os seus investimentos reais. Pormenor que não é despiciendo em qualquer decisão de investimento.

vista estritamente financeiro. É, assim, adequado para estimar taxas de atualização de projetos de risco médio.

O *exemplo de aplicação (14)* que segue poderá permitir uma melhor compreensão desta temática:

Exemplo de aplicação (14):

Admitamos que o custo do capital de uma dada empresa é igual à rendibilidade esperada dos investimentos. Para determinar esta, bastará considerar a média ponderada das rendibilidades esperadas do passivo da empresa e dos capitais próprios. Então, teremos:

$$\text{Custo do capital da empresa} = R_A = \frac{P}{P+CP} \times R_P + \frac{CP}{P+CP} \times R_{CP},$$

em que:
P – Passivo,
C_P – Capitais próprios,
R_A – Rendibilidade do ativo ou custo do capital,
R_P – Rendibilidade esperada do passivo,
R_{CP} – Rendibilidade esperada dos capitais próprios.

A estrutura do balanço da empresa revelava, num dado momento, os seguintes valores:

Ativo	100	Passivo	40
		Capitais Próprios	60
Total	100	Total	100

É importante referir que os valores expressos são os de mercado e não contabilísticos.
Os investidores esperam uma rendibilidade de 8% do passivo e de 15% dos capitais próprios. Logo,

$$R_A = \frac{40}{100} \times 8\% + \frac{60}{100} \times 15\% = 12,2\%.$$

Média ponderada (12,2%) que se pressupõe seja a taxa de rendibilidade mínima para que o valor de mercado da empresa permaneça estável na circunstância de lançamento de novos projetos.
Se a empresa está a pensar em investir num dado projeto, será natural exigir um risco pelo menos igual ao dos investimentos em curso. Ou seja, o investidor assume implicitamente (*Barros*, 2007) que o projeto tem natureza marginal (adicional), com uma estrutura de capital idêntica à da empresa, de tal maneira que o projeto venha a pertencer à mesma classe de risco da empresa pré-projeto.

II · A DECISÃO DE INVESTIR NA ÓTICA EMPRESARIAL

Isto significa que o custo de oportunidade do capital, no nosso exemplo, para qualquer (novo) investimento será – pelo menos – equivalente ao custo do capital da empresa, no caso, 12,2%.

Admitamos, agora, que os acionistas decidiam reforçar os capitais próprios utilizando-o para reduzir a dívida. A estrutura do balanço passaria a ter, agora, o seguinte aspeto:

Ativo	100	Passivo	30
		Capitais Próprios	70
Total	100	Total	100

A alteração da estrutura financeira não afeta o montante nem o risco dos fluxos de tesouraria do conjunto total do passivo e dos capitais próprios. Como será curial, os acionistas manteriam a exigência de uma rendibilidade global equivalente à anterior.

Embora a rendibilidade global não seja alterada, a mudança na estrutura financeira afetará a rendibilidade de cada uma das rubricas.

Como a dívida da empresa é agora menor, os credores ficarão provavelmente satisfeitos com uma rendibilidade mais baixa.

Suponhamos que esta taxa da dívida desce para 7,3%. Qual deverá ser a rendibilidade esperada dos capitais próprios? Aplicando a fórmula anterior, teremos:

$$R_A = \frac{30}{100} \times 7,3\% + \frac{70}{100} \times R_{CP} = 12,2\%.$$

$$\Rightarrow R_{CP} = 14,3\%.$$

Isto é, a rendibilidade esperada dos capitais próprios decresce (de 15%) para 14,3%. Tal facto, deve-se ao efeito financeiro de alavanca, que tornou os capitais próprios mais seguros e reduziu a rendibilidade esperada pelos acionistas. No entanto, a rendibilidade média ponderada continuou inalterada. Com efeito:

$$R_A = 0,3 \times R_P + 0,7 \times R_{CP} = 0,3 \times 7,3\% + 0,7 \times 14,3\% = 12,2\%.$$

Supondo, ainda, que a empresa aumenta os seus capitais próprios por forma a liquidar todas as dívidas, então, tal significaria que todos os fluxos de tesouraria seriam destinados aos detentores dos capitais próprios. Contudo, o custo do capital da empresa (R_A) permaneceria inalterado (em 12,2%, neste caso) com naturais efeitos na rendibilidade dos capitais próprios, a qual, no nosso caso, passaria, igualmente, a 12,2%.

A maioria dos investimentos (projetos) gera fluxos de tesouraria durante vários anos, ou seja, durante o seu ciclo de vida. Ora, em geral, as empresas usam a mesma taxa de atualização ajustada ao risco R para atualizar cada um destes fluxos de tesouraria. Ao fazê-lo, assumem, implicitamente, que o risco cumulativo cresce a uma taxa constante à medida que se avança no futuro.

É um pressuposto, regra geral, razoável. Devemos, contudo, estar atentos a investimentos cujo risco não aumente claramente de uma maneira uniforme. Neste caso, o projeto (investimento) deverá ser segmentado por períodos dentro dos quais seja possível utilizar a mesma taxa de atualização.

Custo do capital alheio

O financiamento dos projetos que a empresa se proponha será sempre concretizado na base dos chamados *capitais permanentes*, cuja composição poderá assumir duas formas: capitais próprios e capitais alheios, sendo que as principais diferenças entre estes dois tipos de capitais residem na sua origem e remuneração.

Numa perspetiva de racionalidade económica do investimento, deverá existir (sempre) uma dada relação (estrutura) entre as origens dos capitais – próprios e alheios – de médio e longo prazo, de que a empresa possa dispor, por forma a minimizar os meios para atingir os mesmos objetivos.

Com efeito, quer os capitais pertençam aos acionistas, quer sejam exteriores (empréstimos) há lugar ou ao pagamento de dividendos ou a encargos financeiros (juros de financiamentos obtidos).

Refira-se que o endividamento faz aumentar o risco do investimento em capitais próprios, em razão da repartição do *cash-flow* gerado pelo investimento: uma parte é destinada à remuneração preferencial do capital alheio (juros), em primeira instância, praticamente independente do desempenho económico do investimento e do *cash-flow* gerado, e, o restante, residualmente, constitui a remuneração dos capitais próprios (*Soares et al.*, 2007).

A remuneração dos capitais próprios é, nestes termos, residual e instável por que correspondendo ao *cash-flow* que resta após a satisfação dos compromissos perante credores *(Id.)*.

Uma boa gestão financeira exigirá, assim, para além de um controlo permanente do ativo circulante (ótica do curto prazo), a manutenção de um equilíbrio razoável entre os capitais próprios da empresa e os recursos provenientes do exterior, tanto mais que o recurso a capitais alheios concentra "o risco económico – traduzido em flutuações inesperadas nos *cash-flows* globais, futuros – sobre os acionistas, fazendo com que estes corram um risco adicional, criado pelo endividamento: o risco financeiro" *(Ibd.)*.

II · A DECISÃO DE INVESTIR NA ÓTICA EMPRESARIAL

A decisão quanto à (mais) adequada estrutura – quantificação – dos capitais deverá obedecer, então, a três princípios fundamentais, a saber:

1) Os capitais próprios devem ser suficientes para cobrir os riscos inerentes à atividade normal da empresa;
2) Os montantes dos financiamentos de médio e longo prazos devem pressupor a geração de *cash-flows* que permitam a sua regularização à medida que se forem transformando em passivo de curto prazo;
3) Um endividamento relativamente elevado pode comprometer qualquer novo pedido de financiamento. Em geral, poderá considerar-se não deverem os capitais alheios de médio e longo prazo exceder o montante dos capitais próprios (limite este correspondente ao da capacidade de endividamento da empresa). Isto é,

$$\frac{Capitais\ próprios}{Capitais\ alheios} > 50\%,$$

se a empresa desejar (necessitar de) obter fundos externos em condições satisfatórias.

Em casos particulares, contudo, é admissível, como sabemos, uma proporção maior desta capacidade de endividamento. Como, por exemplo, quando:

- Existam muito boas perspetivas de evolução da atividade,
- O valor venal da empresa for superior ao valor do património líquido da empresa (pela existência de reservas ocultas, nomeadamente),
- Em sociedades de pessoas, em razão das responsabilidades perante os credores se estenderem aos bens (à fortuna) dos sócios,
- Existam garantias reais e/ou pessoais suficientes.

Na verdade, é o efeito alavancagem que deve sugerir a relação entre capitais alheios e capitais próprios.

A questão central no contexto do financiamento dos projetos (do investimento) da empresa é a certeza de que a forma de financiamento influencia a respetiva rendibilidade de exploração (ou económica). Assim, dois projetos com *cash-flows* equivalentes poderão ter rendibilidades diferentes em função da forma como forem financiados. Ou seja, *a forma de financiamento dos projetos influencia a sua rendibilidade.*

As decisões de investimento são fundamentais no âmbito da afetação de recursos porque são geradoras de valor. Por seu turno, as decisões de finan-

DECISÃO DE INVESTIR

ciamento potenciam as decisões de investimento (por vezes constituem a única forma de os viabilizar, como vimos), permitindo, nomeadamente, fazer aumentar a rendibilidade dos projetos (*Barros*, 2007).

Um qualquer projeto de investimento pode ser financiado por capitais próprios ou pelo recurso a capitais alheios (crédito). A taxa de rendibilidade dos capitais próprios e a taxa de rendibilidade dos capitais alheios acompanham, naturalmente, o aumento do endividamento.

A taxa de rendibilidade dos capitais próprios é sempre superior à taxa de rendibilidade dos capitais alheios, porque os acionistas suportam, de facto, todo o risco do investimento muito embora se apropriem de apenas uma parte do rendimento. A restante parte do rendimento destina-se a amortizar e remunerar os capitais alheios (sendo por estes apropriada).

Nesta ótica, estando os capitais próprios sujeitos a um risco superior, será curial a exigência de uma rendibilidade também superior. A taxa de rendibilidade do capital ou *custo do capital* será, assim, a *média ponderada* das taxas de rendibilidade dos capitais próprios e dos capitais alheios.

Um pequeno *exemplo de aplicação (15)*, permitirá uma melhor percepção sobre esta temática:

Exemplo de aplicação (15):

Uma empresa deseja implantar um dado projeto de investimento para a qual estudou quatro hipóteses diferentes de financiamento, a saber:

Designação	Financiamento			
	A	B	C	D
1. Capital total	1.000	1.000	1.000	1.000
2. Capital próprio	200	800	1.000	0
3. Capital alheio	800	200	0	1.000
4. *Cash-flow*	200	200	200	200
5. Gastos de financiamento (= 10%)	80	20	0	100
6. *Cash-flow* após gastos de financiamento	120	180	200	100
7. Rendibilidade dos capitais próprios (= (6/2)	60%	22,5%	20%	—
8. Rendibilidade do investimento total (Ko) = (4/1)	20%	20%	20%	20%

Fonte: adaptado de *Barros* (2007) e elaboração própria.

Em qualquer das situações, o *cash-flow* gerado pelo investimento será de 200 um.

Todavia, o tipo de financiamento a considerar permitirá uma diferente (re)distribuição desse *cash-flow* em função da diferente estrutura dos capitais, por tal forma que:

a) A taxa de rendibilidade dos capitais próprios cresce com o endividamento refletindo o acréscimo de risco;
b) A taxa de rendibilidade dos capitais alheios é constante e função do (dada pelo) mercado;
c) A taxa de rendibilidade do capital global – do investimento total – é constante, sendo uma combinação linear das duas rendibilidades, do capital próprio e do capital alheio.

Logo, como o custo do capital (global) se mantém constante independentemente do nível de endividamento, podemos concluir que o valor do projeto é independente do (tipo de) financiamento, isto é, a rendibilidade do investimento é independente da forma de financiamento. Contudo, o valor da empresa continuará a ser igual ao valor dos capitais próprios mais o valor dos capitais alheios.

2.3 – AVALIAÇÃO DO CUSTO DO FINANCIAMENTO

Dois conceitos são importantes nesta apreciação: o do *valor atual líquido da decisão de financiamento por capitais alheios (VA)* e o *custo atual global das fontes de financiamento (CF)*.

2.3.1 – VALOR ATUAL LÍQUIDO DA DECISÃO DE FINANCIAMENTO POR CAPITAIS ALHEIOS *(VA)*

A seleção da modalidade de financiamento por capitais alheios depende, basicamente, de dois fatores: *i)* da sua natureza em função do risco (ritmo, preço, prazo, etc.); e, *ii)* da cronologia de rendibilidade do projeto de investimento.

O financiamento, nomeadamente o de curto prazo, pode ser estudado com o recurso à seguinte formulação:

$$VA = A_0 - \sum_{k=1}^{n} \left(\frac{R_k + j_k(1-t)}{(1+r)^k} \right),$$

que corresponde ao valor atual líquido da decisão de financiamento por capitais alheios, em que:

A_0 – é o montante global do financiamento,
R_k – é o reembolso no ano k,
j_k – o juro pago no ano k,
t – a taxa de imposto sobre o rendimento (que deixa de ser suportada...), e,
r – a taxa de atualização (ou taxa de juro de referência).

O problema neste tipo de decisões de investir reside exatamente na escolha da taxa de atualização *(r)*, que deve ser tal que permita remunerar minimamente o capital, pelo menos de uma forma equivalente à remuneração de ativos sem risco (*títulos de dívida pública*, por exemplo), acrescentada de uma remuneração da atividade do empresário e de um prémio de risco (*Silva e Queirós*, 2009), quando em ambiente caracterizado pela incerteza (*Soares et al.*, 2007).

Um valor atual positivo significa uma decisão de financiamento favorável. A importância do valor atual, contudo, resulta da sua utilização para avaliar alternativas possíveis de financiamento.

Quando a taxa de juro e a de atualização são iguais, como é o caso, o cálculo do valor atual pode ser simplificado para a seguinte formulação:

$$VA = \sum_{k=1}^{n} \left(\frac{j_k \times t}{(1+r)^k} \right) = 149.$$

Um pequeno *exemplo de aplicação (16)*, permitirá uma melhor discussão sobre esta temática:

Exemplo de aplicação (16):

Admitindo um empréstimo de 1.200um, à taxa de juro de 15% e reembolsável em 10 anos, sem prazo de diferimento (a taxa de imposto sobre o rendimento é de 25% e a de atualização igual à taxa de juro), teríamos o seguinte exemplo para a determinação do valor atual:

II · A DECISÃO DE INVESTIR NA ÓTICA EMPRESARIAL

			Valor atual líquido da decisão de financiamento			
k	A_{k-1}	R_k	j_k	$j_k(1-t)$	$R_k+j_k(1-t)$	$\dfrac{R_k+j_k(1-t)}{(1+r)^t}$	$j_k t/(1+r)^t$
1	1.200	120	180	135	255	222	39,1
2	1.080	120	162	122	242	183	30,6
3	960	120	144	108	228	150	23,7
4	840	120	126	95	215	123	18,0
5	720	120	108	81	201	100	13,4
6	600	120	90	68	188	81	9,7
7	480	120	72	54	174	65	6,8
8	360	120	54	41	161	52	4,4
9	240	120	36	27	147	42	2,6
10	120	120	18	14	134	33	1,1
						1.051	149

Assim, o valor atual da decisão será VA = 1.200 – 1.051 = 149. Nesta situação este financiamento é vantajoso para a empresa já que paga menos (em termos atualizados e considerando o benefício fiscal) do que pediu emprestado. A diferença é de 149 *um*.

2.3.2 – CUSTO ATUAL GLOBAL DAS FONTES DE FINANCIAMENTO *(CF)*

O custo atual global das fontes de financiamento *(CF)*, como o próprio nome sugere, avalia o valor financeiro de uma opção de financiamento do investimento resultante da combinação entre capitais próprios e capitais alheios, numa formulação semelhante à utilizada para o cálculo do valor atual (no caso dos capitais próprios, os reembolsos são substituídos por lucros). A sua expressão seria, então, a seguinte:

$$CF = \sum_{k=1}^{n} \frac{(R_k + J_k)_{e1} + (R_k + J_k)_{e2} + \cdots + (R_k + J_k)_{en} + L_k}{(1+r)^k},$$

Sendo $(R_k + J_k)_{en}$, o somatório do reembolso e do juro pago no ano k no âmbito do empréstimo n, correspondente ao serviço da dívida *(SD)*, e L a remuneração dos capitais próprios.

Um pequeno *exemplo de aplicação (17)*, permitirá uma melhor compreensão sobre esta temática:

DECISÃO DE INVESTIR

Exemplo de aplicação (17):

Considerando um investimento de 1.600*um*, financiado em 25% por capitais próprios e por dois empréstimos (de 720*um* e 48*um*) à taxa de juro de 8%, exemplifica-se o cálculo do custo atual do financiamento, admitindo uma taxa de atualização de 15%:

Valor atual líquido da decisão de financiamento						
k	R_k	j_k	R_k	$j_k(1-t)$	Custo total	$Ct/(1+r)^k$
1	72	58	48	38	216	200,0
2	72	52	48	35	206	177,0
3	72	46	48	31	197	156,2
4	72	40	48	27	187	137,6
5	72	35	48	23	178	120,9
6	72	29	48	19	168	105,9
7	72	23	48	15	158	92,4
8	72	17	48	12	149	80,4
9	72	12	48	8	139	69,6
10	72	6	48	4	130	60,0
					1.728	1.200

O custo total do financiamento (atualizado) é, pois, igual a 1.200*um*, facto que, considerando o investimento de 1.600*um* é bastante favorável. Será muito raro acontecer na prática.

2.4 – MODALIDADES DE FINANCIAMENTO DO MERCADO

2.4.1 – CONDIÇÕES DE BASE

A seleção das modalidades de financiamento, para os capitais próprios e capitais alheios, deve ter em conta três aspetos:

- A natureza, em função do risco, dos componentes do investimento. O financiamento do investimento em *I&D*, cujo rendimento não é garantido, exige um financiamento por uma modalidade não obrigatoriamente exigível ou, pelo menos, exigível em tempo oportuno *(capital de risco)*;

- Cronologia dos fluxos financeiros. No caso de um investimento de fracos ou nulos rendimentos durante uma primeira fase longa, exige-se capitais próprios (capital de risco, por exemplo) no início do período e/ou de capitais alheios que difiram os reembolsos no mesmo período (obrigações participantes, entre outras);
- O custo do capital alheio. O custo que importa considerar neste particular é o custo nominal total corrigido dos efeitos fiscais, incorporando os componentes totais daquele custo:

$$j^o = (j + s + o) \times (1 - t),$$

em que:

- j – é o custo nominal (taxa de juro),
- s – os custos explícitos (*spreads*, comissão de garantia, comissão de intervenção, etc.),
- o – os custos implícitos (perda de descontos financeiros ou outros custos de oportunidade),
- t – a taxa de imposto sobre o rendimento.

A ideia final é simples: obter para cada componente do investimento a modalidade de financiamento compatível com o respetivo risco e o período de recuperação, nas melhores condições de prazo e custo. As classificações do investimento oportunamente avançadas têm a ver com estas escolhas.

2.4.2 – FINANCIAMENTO PRÓPRIO OU QUASE PRÓPRIO

O financiamento por capitais próprios pressupõe que os investidores "prescindem do direito ao reembolso futuro e a uma remuneração fixada contratualmente". A sua remuneração será, assim, "sempre muito mais incerta do que a dos financiadores" (*Soares et al.*, 2007).

Respeitando a alavanca financeira, importa financiar o investimento por capitais próprios adequadamente. Contudo, não se poderá deixar de ter em conta que o momento em que a alavanca financeira é determinada dever-se-á estar atento ao facto de, nesse momento, a pressão financeira sobre a alavanca ser maior, sendo posteriormente aliviada quando da velocidade de cruzeiro do projeto.

Será importante, nomeadamente, definir qual o capital próprio estável, financiando-o por capital social, e o capital próprio ajustável posteriormente, financiando-o por prestações suplementares.

Capitais Próprios

O financiamento por capitais próprios é a modalidade que menor pressão financeira exerce sobre os investimentos. Dado ter um preço de imobilização, deve ser utilizado na proporção devida. Essa proporção é sugerida, como se disse, pelo efeito alavanca que combina a rendibilidade do investimento, o preço médio dos capitais alheios e a rendibilidade esperada dos capitais próprios.

Uma forma de financiamento por capitais próprios é o aumento do capital social ou ações. Para além da entrada de dinheiro, existem formas saturadas de financiamento por capitais próprios (incorporação de reservas, transformação de dívidas em capital, atualização dos valores de ativo) que só interessam às decisões de investimento caso sirvam para cumprir condições de acesso ao crédito bancário ou ao incentivo estatal.

Prestações Suplementares de Capital

Representam financiamentos dos sócios nas sociedades por quotas e apenas poderão ser efetuadas por expressa disposição dos estatutos e pelo montante global neles fixado. São quase capital pelo que formarão parte integrante dos capitais próprios. Contribuem para a redução do risco financeiro estrutural da empresa não originando custos explícitos (vencimento de juros) mas relevando custos implícitos equivalentes aos dos restantes capitais próprios.

Por outro lado, respondendo às exigências da alavanca financeira e perante a incapacidade de resposta dos sócios/acionistas atuais, a empresa deverá refletir sobre a possibilidade de recurso ao capital de risco. Paralelamente, o recurso ao capital de risco pode ter a ver com a expectativa do comportamento dos reembolsos do investimento em termos de incerteza na sua velocidade e até de ocorrência.

II · A DECISÃO DE INVESTIR NA ÓTICA EMPRESARIAL

Capital de Risco

Muito embora constitua uma outra forma de financiamento em capitais próprios, preferiu-se tratar isoladamente esta rubrica pela sua importância no financiamento de projetos empresariais.

Constitui um modelo especial de financiamento e destina-se sobretudo ao financiamento de empreendimentos de alta tecnologia, cujo futuro seja muito incerto ou à recuperação de empresas economicamente viáveis (caso que já foi frequente em Portugal), mas com dificuldades de prover o investimento – de expansão mas, também, de substituição – por insuficiência de capitais ou dificuldades em os obter no mercado face ao elevado risco do negócio ou da atividade.

O capital de risco é uma forma de financiamento consubstanciada na participação no capital próprio das empresas, com o propósito de a vender (a participação) posteriormente com mais-valias. (Bastardo e Gomes, 1990).

Face ao elevado risco subjacente, os investidores em capital de risco esperam elevadas rendibilidades. Para o garantir fazem-se representar diretamente na gestão do negócio (da empresa).

Aliás, o caráter normalmente temporário e minoritário do capital de risco tem em vista a salvaguarda da posição do empresário.

As sociedades de capital de risco (SCR), para além do apoio financeiro, podem apoiar a empresa no aconselhamento administrativo, económico, financeiro e fiscal e servir de intermediário junto de instituições de crédito.

O capital de risco constitui uma forma aconselhável para financiamento de aquisições do capital social de empresas por parte dos seus quadros ou terceiras entidades estranhas à empresa (Management Buy-Out e Management Buy-In). (Bastardo e Gomes, 1990).

A venda de participações pode ser direta ou através da Bolsa de Valores, tendo os atuais sócios a preferência.

Na estratégia de financiamento por meios próprios não se poderá esquecer os meios gerados pela própria empresa: o autofinanciamento. Dever-se-á, no entanto, ter em consideração que não se poderá fazer depender a viabilidade do investimento da própria viabilidade da empresa, isto é, terá que se afetar os meios libertos pelo projeto ao próprio projeto. Mesmo os meios libertos pela empresa anteriores ao investimento, deverão ser cuidadosamente afetados ao projeto, o que significará afetar apenas uma parte destes e somente depois de descontada do valor que irá ser necessário para continuar a financiar a atividade da empresa pré-projeto.

Autofinanciamento

O autofinanciamento é constituído pelos meios financeiros obtidos e retidos na empresa e tem como finalidade assegurar o financiamento do reembolso das dívidas de médio e longo prazo, da manutenção da atividade produtiva (renovação dos meios produtivos) e do crescimento. (Bastardo e Gomes, 1990).

A capacidade de autofinanciamento ou de gerar recursos internos ou, por outras palavras, o conjunto dos meios libertos líquidos retidos pela empresa, pode contribuir para a melhoria da estrutura financeira da empresa (por redução do risco) através do reforço do fundo de maneio (acréscimos dos capitais próprios com a retenção de lucros) ou da redução do imobilizado líquido total (efeito das reintegrações, perdas por imparidade e depreciações).

O autofinanciamento representa a soma dos gastos de depreciação, perdas por imparidade e amortização, das provisões do período, das reservas constituídas e dos resultados retidos. Note-se, neste particular, que estamos a considerar o autofinanciamento conseguido pela empresa (promotora do projeto), ou seja, da empresa pré-projeto, mas não o autofinanciamento decorrente do próprio projeto.

Contudo, níveis muito elevados de autofinanciamento, associados a políticas de distribuição de dividendos muito conservadoras, podem redundar num menor nível de endividamento (logo, numa redução dos gastos financeiros de financiamento). Porém, em consequência, terão um efeito perverso, designadamente na afetação negativa da rendibilidade dos capitais próprios (pelo efeito financeiro de alavanca).

Níveis relativamente reduzidos de autofinanciamento, acompanhados de incompreensíveis receios de qualquer endividamento, podem traduzir-se no risco de obsolescência do aparelho técnico-produtivo – sobretudo quando o desenvolvimento tecnológico seja evidente – ou, ainda, na perda de boas oportunidades de realização de novos investimentos.

Finalmente, quantas vezes as empresas procuram negociar estratégias de financiamento da sua atividade com custos internalizados – até por se verificarem em momentos menos adequados para a obtenção das melhores condições de financiamento – quando possuem ativos não explorados e que representam imobilizações desnecessárias (ou, no mínimo, não rendibilizadas) de capital e que poderão ser transformados em meios líquidos por mera cessão de ativos.

Cessão de Ativos

Muitas vezes esquecida ou subestimada, a alienação de ativos pode ser uma modalidade de financiamento que racionaliza o investimento global da empresa.
Trata-se, basicamente, da libertação de ativos que não estejam a ser utilizados ou estejam a sê-lo com reduzido aproveitamento (produtividade).
Para garantir as melhores condições de cessão de ativos ou, pelo menos, para facilitar essa cessão, existem Fundos de Gestão do Património Imobiliário que podem garantir a aquisição de ativos não utilizados de empresas industriais.

2.4.3 – FINANCIAMENTO NO MERCADO DE VALORES MOBILIÁRIOS

É no mercado de valores mobiliários – associado ao mercado de capitais e à Bolsa de Valores – que a empresa melhor pode satisfazer as suas necessidades de financiamento captando diretamente as poupanças de pequenos e grandes investidores, sem o recurso à intermediação de instituições especializadas.

Naturalmente estamos a referir-nos a empresas com determinadas caraterísticas, não aplicáveis à generalidade das empresas do mercado.

Uma das funções, aliás, da Bolsa de Valores é facilitar a captação das poupanças individuais ou institucionais (empresariais ou não), assegurando a liquidez dos títulos nela cotados.

Outra função da Bolsa é assegurar a cotação (preço) dos valores no mercado de capitais, através de uma avaliação rigorosa que conjuga a informação das empresas com a expectativa dos investidores.

A prática demonstra que o custo do financiamento é mais baixo do que as demais fontes financeiras sendo no entanto necessário garantir, também para o investidor, rendimentos superiores às aplicações alternativas a que tem acesso.

De acordo com o atual Código, a estrutura dos mercados de valores mobiliários permitidos em Portugal *(Figura 26)* é a seguinte:

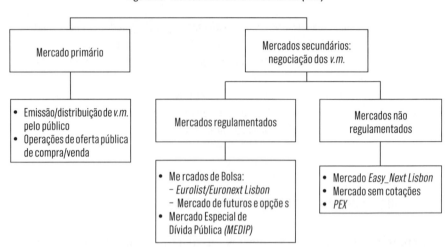

Figura 26 – **Mercado de Valores Mobiliários** *(v.m.)*

Em Portugal a *Euronex Lisbon* substituiu[28] a Bolsa de Valores de Lisboa e Porto após a fusão desta com a *Euronex N.Y.*. Neste contexto, os membros da *Euronex Lisbon* têm a possibilidade de negociar todos os produtos do mercado a contado admitidos à negociação nos mercados da *Euronex* Paris, Amsterdão e Bruxelas[29], gerindo mercados integrados em plataformas de negociação transnacionais[30].

Os Mercados de Bolsa, são mercados regulamentados, com a emissão de ofertas e conclusão das operações, centralizadas num só espaço ou sistema de negociação.

Atualmente existe apenas um mercado obrigatório para as operações a contado – o Mercado de Cotações Oficiais à vista *(spot)*, que acolhe os valores mobiliários que satisfaçam os requisitos exigidos pela admissão e manutenção em Bolsa (estrutura de capital, estrutura económica e financeira, capitalização bolsista, liquidez previsível e acesso à informação);

Os valores mobiliários transacionados tanto são ações e obrigações, como os títulos de participação e as unidades de participação em fundos de investimento fechados.

---

[28] A *BVLP* alterou a sua denominação social para *Euronex Lisbon*, em 6 de Janeiro de 2002.
[29] Mais concretamente, desde 2 de Setembro de 2002.
[30] Em Portugal, para além da *EURONEXT Lisbon* (que gere a *Eurolist*, o *Easy_Next*, o mercado de futuros e opções e o mercado sem cotações), existem outras entidades gestoras de mercados como são os casos da *MTS Portugal* (que gere o *MEDIP*) e a *OPEX* (que gere o mercado não regulamentado *PEX*).

Dos mercados regulamentados destaca-se ainda o Segundo Mercado, estruturado e regulamentado por forma a reduzir as exigências do anterior, facilitando a cotação em Bolsa de empresas de menor dimensão.

O Mercado sem Cotações, é um mercado não regulamentado, onde são admitidas as transações de direitos patrimoniais e outros valores sem cotação oficial e que de outro modo estariam excluídos do mercado de capitais, como é o caso de um grande número de ativos intangíveis, dos quais se destacam os direitos de propriedade industrial e obras de arte.

As operações realizadas fora do Mercado Regulamentado constituem mercados organizados de acordo com regras estabelecidas livremente pela respetiva entidade gestora, assegurando, no entanto, o respeito pelos critérios de transparência.

Ações

A venda de ações próprias a terceiros ou a emissão de novas ações constitui, para as sociedades anónimas, uma fonte de financiamento da empresa através da captação de fundos externos à mesma, sem contração de encargos fixos.

Como qualquer financiamento por capitais próprios tem a vantagem da ausência de encargos financeiros e da pressão do reembolso, reduzindo o risco financeiro da estrutura financeira da empresa.

Uma ação – nominal ou ao portador – constitui um título representativo de uma unidade de capital de uma sociedade anónima, designada por título de rendimento variável dada a incerteza do rendimento por parte do seu titular.

A ação confere não só o direito ao rendimento (parte dos dividendos da empresa) mas também à quota-parte do ativo social, em caso de liquidação; naturalmente confere também os direitos que assistem aos sócios de uma sociedade, nomeadamente o voto na Assembleia Geral, podendo assim acompanhar e influenciar, em determinadas proporções, individuais ou coletivas, o destino da empresa e, assim, a segurança do investimento.

O valor de emissão das ações é o fixado para a sua colocação junto dos acionistas atuais, podendo diferir do valor nominal do título, havendo prémio de emissão quando é superior, e desconto quando é inferior (denomina-se ao par, quando é igual).

O seu valor de cotação é o preço de transação que resulta do mercado, isto é, do encontro entre a oferta e a procura manifestadas numa determinada sessão de bolsa.

O valor da ação pode ainda ser determinado por outras óticas como a da avaliação da empresa (goodwill), *do rendimento ou dos* cash-flows.

DECISÃO DE INVESTIR

Os empréstimos obrigacionistas poderão ser uma boa alternativa aos empréstimos bancários, principalmente quando se trate de investimentos de grande dimensão em que haja necessidade de diversificar as fontes de financiamento, exigida por uma estratégia de, também, diversificação do risco.

Empréstimos Obrigacionistas

As obrigações são títulos de crédito com força executiva, pois basta a sua apresentação para se exigir os seus direitos que conferem, e representam, frações iguais de um empréstimo. (Bastardo e Gomes, 1990).

São títulos negociáveis, análogos e emitidos em série, sendo a entidade que emite (mutuário) apenas uma, com exceção das emissões agrupadas, podendo ser negociáveis e transmissíveis, para além de poderem ser cotados em Bolsa de Valores.

Sendo títulos de rendimento fixo (juro) – indexada ou não – podem ser emitidos e reembolsados ao par, abaixo do par e acima do par, tendo os seus detentores o direito de receber os juros periodicamente e o reembolso numa determinada data.

Os elementos de uma obrigação são a taxa de juro, o valor nominal, o preço de emissão, o valor de reembolso e o método de amortização (por sorteio, por séries, por dedução).

As obrigações são adequadas para o financiamento de investimentos em capital intensivo ou com rendimentos diferidos.

2.4.4 – FINANCIAMENTO NO MERCADO DE CRÉDITO

O financiamento por capitais alheios caracteriza-se por corresponder a "um tipo de financiamento cujo reembolso e remuneração futuros estão previamente definidos, de forma contratualizada e relativamente certa" (*Soares et al.*, 2007).

No financiamento por capitais alheios as opções são, as mais das vezes, determinadas pela capacidade negocial da empresa – velocidade de negociação e condições de financiamento. Urgência no financiamento ou condições menos adequadas de negociação podem fazer a empresa optar por empréstimos de sócios os quais permitem, ainda, gerir melhor o risco, dadas as possibilidades de diferir sucessivamente o momento do reembolso consoante os ritmos de reembolsos do investimento.

Empréstimos de Sócios

Os sócios podem efectuar suprimentos ou empréstimos de acionistas à empresa, isto é, empréstimos à sociedade, aliviando as pressões financeiras da mesma.
Como outra qualquer modalidade de financiamento, estes empréstimos poderão ser remunerados através de uma taxa presumida para efeitos fiscais (componente de juros).

Suprimentos

São empréstimos efetuados pelos sócios e têm, em geral, como objetivo suprir insu-ficiências – estruturais ou relativamente duradouras – dos capitais próprios. Deverão permanecer na empresa por um período mínimo.
Constituem uma forma especial, flexível e relativamente fácil de financiamento da empresa – muitas vezes permitindo superar insuficiências intrínsecas dos capitais próprios, mantidos intencionalmente em níveis reduzidos – poderão ter consequên-cias favoráveis no efeito financeiro de alavanca porquanto os juros dos suprimentos, constituindo custos fiscalmente aceites são, em geral, mais reduzidos que o montante dos dividendos.

Na circunstância de a empresa deter uma boa capacidade creditícia, conseguindo boas condições de financiamento, poderá recorrer aos empréstimos bancários para assegurar o capital alheio ditado pela alavanca financeira.

Empréstimos Bancários

É o recurso exterior mais frequente, nomeadamente junto da banca ou mediante a colocação de empréstimos obrigacionistas. Podem variar entre um e cinco ou mais anos.
Estes empréstimos podem ser obtidos:

- *No mercado interno entendido, neste particular, como o dos países do euro. Nesta medida, empréstimos em libras, por exemplo, haverão de ser considerados como obtidos no mercado externo;*
- *No mercado externo, isto é, em países fora da União Europeia ou em países da União mas não euro.*

DECISÃO DE INVESTIR

Os empréstimos bancários internos são, em geral, realizados a 3, 5 ou 7 anos, empréstimos estes que são o meio tradicionalmente mais utilizado no financiamento dos investimentos. (Bastardo e Gomes, 1990).

O período de carência dos juros e do capital e a taxa de juro são variáveis importantes na negociação do empréstimo, ajustando as decisões de investimento.

Quando envolvem montantes elevados dão origem aos empréstimos "cristal", ou operações de financiamento conjunto (empréstimo sindicato), que consiste na tomada de fundos por vários financiadores, com um líder, por períodos de 6 meses (com renovação automática). Trata-se, pois, de um empréstimo de longo prazo com taxas de juro de curto prazo.

Estes empréstimos podem ser sindicatos por várias instituições bancárias, sendo o crédito concedido noutra moeda que não a do país do devedor.

A questão que se pode colocar quando o financiamento seja obtido em países no mercado externo, relaciona-se com a problemática:

1. *Das diferenças cambiais, ou seja, das expectativas de apreciação ou depreciação monetária;*
2. *Dos diferenciais de inflação entre as duas moedas: euros vs. moeda em que seja obtido o empréstimo;*
3. *Das taxas de juro nos vários mercados, potencialmente diferentes face aos diferentes pressupostos de desenvolvimento económico. Sendo que, na circunstância de se poderem vir a obter financiamentos em diferentes países, então, deveremos selecionar a (suportar a decisão na base da) taxa de juro mais elevada, enquanto taxa de atualização do projeto.*

O *leasing* poderá, por seu turno, constituir outra fonte de financiamento a ter em conta na opção das modalidades de capital alheio. As tecnologias permanentemente mutáveis, a restrição de meios financeiros e a racionalidade económica associada ao risco poderão ser fatores importantes a presidir a esta opção.

Leasing

Constitui um recurso que permite à empresa ter à sua disposição um dado bem imobiliário ou mobiliário de que necessita, sem exigir a mobilização de grandes recursos de capital, permitindo a atenuação da estrutura de capitais da empresa, exigindo-se, outrossim, única e simplesmente, o pagamento de uma renda correspondente ao "aluguer" dos equipamentos.

II · A DECISÃO DE INVESTIR NA ÓTICA EMPRESARIAL

O leasing *é uma operação integral a crédito, tanto de bens móveis para uso empresarial (*leasing *mobiliário), como de bens imóveis para utilização produtiva (*leasing *imobiliário).*

Através do leasing, *o locador (empresa de* leasing*) adquire o bem a financiar – ou fá-lo construir de sua conta – tendo em vista a operação e seguindo os requisitos técnicos do locatário (empresa industrial), colocando-o à disposição deste.*

Em termos genéricos, uma locação constitui um acordo legal (contrato) segundo o qual o locatário utiliza um bem real ou pessoal do locador contra o pagamento de uma renda. Isto é, o locador transfere para o locatário, em contrapartida de um pagamento ou série de pagamentos, o direito à utilização de um ativo por um período de tempo acordado.

Para que uma locação seja considerada financeira é necessário que, à data de início da operação, se verifique uma, e só uma, das seguintes condições:

a) *Haja acordo de transferência de propriedade no final do prazo de locação;*

b) *Exista uma opção de compra a um preço que se espera seja suficientemente inferior ao justo valor do bem à data do exercício da opção e de tal modo que, à data de início da locação, seja quase certo que a opção venha a ser exercida;*

c) *O prazo de locação abranja a maior parte da vida útil do bem, mesmo que a propriedade não seja transferida;*

d) *À data de início da locação, o valor presente (atual ou descontado) dos pagamentos da locação – incluindo a opção de compra e expurgados de quaisquer encargos adicionais como, por exemplo, seguros – seja igual ou superior ao justo valor do bem;*

e) *Os ativos locados sejam de tal especificidade que apenas o locatário os possa usar sem que neles sejam feitas modificações importantes.*

Na locação financeira, temos a aquisição de terrenos e edifícios, de uso próprio ou de rendimentos; no caso da locação operacional, teremos o equipamento – administrativo, máquinas e ferramentas, equipamento informático, instalações interiores, material de transporte, equipamento hospitalar e outro equipamento.

O locatário paga uma renda progressiva, degressiva, constante ou sazonal, e, no final da operação, o locatário pode dispor da opção de compra a um preço residual pré-acordado.

No que se refere à locação financeira, esta implica ainda o conhecimento:

i) *do respectivo plano de amortização financeira; e,*

ii) *o desdobramento da renda e do valor residual (opção de compra) em amortização do capital em dívida à locadora e em juros.*

O crédito de fornecedores de ativos fixos tangíveis (nacionais ou estrangeiros) assume-se como uma das fontes de financiamento mais frequentes, principalmente nas empresas com maiores dificuldades de acesso ao crédito, de onde se destacam as empresas de menor dimensão. Realce-se, no entanto, que o recurso a esta fonte de financiamento pode revestir-se de uma boa decisão financeira desde que as condições de preço e prazo sejam mais favoráveis que outras alternativas de financiamento.

Crédito de Fornecedores

Uma das vantagens do crédito de fornecedores de ativos fixos tangíveis (imobilizado) é a compreensão que estas entidades detém relativamente à natureza e às exigências do investimento e da sua forma de recuperação, as mais das vezes muito mal percebida pelo sistema bancário, permitindo evitar, também, subvalorizações do valor atual líquido do bem.

Todavia, uma adequada negociação das condições de pagamento das imobilizações, constitui um cuidado especial na gestão desta fonte financeira, devendo-se tomar atenção especial relativamente aos parâmetros essenciais de que se reveste este processo de financiamento:

- *O preço total que resulta do preço de compra, dos gastos de transporte, de montagem e de arranque e ensaio, entre outros;*
- *As garantias de qualidade e cumprimento dos cadernos de encargos, incluindo indemnizações contratuais e assistência técnica;*
- *Montante do adiantamento (downpayment);*
- *Faseamento dos pagamentos e período de diferimento;*
- *Garantias bancárias ou retenções de preço;*
- *Desvalorização previsível da moeda (se for o caso), na circunstância de fornecimentos externos.*

A não consideração de todos estes parâmetros na decisão do recurso a esta fonte de financiamento, pode conduzir a sub-valorizações do seu valor atual líquido e à perceção de falsas vantagens alternativas de financiamento.

2.5 – IMPACTE DA VARIÁVEL FISCAL

O efeito fiscal, permite determinar o impacte fiscal na rendibilidade dos capitais próprios, e é determinado pela expressão:

$$\frac{RAI - Impostos = RL}{RAI}.$$

As decisões de financiamento, ao contrário das de investimento, não permitem a geração de riqueza. Mas, potenciam as decisões de investimento porque permitem fazer aumentar a rendibilidade dos projetos (alavanca financeira).

Podemos definir a evasão fiscal como *a prática ilegal de não pagamento de impostos, mediante a elaboração de declarações falsas de rendimentos ou de capital.*

Esta definição não será por si só relevante no nosso estudo. Porém, a empresa – ou melhor, o decisor – não deve enganar-se a si próprio. Com efeito, se uma empresa pode (fazer) alterar os pressupostos de matéria coletável como meio de minimizar o montante de imposição fiscal, já não deverá seguir tal política quando da decisão de investimento.

Como vimos, o valor do projeto é independente da forma de financiamento. Isto é, dois projetos distintos, mas com o mesmo investimento total e rendibilidade equivalente, têm de ter o mesmo preço (valor), independentemente da forma como são financiados.

A utilização de capitais alheios no financiamento de projetos (*Soares et al.*, 2007) não tem como único impacte o pagamento de juros mas também a existência de uma potencial poupança fiscal.

Acontece que o *Estado* intervém na economia colectando impostos sobre o rendimento das empresas, sendo que algumas das rubricas da *Demonstração dos resultados* são consideradas como custo de cada exercício, logo, dedutíveis na matéria coletável.

É o caso, por exemplo, das depreciações, das perdas por imparidade, das amortizações, das provisões e dos gastos de financiamento rubrica esta que, no caso particular que estamos a discutir, mais nos interessa.

É, aliás, o facto dos gastos de financiamento serem considerados custo de cada exercício para efeitos fiscais que torna o valor do projeto dependente da forma de financiamento.

De facto, os impostos – que incidem sobre os lucros – estão na origem de uma proteção fiscal que, na prática, favorece o endividamento.

DECISÃO DE INVESTIR

É o que podemos constatar pela análise do *Quadro 5* seguinte, complementar do que vimos anteriormente, mas agora *afetado* da componente
fiscal:

Quadro 5 – Projeto de investimento *vs.* hipóteses de financiamento (I)

Designação	Financiamento			
	A	B	C	D
1. Capital próprio (K)	200	800	1.000	0
2. Capital alheio (D)	800	200	0	1.000
3. Capital total (1 + 2)	1.000	1.000	1.000	1.000
4. *Cash-flow*	200	200	200	200
5. Gastos de financiamento (Ki = 10%)	80	20	0	100
6. *Cash-flow* após gastos de financiamento (4 – 5)	120	180	200	100
7. Impostos (25%)	30	45	50	25
8. *Cash-flow* após impostos (4 – 7)	170	155	150	175
9. *Cash-flow* após gastos de financiamento e impostos (4 – 5 – 7)	90	135	150	75
10. Rendibilidade do investimento total após impostos (Ko) (8/3) (¹)	17%	15,5%	15%	17,5%
11. Rendibilidade do capital alheio (Ki) = (5/2)	10%	10%	–	10%
12. Rendibilidade do capital próprio (Ke) = (9/1) (ⁱⁱ)	45%	17%	15%	–

Fonte: adaptado de *Barros* (2007) e elaboração própria.

(¹) Diz-nos o autor que "sendo o capital total igual ao capital alheio, mas sendo a taxa de rendibilidade do capital alheio, por hipótese, igual e constante" – em qualquer dos projetos – "parte da rendibilidade do capital total não é apropriável pelo capital alheio", sendo destinada a remunerar o capital próprio. Ora, como no financiamento D "não há capital próprio, a situação descrita torna-se inconsistente"...

Estamos, neste momento, em condições de nos pronunciarmos contra esta tese da inconsistência, da fraqueza (incerteza) da hipótese, descrita pelo autor. Com efeito, este diferencial de 6% (no caso) de que a empresa – o capital próprio – se apropriará, destina-se a remunerar o risco do investimento (do negócio) que, em última análise, será sempre da empresa. De facto, os capitais alheios (mesmo quando a 100% do financiamento) haverão de ser reembolsados e remunerados a uma dada taxa predeterminada quaisquer que sejam as circunstâncias do negócio. Pelo que é legítimo supor que alguma rendibilidade adicional gerada pelo investimento seja destinada a remunerar o investidor (o projeto).

(ⁱⁱ) $K_e = \dfrac{K}{K+D} \times K_e + \dfrac{D}{K+D} \times K_i$.

Repare-se que, encontrando-se a taxa de rendibilidade do capital próprio relacionada com o nível de endividamento, ela também aumenta com este.

O facto dos projetos com nível de endividamento superior possuírem igualmente uma rendibilidade superior deve-se à poupança fiscal decorrente da dedução dos encargos financeiros da matéria coletável.

Esta dedução é, assim, uma poupança fiscal, sendo igual à diferença de imposto suportada pelo projeto sem capital alheio *(C)* e os restantes projetos com capital alheio. Ou seja:

$$= \frac{Projeto\ A}{80 - 48 = 32}; \frac{Projeto\ B}{80 - 72 = 8}; \frac{Projeto\ D}{80 - 40 = 40}.$$

Esta poupança fiscal, segundo *Brealey* e *Myers (2006)*, deve ser capitalizada à taxa *Ki* (dos capitais alheios), pelo facto de respeitar a poupança decorrente dos encargos financeiros (gastos de financiamento) sendo, assim, da mesma classe de risco.

O valor do projeto com impostos será, outrossim, igual ao valor do projeto sem endividamento mais a poupança fiscal associada.

Como vimos, para além dos gastos de financiamento o *Estado* admite, como custos do exercício, também as depreciações (e provisões) as quais constituem, nesta ótica, como que uma proteção fiscal, permitindo gerar poupanças (custo que não implica desembolso) de tal forma que, quanto mais elevado for o montante das depreciações (e provisões), maior será a poupança fiscal que lhe está associada.

O mesmo se passa no que respeita às depreciações (e provisões), como podemos constatar da análise do *Quadro 6* seguinte:

DECISÃO DE INVESTIR

Quadro 6 – Projeto de investimento *vs.* hipóteses de financiamento (II)

Designação	Financiamento		
	A	B	D
1. Investimento total	1.000	1.000	1.000
2. *Cash-flow*	200	200	200
3. Depreciações e provisões	100	50	0
4. *Cash-flow* líquido de depreciações e provisões	100	150	200
5. Impostos (25%)	25	37,5	50
6. *Cash-flow* após depreciações e após impostos	75	112,5	150
7. *Cash-flow* após impostos (3 + 6)	175	162,5	150
8. Rendibilidade do investimento total (Ko) = (7/1)	17,5%	16,25%	15%
9. Poupança fiscal devida às depreciações e provisões	175–150 = 25	162,5–150 = 12,5	—

Fonte: adaptado de *Barros* (2007) e elaboração própria.

A vantagem fiscal associada ao endividamento da empresa permite aos acionistas beneficiar de uma economia de imposto sobre os encargos financeiros.

Note-se, a propósito que se, por acaso, os investidores pudessem deduzir do respetivo rendimento coletável (em sede de *IRS*), e não podem, o montante dos juros pagos sobre os empréstimos obtidos a título pessoal, mesmo que para investimento – e desde que a taxa marginal de imposto fosse igual à das empresas – então, a vantagem fiscal decorrente do financiamento empresarial desapareceria, uma vez que todos os agentes económicos enfrentariam as mesmas condições fiscais.

Para que a implantação de um projeto permita aproveitar em pleno as vantagens fiscais, é necessário que apresente resultados antes de encargos financeiros e impostos *(RAJI ou RAEFI)* superiores ao montante dos encargos financeiros suportados.

Quando tal situação se verificar, então, a empresa já aproveitou a vantagem fiscal associada às depreciações e provisões e está, agora, em condições de aproveitar a vantagem fiscal decorrente dos encargos financeiros...

2.6 - APOIO DO ESTADO AO FINANCIAMENTO DE INVESTIMENTOS EMPRESARIAIS

a) A conciliação de objetivos

Não obstante qualquer projeto de investimento só se justificar através da oportunidade (interna ou externa à empresa) e da viabilidade e rendibilidade do projeto – nas condições impostas pela envolvente empresarial – nenhuma entidade pode desperdiçar, nas suas opções estratégicas de desenvolvimento, a possibilidade de utilizar na sua estrutura de financiamento a componente proveniente de sistemas de incentivos ao investimento disponíveis.

Haverá uma certa degradação do conceito de subsídio relativamente à empresa, gerando o sentimento de que a empresa estará em má situação. No entanto, estes subsídios reduzem pressões económicas porque são mais baratos que as outras fontes e reduzem pressões financeiras sobretudo quando não são objeto de amortização (não reembolsáveis ou a fundo perdido).

Na verdade, em qualquer circunstância, esta fonte de financiamento dos projetos das empresas é, naturalmente, aquela que menor pressão exerce sobre a situação económica e financeira daquelas, otimizando as virtualidades do próprio investimento através de:

- Subsídios a fundo perdido que, por sua vez, podem constituir:
    - □ Subvenções financeiras,
    - □ Bonificações das taxas de juro,
    - □ Prémios;
- Subsídios reembolsáveis a taxas reduzidas ou nulas;
- Isenções fiscais;
- Doações (terrenos).

Pressupondo não subverter ou comprometer a finalidade da empresa (sobretudo nas duas primeiras opções: subsídios), o que exigirá a conciliação dos objetivos empresariais com os objetivos sociais.

Contudo, os interesses de participação no investimento de um projeto empresarial dos seus vários financiadores não são, obviamente, os mesmos, quaisquer que sejam: empréstimos bancários, de fornecedores de equipamento, *leasing*, capital de risco, proprietários ou Estado. A diferença é sobretudo mais significativa entre estes dois últimos.

DECISÃO DE INVESTIR

Um bom projeto sob o ponto de vista empresarial pode não ser um bom projeto na ótica do Estado. Pelo que um projeto com viabilidade assegurada pode não ser apoiado pelo Estado. Basta, para tanto, que não se insira nos seus objetivos.

É óbvio que o Estado tem os seus objetivos próprios quando decide financiar a fundo perdido um determinado projeto de investimento. É, todavia, evidente que os resultados esperados não são os mesmos que presidem às razões pelas quais os restantes financiadores intervêm no projeto. Não se trata de rendimentos pecuniários aqueles que constituem o resultado esperado. São, antes, outros muito mais amplos e mais abrangentes: são, por exemplo, *i)* interesses de ordem social (nomeadamente de crescimento, de eficiência económica, de emprego e bem estar), *ii)* regional – visando um desenvolvimento equilibrado do território nacional – e *iii)* cambial, entre outros, associados a fatores de competitividade (de inovação, de especialização e desenvolvimento).

b) O cuidado estratégico

É importante que a empresa tenha a noção desta diferença por forma a não desfigurar o seu projeto inicial apenas na ânsia de o adaptar às exigências dos vários sistemas de incentivos postos à sua disposição. Ela deverá, outrossim, analisar a possibilidade de encontrar um bom compromisso entre a configuração do projeto originalmente definido no seu planeamento estratégico e aquela com a qual poderá vir a merecer um apoio estatal o mais elevado possível. Aliás, este compromisso deve resultar também do âmbito da análise administrativa e tática.

As razões são, sobretudo, de ordem estratégica mas, obviamente, inseridas no âmbito da estratégia nacional de desenvolvimento industrial. Tal como nas empresas, após o diagnóstico do ambiente externo e da situação interna do sistema industrial nacional, definem-se as linhas de desenvolvimento que gerem um funcionamento saudavelmente autónomo e consolidado. Para concretização de um determinado modelo de desenvolvimento industrial configuram-se naturalmente os modelos empresariais que o irão consubstanciar.

É neste sentido que o Estado utiliza um conjunto de mecanismos de indução dos seus objetivos no projeto:

- Condições de acesso aos sistemas, que constituem o elemento comum na análise da disposição de investir de qualquer tipo de financiador do projeto: capacidades de gestão da empresa e de execução do projeto e a viabilidade comercial, técnica, económica e financeira do projeto e da empresa;

- Critérios de seleção e elegibilidade que, porventura, constituem os traços caracterizadores do projeto ou projetos que, de alguma forma, se identificam com aquele que o Estado definiu como capaz de induzir o desenvolvimento do sistema industrial no sentido do que estrategicamente planeou.

  Estes estão subjacentes ao tipo de projeto maximamente identificado com o que será capaz de induzir a mudança de comportamentos, estruturas e eficácias do sistema industrial, normalmente veiculador de mecanismos de inovação e modernização, introdução de novas tecnologias e novos produtos, a par de uma diferenciação e elevação da qualidade dos mesmos, poupança e diversificação dos recursos energéticos, ganhos cambiais, neutralização das assimetrias regionais, estabilização de preços e de criação de emprego de longo prazo dignamente remunerado.

- Majorações do incentivo, em função de uma maior adesão aos objetivos da política económica.

No capítulo III (avaliação na ótica económica ou social), *serão desenvolvidos com outro pormenor os aspetos associados à tipologia de critérios de seleção de projetos de interesse social.*

A análise deve ser feita através de duas vertentes: condições de acesso e critérios de seleção ou de elegibilidade. Se o projeto for bem elaborado, isto é, com objetivos estabelecidos e identificados com os mecanismos de decisão do Estado, então, deverá ser construída uma *matriz de objetivos* (*Figura 27*), que dará lugar a uma proposta de financiamento:

DECISÃO DE INVESTIR

Figura 27 – **Matriz de Objetivos**

Cuidado estratégico:				
	Objetivo 1	Objetivo 2	...	Objetivo n
Critérios de seleção 1 :	X			
Critérios de seleção 2 :	X			X
...		X		
Critérios de seleção n :				

X: sinalética de cumprimento do objectivo i.

Note-se que a estratégia que a empresa tenha relativamente aos seus financiadores deverá estar presente também em relação ao Estado enquanto entidade financiadora. Os méritos do projeto, do investimento, devem ser relevados em função de cada uma das entidades financiadoras, sobretudo no capítulo das motivações do projeto.

Conhecer, compreender e procurar compatibilizar os objetivos do Estado e dos critérios de avaliação, com os objetivos empresariais, optimizará o incentivo da empresa, que não é o mesmo que dizer o incentivo económico (máximo).

2.7 – SÍNTESE DA DECISÃO

A análise da estrutura financeira da empresa está intrinsecamente associada à problemática do seu valor, do risco financeiro e do custo do capital. A estrutura ótima do capital será, por seu turno, a que minimiza o custo do capital e, simultaneamente, maximiza o valor da empresa (princípio da aditividade do valor).

A minimização do custo do capital deve constituir, agora e sempre, um objetivo fundamental dos gestores da empresa, tendo em vista a redução dos custos, explícitos e implícitos, dos capitais e a maximização do seu valor.

Isto é, as decisões de política financeira influenciam, de forma crucial, a estrutura financeira das empresas e são função dos seus objetivos de rendibilidade, de crescimento e de risco.

Em princípio, o financiamento dos projetos pressupõe o conjunto das operações necessárias para assegurar os recursos de capitais necessários à sua implantação e que melhor se adapte às necessidades da empresa. Assistimos, no entanto, a uma constante desmobilização dos detentores do capital no sentido de corresponderem a novas necessidades de aumentos dos capitais próprios das empresas.

Tanto mais que, sabe-se, o endividamento externo vai fazer aumentar a riqueza da empresa desde que os investimentos permitam a geração de uma rendibilidade *suficiente*. Com efeito, verifica-se uma certa erosão do autofinanciamento, facto que é resultante de vários aspetos, de entre os quais devemos destacar os efeitos da inflação (hoje minimizada...) e os sucessivos acréscimos da carga fiscal sobre o rendimento – das pessoas, como das empresas.

Por outro lado, verificam-se nos mercados crescentes necessidades financeiras das empresas, nomeadamente das industriais, por efeito, quer do seu crescimento real, quer do desenvolvimento tecnológico (acelerando a necessidade de investimentos de substituição) e do próprio fenómeno inflacionista, incluindo-se, neste particular, o fenómeno da recessão económica e das taxas de juro.

O resultado dos efeitos conjugados do autofinanciamento e do comportamento dos investidores em relação a aumentos dos capitais próprios tem conduzido ao endividamento crescente das empresas e ao surgimento de mecanismos institucionais (fiscais e financeiros) tendentes a tornar atraente a mobilização da poupança para as empresas sob a forma de capitais próprios.

Como regra geral, podemos assentar na ideia de que qualquer empresa deve possuir um volume mínimo de capitais próprios (capitais de risco) que garanta a sua autonomia em relação aos credores (incluindo a *banca*) e suporte as consequências futuras dos insucessos empresariais, materializados pelos resultados líquidos anuais (ou acumulados) negativos.

Existem, assim, como vimos, diferentes formas de financiar um projeto de investimento, com diferentes formas de exigibilidades (pagamento) como, por exemplo:

1. Capitais próprios:
   - Capital social;
   - Capital de risco;
   - Prestações suplementares de capital, ou, suprimentos consolidados;
   - Autofinanciamento;
   - Cessão de ativos.

e, em empresas já existentes, ainda os
   - Empréstimos de sócios;
   - Depreciações aceleradas;
   - Alienação (cessão) de – outros – bens ativos.

2. Capitais alheios
   - Empréstimos bancários de médio e longo prazo (internos e externos);
   - Locação financeira mobiliária ou imobiliária *(leasing)*;
   - Créditos de fornecedores de ativos fixos tangíveis (imobilizado);
   - Empréstimos obrigacionistas;
   - Empréstimos estatais reembolsáveis (gratuitos ou onerosos);
   - Subsídios públicos;

Cada uma destas fontes de financiamento naturalmente que relevará custos diferentes.

As principais características genéricas comuns às várias fontes de financiamento a médio e longo prazos, são as seguintes:

1) os custos nominais totais, indiretos ou futuros;
2) o grau de exigibilidade e a forma de reembolso; e,
3) o impacte sobre o risco financeiro.

Os capitais alheios – como, aliás, os capitais próprios – originam custos: custos nominais, custos implícitos (dividendos) e custos explícitos (vencimento de juros) que deverão ser quantificados.

Poderão existir, ainda, outros custos indiretos ou futuros decorrentes, por exemplo, da oneração do património (penhores mercantis ou hipotecas), da aceitação de cláusulas contratuais limitativas (não distribuição de dividendos ou obrigações concretas de realização de investimentos sociais), entre outros.

Os capitais alheios são, em geral, exigíveis a um prazo predeterminado pelo que as respectivas formas de reembolso devem ser objecto de adequado planeamento (previsão) e negociação.

Finalmente, temos de ter em atenção que o recurso indiscriminado a capitais alheios pode ter sérias consequências sobre a estrutura financeira (risco ou autonomia financeira), que importa conhecer, quantificar e controlar no quadro do planeamento financeiro, sabendo-se que o *risco financeiro* será aquele em que a empresa incorre quando recorre ao endividamento para fazer financiar os seus projetos (investimentos).

Constitui um risco suplementar dependendo da forma como a empresa é financiada. Com efeito, quando a empresa é financiada exclusivamente por capitais próprios não há gastos de financiamento a suportar. Quando a empresa se financia por empréstimos ou por emissão obrigacionista surge o risco financeiro pois será necessário libertar fundos para satisfação dos reembolsos aos seus credores.

O risco financeiro surge quando os fluxos de liquidez (risco económico) não sejam suficientes para cobrir aqueles gastos de financiamento. Logo, quanto maior for o nível de endividamento, maior o risco financeiro.

Concluindo, podemos dizer que o recurso a capitais alheios para financiamento pressupõe que a empresa se assegure previamente da rendibilidade do investimento e da sua capacidade de gerar fundos suficientes que garantam o pagamento dos encargos financeiros e o reembolso do capital emprestado, nos prazos previamente fixados.

3 – AVALIAÇÃO DE RISCO – CONTROLAR A INCERTEZA

As decisões de investimento são decisões de caráter previsional, isto é, que incidem sobre situações que haverão de verificar-se no futuro. Nesta ótica, quando falamos em situações que poderão verificar-se no futuro, ninguém pode ter a pretensão de possuir a certeza de que determinado acontecimento de facto ocorrerá.

É este o principal problema na decisão de investir, o de realizar previsões dignas de confiança, suportadas em dados correntemente observáveis. Trata-se de decisões de natureza económica e financeira (e até comerciais e tecnológicas) pressupondo um conjunto de previsões – estimativas de rendimentos e gastos, logo implicitamente de *cash-flows*, de taxas de desconto (atualização), de oportunidades de financiamento, entre outras – e estas significam incerteza.

Nomeadamente, os *cash-flows* gerados por um projeto são de índole previsional, ou seja, respeitam à eventual concretização de acontecimentos futuros, que tanto poderão assumir o valor previsto, como não o assumir.

O que significa que o risco pode afetar os diferentes elementos de cálculo dum investimento: o capital investido, os *cash-flows* esperados, a duração de vida do projeto, o valor residual e a taxa de atualização selecionada.

Face ao desconhecimento sobre qual será efetivamente o resultado futuro do projeto em termos dos *cash-flows* gerados, o analista (decisor) deverá atender aos aspetos de risco *vs.* incerteza associados aos *cash-flows* previstos.

Para *Pike e Neals* (2009), a expectativa de rendimentos e o risco tendem a estar relacionados: quanto maior o risco percecionado, maior é o rendimento exigido pelos investidores. O gráfico seguinte *(Figura 28)* ilustra essa perspetiva de relação entre risco e rendimento:

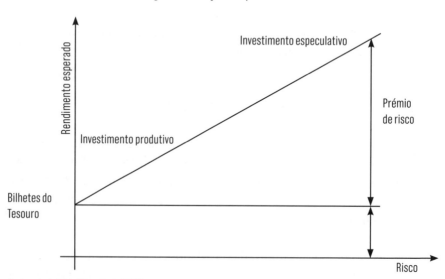

Figura 28 – Relação risco/rendimento

Fonte: adaptado de *Pike* e *Neals* (2009).

3.1 – RISCO E INCERTEZA

A análise de investimentos equaciona, no presente, aspetos do futuro, confrontando-se com a incerteza. Daí que, do ponto de vista metodológico, um dos aspetos mais tratados seja o da incerteza ou o do risco.

De acordo com *Dixit e Pindyck* (1994) "a maioria das decisões de investimento partilham três importantes características, sob diversas intensidades": os investimentos são *sempre* parciais ou completamente irreversíveis, há *sempre* incerteza sobre os retornos dos projetos e existe *sempre* dúvidas sobre o momento em que a informação está completa.

A análise de investimentos equaciona, na verdade, no presente, aspetos do futuro, confrontando-se com a incerteza, sendo muitas vezes inútil atrasar os projetos para se completar informação. Estes autores [ob. cit.], referem, mesmo, que por mais que se adie o investimento, a certeza nunca é obtida.

A irreversibilidade (parcial ou total) num ambiente de decisão desta natureza exige a análise dos investimentos introduzindo metodologias de avaliação de risco e decisão em incerteza muito rigorosas.

Alguns autores distinguem entre risco e incerteza. *J. Gitman*, citado por *Menezes* (1995), considera que "o risco existe quando quem toma decisões puder estimar probabilidades relativas correspondentes a vários resultados" (por exemplo, existência de comportamentos históricos de referência), enquanto que "a incerteza existe quando quem toma decisões não possui nenhum dado histórico a partir do qual possa desenvolver uma distribuição probabilística e, por isso, precisa de fazer estimativas aceitáveis a fim de formular uma distribuição probabilística subjetiva".

Para outros autores, porém, a distinção faz-se no risco, quando o desconhecimento do futuro incidir sobre a dimensão dos pressupostos – risco económico, de âmbito comercial, tecnológico e financeiro, no contexto das opções de financiamento – ou dos resultados, enquanto na incerteza o desconhecimento ocorre sobre o acontecimento ou fenómeno empresarial vir ou não a existir (sobretudo nos pressupostos).

Para *Soares et al.* (2007), "a análise de projetos de investimento é integralmente efectuada com base em previsões" pelo que "o futuro é a pedra angular dessa análise". Assim, "o futuro implica, necessariamente, ter presente a incerteza que lhe está inerente".

Para estes autores, por incerteza considera-se a imprevisibilidade inerente ao resultado futuro de um acontecimento; associando probabilidades de ocorrênca à incerteza, tem-se a noção de risco. Para um fluxo financeiro, o risco é, pois, a probabilidade de que tal fluxo não venha a ocorrer ou ocorra em dimensão diferente da esperada.

Ainda referindo os mesmos autores, a noção de risco é utilizada com frequência no sentido de incerteza; não sendo um erro grave, importa reter que as duas noções não são exatamente coincidentes quanto ao sentido.

A análise do risco significa, assim, conhecer a esperança matemática *(E)* de uma determinada situação (acontecimento), determinando o espaço possível de decisões (matriz de decisão) de análise dos projetos. Nesta medida, o valor de referência, será o valor que nos vai permitir determinar o espaço possível de resultados num quadro de soluções possíveis. É um critério, no entanto, inseguro na seleção de investimento sob condições de incerteza, mormente porque ignora a atitude do indivíduo face ao risco, pelo que devem realizar-se simulações conjuntas de variação de várias variáveis integradas, em cenários alternativos.

Assim sendo, para a avaliação do risco *vs.* incerteza na avaliação de projetos é conveniente distinguir o risco da incerteza:

- Numa situação de risco, os possíveis resultados futuros de uma decisão atual são múltiplos e desconhecidos. Todavia, pode-se sempre atribuir-lhe probabilidades (de ocorrência) mediante o recurso à teoria e prática de estatísticas adequadas;
- Numa situação de incerteza, os resultados futuros são igualmente desconhecidos mas não é possível atribuir-lhe objetivamente probabilidades.

Numa acepção mais ampla, o risco ou a incerteza – que se utilizará indistintamente neste ponto – que caracteriza um investimento na fase que precede a tomada de decisão, pode assumir diversas formas que, simplificadamente, se tipificam (*Andrez*, 1996; *Soares et al.*, 2007):

- Incerteza sobre o ambiente envolvente do investimento e da empresa – podendo mesmo alterar-se as razões que justificam o investimento ou os pressupostos que fundamentaram a sua opção;
- Incerteza sobre mecanismos ou fenómenos – sucedendo, por exemplo, em projetos com forte componente de inovação em que se desconhecem os resultados do projeto, ou em projetos fortemente

II · A DECISÃO DE INVESTIR NA ÓTICA EMPRESARIAL

dependentes de condições naturais ou de comportamentos subjetivos;

- Incerteza sobre custos de investimento e exploração – sucedendo sobretudo em projetos que implicam novas técnicas e em que a estimativa de custos, por insuficiência de bases estatísticas, é feita por analogia com projetos afins, ou exige uma análise aprofundada de cada componente individualizado de custo;
- Incerteza sobre a procura e rendimentos (receitas) – sucedendo em grande número de casos em que a falta de transparência do mercado e a insuficiência de base estatística não permitem definir com razoável segurança as grandezas que determinam os proveitos do projeto.

Dir-se-ia que as duas primeiras situações têm mais a ver com a incerteza e as restantes com o risco, considerando uma das propostas de distinção entre aqueles dois conceitos atrás referida.

Em termos gerais, para o promotor de um projeto de investimento, com ou sem cenários alternativos, em situação de incerteza, o importante é associar ao indicador de rendibilidade esperada um indicador de risco que pode traduzir-se num simples corrector da taxa de rendibilidade ou num processo de tratamento matemático ou econométrico da incerteza.

É evidente que estes cuidados só têm sentido caso o projeto tenha relevância suficiente para, através do seu risco, vulnerabilizar, por sua vez, a própria empresa. Na verdade, as avaliações de risco são complexas e podem exigir estimativas onerosas e passíveis de atrasar decisões pelo que a intensidade do rigor das análises deverá ser proporcional à dimensão das consequências possíveis e da intensidade da incerteza.

Os métodos de análise de risco são, nesta esfera de ação, os seguintes:

a) Incorporar o risco na análise de rendibilidade do investimento, isto é, inserir os fatores de risco no próprio processo de cálculo da rendibilidade, através do tratamento teórico da incerteza. O que poderá ser feito pelo:
   - Método do equivalente certo, incorporando a incerteza inerente aos *cash-flows* de investimento; ou, por
   - Ajustamento da taxa de atualização, incorporando um prémio de risco na taxa de rendibilidade exigida pelos investidores;

b) Introduzir uma maior exigência nos objetivos, designadamente através de uma maior segurança nos pressupostos de base, para prevenir os efeitos negativos das variações desfavoráveis aos rendimentos do projeto, mediante:
- Utilização do prazo de recuperação de capital;
- Controlo do risco económico através da margem de segurança;
- Incorporação de custos figurativos que garantam a rendibilidade-objetivo;
- Eliminação de pressupostos incertos.

c) Realizar uma análise de sensibilidade dos pressupostos, ponderando os efeitos de variações possíveis em certos parâmetros de cálculo da rendibilidade, através de dois métodos possíveis:
- Simular os valores do *VLA* e da *TIR* em função de hipóteses pessimistas e otimistas dos pressupostos;
- Construir cenários alternativos credíveis que contemplem de forma integrada e simultânea as variações possíveis nos pressupostos dos projetos.

d) Tratar a incerteza por métodos probabilísticos, transformando-a numa situação de quase-risco, quando for possível definir uma lei de probabilidade para os valores dos componentes aleatórios do projeto.

3.2 – INCORPORAR O RISCO NA ANÁLISE DE RENDIBILIDADE DO INVESTIMENTO

Como se referiu a incorporação do risco na análise de investimento poder-se-á fazer através do método do equivalente certo e do ajustamento da taxa de atualização.

3.2.1 – MÉTODO DO EQUIVALENTE CERTO

Como vimos, o método do equivalente certo corresponde a incorporar a incerteza inerente aos *cash-flows* do investimento pelo ajustamento destes através de um coeficiente de equivalência α_t, o qual traduz um índice de confiança do investidor na realização daqueles. Logo,

$$VAL = \sum_{t=0}^{n} \frac{\alpha \times CFGt}{(1 + i)t},$$

em que *CFGt* é o *cash-flow* global no ano *t* e *i* a taxa de rendibilidade esperada.

3.2.2 – AJUSTAMENTO DA TAXA DE ATUALIZAÇÃO – INSPIRAÇÃO NO *CAPM*

O objetivo deste método é o de fixar a taxa de rendibilidade-objetivo dos capitais próprios o mais real quanto possível.

Como se sabe, a taxa de rendibilidade dos capitais próprios mais não representa que a remuneração dos capitais próprios o que, na ótica do projeto, representa, também, o custo dos capitais próprios, que deve prever duas componentes, uma de remuneração *(L)* e outra de risco (ou prémio de risco):

$$ROE^0 = [(1+L) \times (1+P_r)] - 1$$

O custo do capital próprio representará, assim, o custo de oportunidade do investimento, isto é, o rendimento esperado de uma alternativa em iguais condições de risco e que pode ser determinado, de forma aproximada, recorrendo-se ao modelo do preço do ativo de capital *(CAPM – Capital assets price model)*.

O *CAPM* foi desenvolvido para outros fins que não o da definição do custo de oportunidade de projetos de investimento, podendo, por isso ser criticada, por autores mais conservadores, a sua utilização. Contudo, se adaptarmos a sua utilização, centrando-nos na lógica de determinação do valor da taxa, obtemos um valor aceitável para aquela medida.

Um investidor com aversão ao risco que pretenda minimizar a variância de uma carteira de investimentos relativamente a uma determinada rendibilidade, constituirá essa carteira com base numa função do r_e do tipo:

$$r_e = j + (E[R_m] - j) \times \beta_i,$$

em que,

j, é a taxa de juro sem risco,
$E[R_m]$, o rendimento esperado de uma carteira de investimento com idêntica composição do mercado,

β_i, o coeficiente "beta" correspondente ao risco da empresa, refletindo a sensibilidade do valor da ação da empresa face à evolução da rendibilidade da carteira (isto é, do mercado),

$E\,[R_m] - j$, o prémio de risco do mercado (risco sistemático),

$(E\,[R_m] - j) \times \beta_i$, o prémio de risco da empresa (risco total $= r_e - j$).

$$\text{Sendo, } \beta_i = \frac{Cov(R_i, R_m)}{\sigma^2(R_m)},$$

Cov – covariância,
σ^2 – desvio-padrão.

Segundo *Margerin e Ausset* (1990), "em qualquer circunstância o facto de o prémio de risco só poder ser fixado de forma intuitiva, (...) confere a este método um inegável caráter arbitrário".

Para efeitos da determinação do custo de oportunidade poderíamos, assim, utilizar a lógica do modelo do *CAPM* para uma afetação adaptada do risco do mercado e do projeto/empresa, por um lado, e da rendibilidade e do risco das empresas de referência no mercado que concorrem com a empresa investidora, em vez do risco e rendibilidade da carteira de títulos.

Assim, teríamos, como R_m a rendibilidade média (ponderada) das empresas com quem a empresa investidora concorre mais diretamente, sendo que β corresponderia, por sensibilidade do investidor, ao fator de ajustamento do risco do mercado ao risco da sua empresa/projeto.

3.3 – INTRODUÇÃO DE UMA MAIOR EXIGÊNCIA NOS PRESSUPOSTOS E NOS OBJETIVOS

Neste método o critério é o da exigência, isto é, o de fixar metas elevadas prevenindo situações de menor desempenho do projeto de investimento por forma a estarem assegurados os objetivos mínimos. Várias são as abordagens deste método sendo todas elas função da tipologia das metas.

3.3.1 – PRAZO DE RECUPERAÇÃO DO CAPITAL INVESTIDO

O período de recuperação *(payback period)* traduz o número de anos de desenvolvimento do projeto, necessários para recuperar o investimento inicial. É um método de cálculo muito simples e adequado à avaliação de projetos num contexto de risco ou com um ciclo de vida curto; não é adequado, no entanto, na avaliação de projetos de longa duração (*Barros*, 2007).

Algebricamente, admitindo que os fluxos se distribuem regularmente ao longo de cada ano, pode ser determinado pela expressão:

$$PR = t, \text{quando} \sum_{t=0}^{n} CF_t = I_0,$$

em que:

PR, é o período de recuperação,
Cf_t, o *cash-flow* total do ano t, e,
I_0, o *cash-flow* do investimento inicial.

Neste critério prevalece o fator tempo, procurando-se medir o tempo que demora entre a realização do investimento e a sua recuperação através do *cash-flow* de exploração acumulado.

O princípio que subjaz a este método, é o de que o risco é proporcional ao tempo necessário para reaver as importâncias investidas e assenta na recuperação dessas importâncias na base dos *cash-flows* gerados pelo projeto. Por outras palavras, trata-se de um critério que privilegia o tempo de recuperação do investimento em detrimento da rendibilidade.

A adoção do período de recuperação do projeto enquanto critério de decisão constitui, assim, um procedimento cauteloso, que admite implicitamente que quanto maior for o período de recuperação do investimento, maior será o *risco/incerteza* de que a previsão não se venha a verificar.

O critério do período de recuperação, desprezando o fator tempo, ignora o aspeto da rendibilidade, pelo que, deste modo, é tão justificável um investimento que se recupere num dado período e só possa produzir efetivamente rendimentos por mais um dia, como outro investimento que se recupere no mesmo período mas possa produzir rendimento por muitos anos mais.

Esta é a razão pela qual não se optou por considerar esta medida como um critério de rendibilidade do projeto, como normalmente é considerado por outros autores.

É aconselhável, todavia, para projetos de rápido período de obsolescência dos equipamentos (indústrias de forte inovação tecnológica) ou quando se sabe ser limitado o período de exploração, em atividades em regime de concessão, por exemplo, para aferir, avaliar, se o projeto se paga durante o período da concessão.

Em termos genéricos, pode dizer-se que o período de recuperação (atualizado) resultaria da resolução da equação que segue, em ordem a t (tempo), conhecida a taxa média de juro do capital investido (próprio e alheio):

$$\sum_{k=0}^{n=PR} \frac{I_k}{(1+r)^k} = \sum_{k=0}^{n=PR} \frac{R_k - G_k}{(1+r)^k},$$

sendo I_k, R_k e G_k, variáveis com o significado anteriormente referido.

A incógnita será agora, exatamente, o PR, ou seja k' (tempo) que vai anular os fluxos do projeto, que o vai pagar, supondo uma taxa de juro constante durante todo o ciclo de investimento.

Razão por que o período de recuperação atualizado apresenta algumas vantagens na sua utilização mas exclusivamente como método complementar de outros critérios ou como fator restritivo, designadamente em períodos de instabilidade económica.

Como vimos anteriormente, o critério do período de recuperação é essencialmente adequado para projetos sujeitos a níveis de risco elevados por razões associadas à inovação tecnológica, possibilidades de expropriação, nacionalização ou qualquer outra forma de limitação do período de exploração.

Convém referir que a análise do risco a partir deste critério assenta no estabelecimento em base anual das parcelas de investimento recuperado, incluindo juros, quer sobre o capital alheio, quer sobre o capital próprio. De outro modo, poderá conduzir a decisões erróneas.

Este critério não pode, por isso mesmo, ser encarado em termos simplificadores, nem pode deixar de ter em conta a longevidade presumível dos produtos e da tecnologia que se irão adoptar. Trata-se, naturalmente, de aspetos discutíveis, parecendo, no entanto, suficientes para que sejam encarados com reserva, à luz destes princípios, projetos que ofereçam períodos de recuperação muito próximos – ou para além – do período máximo de vida útil presumível.

A combinação entre o *VAL* e a *TIR* por um lado, e o *PRC*, por outro, como forma de controlar o risco na seleção ou na decisão de um investimento pode ser visto nas figuras *(Figura 29)* que seguem:

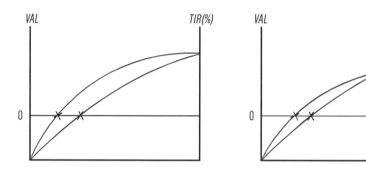

Figura 29 – Exemplos de combinação entre o *VAL* e a *TIR*

Do que fica dito e da análise da figura, pode inferir-se que existe uma equivalência entre o *VAL* e a *TIR* no que respeita à decisão de investir: se o *VAL* for positivo então a *TIR* será superior ao custo do capital e o investimento deve ser aceite; quando o *VAL* é negativo a *TIR* será inferior ao custo do capital. Para um dado nível de fluxos, o risco de não recuperação do investimento será tanto maior quando maior o período de tempo necessário para recuperar o investimento.

3.3.2 – CONTROLO DO RISCO ECONÓMICO (REFORÇO DA MARGEM DE SEGURANÇA)

Uma outra abordagem sugere a fixação de pontos de equilíbrio que controlam o sucesso do investimento a vários níveis.

Um exemplo é o do ponto crítico económico, e a sua comparação com o mercado do projeto *(benchmarking)*, que permite a avaliação empírica do risco económico.

DECISÃO DE INVESTIR

Denomina-se ponto crítico económico *(PCE)* ou ponto crítico das vendas *(PCV)* o nível de vendas *(V)* que cobre exatamente os custos fixos *(GF)* e os gastos variáveis *(GV)* por eles gerado – corresponde ao valor das vendas em que o resultado é nulo. Acima desse nível de atividade a empresa tem lucros e abaixo dele gera prejuízos.

Parte integrante do modelo de avaliação do risco de exploração, o *PCE* está associado aos custos de estrutura e pressupõe a prévia repartição dos custos em função do seu comportamento, ou seja, entre custos fixos e gastos variáveis.

A sua determinação admite quatro pressupostos, a saber:

i)   Estabilidade dos custos fixos ao longo do período considerado;
ii)   Proporcionalidade entre os gastos variáveis;
iii)   Preço de venda constante no período em análise;
iv)   Separação entre custos fixos e gastos variáveis.

A sua expressão analítica, simplificada, é demonstrável a partir da equação geral

$$RL = V - GV - GF,$$

onde,

V – vendas do período,
GF – custos fixos totais,
GV – gastos variáveis totais, e,
RL – resultado líquido,
MC – margem de cobertura,

é a seguinte:

$$PCE = \frac{GF}{V - GV},$$

ou, de uma outra forma (em valor) ainda mais simples,

$$PCE = \frac{GF}{\%MC},$$

sendo PCE medido em percentagem das vendas,

e a $\%MC = \dfrac{pv - cv}{pv}.$

Todavia, se desejarmos determinar o ponto crítico económico em quantidades de produto vendido, teremos:

$$\frac{GF}{pv - cv} = \frac{GF}{mc\ (unitária)}.$$

Neste mesmo âmbito de análise, se se desejar uma dada margem de lucro, então, a sua expressão analítica virá como segue:

$$V = \frac{GF + RL}{\%MC}.$$

O *PCE* em termos absolutos pode ser calculado através da seguinte expressão:

$$PCE = \frac{V \times GF}{V - GV}.$$

A margem de segurança mede a relação entre o nível de vendas da empresa e o do seu ponto crítico económico. Representa a percentagem da quebra das vendas que faz a empresa entrar no seu ponto crítico:

$$MS = \frac{V - PCE}{V},$$

ou seja, simplificando,

$$MS = 1 - \frac{PCE}{V}.$$

Nestas circunstâncias, podemos afirmar que uma empresa com uma elevada margem de segurança (resultado económico) é mais sólida, isto é, resiste melhor às variações da procura. Quando a margem de segurança é negativa, então, a empresa encontra-se em situação de *rotura de segurança*.

Graficamente, estas duas variáveis poderão ser expressas em geral como na *Figura 30* seguinte:

Figura 30 – **Ponto crítico económico e margem de segurança**

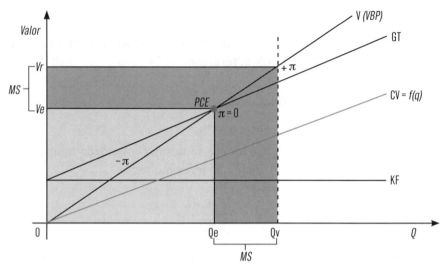

Fonte: adaptado de diferentes autores.

Graficamente, a margem de segurança é, assim, refletida como a diferença entre o valor (ou a quantidade) real do negócio e o valor (ou a quantidade) de equilíbrio.

3.3.3 – CONTROLO DO RISCO FINANCEIRO (PONTO CRÍTICO FINANCEIRO)

Outro exemplo de controlo de pontos críticos refere-se ao ponto crítico financeiro que avalia o risco financeiro. Uma proposta de valor atual do ponto crítico é sugerida por *Menezes* (1995):

$$VAPM = \frac{CAE + KF(1-t) - DR \times t}{(Pv - CVm) \times (1-t)}$$

onde:

CAE – é o custo anual equivalente,
KF, os custos fixos (totais),
DR, as depreciações anuais,
Pv, o preço de venda (unitário),

CVm, o custo variável médio (unitário), e,
t, a taxa de imposto sobre o rendimento.

Os pontos críticos permitirão análises mais rigorosas se forem calculados considerando séries de gastos e rendimentos devidamente atualizados.

3.3.4 – GASTOS FIGURATIVOS – INTEGRAÇÃO DA REMUNERAÇÃO OBJETIVO NOS CUSTOS DE INVESTIMENTO

Numa primeira abordagem, considerar os gastos figurativos consiste em integrar nos custos anuais do investimento a remuneração esperada para os capitais próprios e uma margem destinada à cobertura (prémio) do risco *(Figura 31)*, implicando maiores exigências na determinação das medidas de rendibilidade *(VAL, TIR, PRP)* ao elevar o nível de cobertura das mesmas.

Figura 31 – **Ponto crítico económico e gastos figurativos**

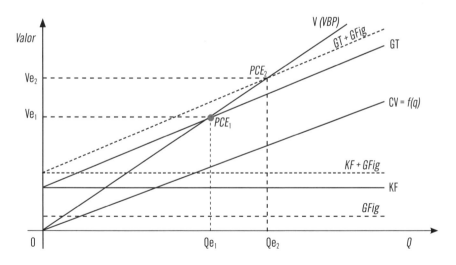

Fonte: elaboração própria.

3.3.5 – OUTROS MÉTODOS DE EXIGÊNCIA DOS OBJETIVOS

Os métodos indiretos de ajustamento das medidas de rendibilidade mais conhecidos são os seguintes:

DECISÃO DE INVESTIR

a) Supressão dos elementos considerados demasiado incertos, por uma questão de prudência. Assim, todos os elementos que se apresentem como demasiado incertos são eliminados do processo e da projeção económica, porquanto da aplicação deste método poderá resultar alguma adulteração da taxa de atualização. É o exemplo do valor residual do investimento, por isso mesmo normalmente desprezado.

Cuidados especiais deverão ser observados quando os componentes em causa são dimensionalmente diferenciados entre vários projetos. Com efeito, a escolha entre projetos com valores residuais muito diferentes pode ser adulterada com este critério.

b) Redução do tempo de vida útil do projeto, na medida em que os elementos mais longínquos são os mais incertos. Este método, aplicável aos projetos de rápida desatualização, tem o inconveniente de ser arbitrário, sobretudo se o critério de redução for demasiado subjetivo.

c) Consideração do risco através da preferência dada à flexibilidade do investimento em detrimento da sua rendibilidade. Este critério tende a reduzir o risco do projeto na sua própria configuração levando, por exemplo, a ser cauteloso na sua dimensão, ou até, fracionando por escalonamento no tempo a sua implementação.

3.4 – ANÁLISE DE SENSIBILIDADE DO *VLA* E DA *TIR* A DETERMINADOS PRESSUPOSTOS

Os critérios de rendibilidade do *VLA* e da *TIR* são critérios que, por si só, não servem para avaliar o risco das decisões de investimento. Quando muito, através do valor esperado da rendibilidade ou do valor esperado dos fluxos de rendimentos e gastos, poder-se-á proporcionar um critério de hierarquização de projetos face ao risco, desde que seja possível estabelecer a distribuição de frequências de rendimentos e gastos.

Os valores de investimento, dos rendimentos (receitas) e gastos (despesas) anuais de exploração de um projeto, por serem previsionais – e, portanto, incertos – devem ser criteriosamente distribuídos para efeitos de estimativa do seu valor esperado, para o que é importante atender a fatores como a análise das ocorrências passadas aplicáveis, o comportamento cíclico do mercado e outros aspetos suscetíveis de afetarem os pontos sensíveis de um projeto.

II · A DECISÃO DE INVESTIR NA ÓTICA EMPRESARIAL

Este método leva à determinação de limites mínimos e máximos da rendibilidade do projeto em função das variações possíveis dos seus pressupostos considerados como pontos sensíveis. As variações são consideradas isoladamente, combinando certas flutuações simultaneamente ou por hipóteses múltiplas. Os resultados obtidos alimentam uma grelha de sensibilidade àquelas variações *(matriz de resultados)*.

3.4.1 – ABORDAGEM PONTUAL

Nesta medida, as análises de sensibilidade permitem a análise dos indicadores de rendibilidade *(Figura 32)* do projeto – *VLA* ou *TIR*, por exemplo – para, normalmente, três hipóteses de comportamento de cada variável crítica (mantendo-se constantes as restantes), razão pela qual assumem também a designação anglo-saxónica de análise *BOP (best, optimistic and pessimistic)*:

Figura 32 – **Simulação dos indicadores de rendibilidade**

Identificação das variáveis de risco do projeto (p.e., variáveis que representam mais de 15% do valor dos benefícios ou dos custos).

Supor um novo valor (pessimista) para a variável de sensibilidade selecionada.	Calcular a margem de variação da variável selecionada, por forma a que VLA ≥ 0 ou TIR ≥ i.
Determinar a rendibilidade do projeto.	Apreciar a razoabilidade destas margens de variação.
Retirar as ilações sobre o risco incorporado no projeto.	Retirar as ilações sobre o risco incorporado no projeto.

De que resultará a seguinte:

Matriz de resultados

Preços / Investimentos	$p1 (< p_2)$	p_2	$p_3 (> p_2)$
$Inv_1 (> Inv_2)$	TIR_{11}	TIR_{12}	TIR_{13}
Inv_2	TIR_{21}	TIR_{22}	TIR_{23}
$Inv_3 (< Inv_2)$	TIR_{31}	TIR_{32}	TIR_{33}

DECISÃO DE INVESTIR

Os pontos sensíveis ou críticos dos projetos de investimento produtivo são, em geral, os seguintes: o preço de venda, a dimensão do mercado (quantidade a vender), o custo das matérias-primas principais, os prazos médios de pagamento e de recebimento, a inflação e a desvalorização cambial, por um lado, e o valor do investimento total e a duração da vida útil do projeto, por outro.

Este método permite uma melhor avaliação do risco do investimento, analisando a validade das medidas de rendibilidade, ultrapassando mesmo faltas de informação sobre o comportamento possível das variáveis críticas.

É importante que as variáveis selecionadas cumpram determinadas características que impeçam erros de análise. Essas características são, entre outras, serem determinantes na rendibilidade do projeto e serem independentes entre si. Contudo, se considerarmos cada uma das variáveis críticas isoladamente, estaremos a ignorar possíveis correlacionamentos entre as variáveis críticas, afastando-nos da realidade empresarial.

3.4.2 – CONSTRUÇÃO DE CENÁRIOS ALTERNATIVOS

Este método assume-se como uma alternativa mais completa ao da análise de sensibilidade, o qual é normalmente criticado pela base pouco real de acontecimentos empresariais onde cada variável se altera mantendo as restantes imutáveis.

A análise de cenários constitui um método subjetivo de formulação de situações com probabilidade de ocorrência futura, e tem em conta a mudança de diferentes variáveis ponderadas conjuntamente, ajustando certas flutuações simultaneamente. Através de um processo de hipóteses múltiplas, a análise conduz a uma matriz de resultados que pode ser considerada integrante.

Os cenários alternativos envolvem, assim, uma confluência de comportamentos dos pressupostos ou variáveis críticas, mantendo-se no resto, uma abordagem idêntica ao método da análise de sensibilidade, razão pela qual alguns autores consideram o método dos cenários como uma variante mais complexa daquele.

Na verdade, as análises atrás referidas apoiam decisões de alternativas lógicas em relação a pontos específicos de um projeto, mas sem as interligar de modo a obter o efeito conjugado de todas as medidas de rendibilidade. Quando vários parâmetros que influenciam a rendibilidade estão sujeitos a variações, aqueles métodos não permitem determinar o efeito conjunto de todas as variações.

A *construção de cenários alternativos* pode ser vista através de um pequeno *exemplo de aplicação (18)*:

Exemplo de aplicação (18):

Supondo:

Xi – Variável crítica X no cenário i,
i = 1 – Cenário pessimista,
i = 2 – Melhor cenário,
i = 3 – Cenário optimista,
p – Preço de venda, e,
Inv – Investimento.

O conjunto de cenários alternativos permitirá construir uma seguinte árvore de decisão como a constante da (Figura 33) seguinte:

Figura 33 – **Árvore de decisão perante cenários alternativos**

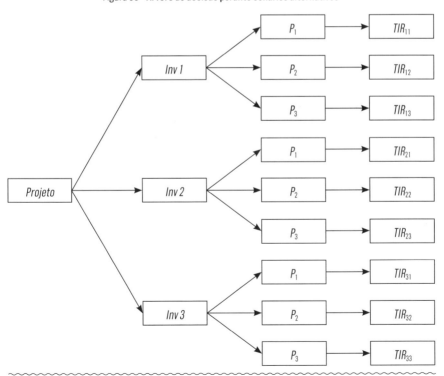

3.5 – ANÁLISE PROBABILÍSTICA DO RISCO

O recurso a métodos probabilísticos permite associar a cada *cash-flow* uma probabilidade de ocorrência e calcular, por exemplo, para o *VLA*, o respetivo valor esperado, a variância, o desvio-padrão e outras medidas estatísticas.

3.5.1 – ESPERANÇA MATEMÁTICA DAS EXPECTATIVAS *(EXPECTED NET PRESENT VALUE – ENPV)*

Escolhido o conjunto de pontos sensíveis em relação a cada projeto, importa ter uma indicação para cada um deles sobre a gama de valores possíveis e a probabilidade associada – que não traduzirá mais do que suposições inteligentes – a cada valor esperado admissível *(E)* das partes sensíveis.

O valor esperado *E* é o somatório dos produtos dos valores possíveis pelas respetivas probabilidades de ocorrência:

$$E[VLA] = \sum_{c=1}^{n} (p_c \times VLA_c), e,$$

$$E[TIR] = \sum_{c=1}^{n} (p_c \times TIR_c),$$

em que:

E [VLA], é a esperança matemática do *VLA*,
E [TIR], a esperança matemática da *TIR*,
p_c, a probabilidade de ocorrência do cenário *c*,
VLA_c, o *VLA* do cenário *c*, e,
TIR_c, a *TIR* do cenário *c*.

Uma dificuldade neste método será o de quantificar a probabilidade em função da expectativa de ocorrência. *Margerin e Ausset* (1990), sugerem a seguinte tabela de correspondências *(Tabela 7)*:

Tabela 7 – Tabela de correspondências

Expectativa	Probabilidade
Impossível	0
Inverosímil	0,01 a 0,05
Duvidoso	0,06 a 0,25
Plausível	0,26 a 0,45
Possível	0,46 a 0,55
Ve rosímil	0,56 a 0,75
Muito verosímel	0,76 a 0,95
Quase certo	0,96 a 0,99
Certo	1

As situações a considerar numa seleção de cenários seriam, então, as seguintes:

$$E\,[VLA] \geq 0 \text{ e } E\,[TIR] \geq i$$
$$ou$$
$$P\,(VLA \geq 0\,) > \alpha \text{ e } P\,(TIR \geq i) > \alpha,$$

em que α é o limiar do risco que o promotor está disposto a assumir.

3.5.2 – MEDIDAS DE DISPERSÃO PROBABILÍSTICA DO RISCO

São medidas de risco utilizando medidas de dispersão probalísticas as seguintes:

a) *Risco Absoluto*

Desvio padrão probabilístico: $\sigma = \sqrt{\sum P_i \times (VLA_i - \overline{VLA})^2}$

Variância probabilística (semi-variante): $\sigma^2 = \sum P_i \times (VLA_i - \overline{VLA})^2$

b) *Risco Relativo*

Coeficiente de variação probabilístico: $CV = \sigma \times \dfrac{(VLA)}{\overline{VLA}}$.

Para a seleção dos projetos tendo em conta as medidas de dispersão probabilística, utiliza-se a regra da *esperança-variância (mean-varance rule)*, explanada da forma que se pode constatar do *exemplo (19) de aplicação* seguinte:

Exemplo de aplicação (19):

Se se verificar uma das seguintes condições:

(1) $E[VLA(A)] \geq E[VLA(B)]$, e,
  $\sigma[VLA(A)] < \sigma[VLA(B)]$,
  (por ser de menor risco em caso de VLA igual),

ou,

(2) $E[VLA(A) > E[VLA(B)]$, e,
  $\sigma[VLA(A)] \leq \sigma[VLA(B)]$,
  (por ter um VLA superior em caso de igual risco),

então, nestas circunstâncias, pode considerar-se que o projeto A é preferível ao B.

---

4 – AVALIAÇÃO GLOBAL – CONTROLAR OS OBJETIVOS GLOBAIS DA EMPRESA

A decisão final sobre o investimento deverá ter em conta – para além da sua rendibilidade, da viabilidade do seu financiamento e do controlo do risco associado – a certeza de que cumprirá os objetivos que justificaram a necessidade de investir. Assim, uma última ótica de abordagem prende-se, exatamente, com a avaliação global do projeto de investimento.

4.1 – CONCILIAÇÃO DAS DECISÕES DE INVESTIMENTO E FINANCIAMENTO *(VALA)*

Da conjugação do *VAL, valor atual líquido da decisão de investir*, medida inspirada apenas no investimento suportado por capitais próprios, com o *VA – valor atual da decisão de investir*, obteremos o *VALA*, ou *valor atual líquido ajustado*, que deverá ser determinado sempre que haja recurso a capitais alheios.

A soma do valor atual líquido das decisões económica *(VAL)* e financeira do investimento *(VA)* representa o valor atual líquido total ajustado da decisão de investimento (do resultado económico e da estrutura de financiamento):

$$VALA \; ou \; VAA = VAL + VA$$

O *VALA* representa uma forma de conciliar as decisões de investimento e de financiamento e tem como objetivo no seu cálculo incorporar num único indicador as medidas de eficiências de cada uma das decisões, isto é, o *VAL* e o *VA*.

Este critério representa, afinal, um esforço de concertação de duas decisões: de investimento e de financiamento, pelo que a sua leitura deve ser cuidadosa, não representando a interpretação do resultado final uma mesma decisão.

4.2 – IMPACTE DO PROJETO NA EMPRESA – CUMPRIMENTO DOS OBJETIVOS DA EMPRESA

A avaliação do projeto deve incidir mais na análise da empresa após projeto e não exclusivamente na análise do projeto, sobretudo quando este respeite a investimentos de expansão, isto é, esteja associado a estratégias de expansão.

Na verdade, os critérios referidos no capítulo anterior são mais ajustáveis a empresas novas ou, quando muito, a fábricas novas. No que se refere a investimentos realizados sobre ativos já existentes, aqueles critérios mostram-se inadequados uma vez que não medem as sinergias – negativas ou positivas – do investimento sobre a empresa.

O que se pretende dizer, é que a soma da empresa pré-projeto com o projeto, não é, nem pode ser, aritmética, antes terá que constituir uma *soma sinergética*.

De uma maneira geral, aqueles critérios poderiam – e existe racionalidade em fazê-lo – ser adaptados por forma a serem aplicados na empresa e não no investimento.

Torna-se mais fácil, e porventura mais adequado, vigiar o comportamento das variáveis que medem a competitividade empresarial, antes e após o investimento, avaliando, assim, o impacte do investimento na empresa.

Só a conceção global dos componentes, considerados sistematicamente como um todo, nos permite realizar a avaliação da empresa após projeto.

Este tratamento integrado é fundamental quando estamos a analisar a viabilidade da empresa na base do risco e incerteza.

Com efeito, o desempenho futuro da empresa (*Aeca*, 2010) pode deduzir-se a partir do desempenho passado, da estratégia prosseguida pela empresa e de uma série de fatores externos, não controláveis mas estimáveis, como é o caso de algumas variáveis macroeconómicas e de variáveis setoriais (crescimento e tendência, ciclo de vida dos principais produtos, entre outras).

Neste contexto, a competitividade empresarial reflete a eficácia ou a capacidade de conquistar – consolidadamente – quotas de mercado, criando as condições iniciais para essa conquista. Por outras palavras, a eficácia comercial representa a capacidade para garantir as condições para o exercício da atividade comercial – em termos de gastos, de qualidade e de prazos de entrega – mantendo equilibradas e reforçando as estruturas financeiras e gerando resultados económicos positivos, para além de manter útil a função social, regional e cultural da empresa.

O estudo da viabilidade de um dado projeto de investimento deve espelhar o conjunto de situações que previsivelmente venham a ocorrer após a implementação do projeto, na base de escolhas efetuadas pela empresa tendo em conta a sua atividade normal e as suas previsões quanto ao comportamento do meio envolvente.

Deve partir-se, para além do mais, do diagnóstico da situação pré-projeto e da avaliação de diferentes alternativas (técnicas, de mercado, financeiras, económicas, organizacionais, etc.) que após a seleção (decisão) irão incorporar a solução final proposta (*Cebola*, 2009).

Assim, importa analisar a situação da empresa em cada uma das suas áreas funcionais: organizacional, ativos humanos, tecnológica (produtiva), económica, financeira, comercial, ambiental e energética. A análise global destas áreas *(Figura 34)* indicar-nos-á, apenas como exemplificação, o grau de viabilidade da empresa:

Figura 34 – **Análise global das áreas funcionais**

Organizacional	• Estrutura organizacional • Experiência dos gestores • Técnicas de gestão,
Ativos humanos	• Qualificação • Adequação à atividade • Política de formação,
Tecnológica	• Grau de modernização tecnológica • Domínio das tecnologias • Equilíbrio dos fluxos produtivos,
Económica	• Viabilidade • Rendibilidade • Criação de valor,
Financeira	• Equilíbrio financeiro • Eficiência nos gastos de financiamento • Diversidade de fontes de financiamento,
Distribuição	• Posicionamento (adequação) do produto • Domínio dos circuitos de distribuição • Capacidade negocial com clientes,
Ambiente	• Controlo das emissões • Equilíbrio ambiental • Condições de Higiene e Segurança,
Energética	• Racionalização energética • Fatura energética • Cogeração energética.

Fonte: elaboração própria.

A partir da análise dos indicadores económicos e financeiros devemos classificar cada um dos indicadores qualitativa e quantitativamente, admitindo valores aceitáveis para cada um dos projetos selecionados e, partindo destes pressupostos para a tomada de decisão, presume-se que deva ser obtido um determinado grau de satisfação (técnica utilizada pelo *IAPMEI*, por exemplo), em que para cada área funcional são classificados os vários indicadores de acordo com critérios que o analista considere satisfatórios.

A um segundo nível, confronta-se, na eficácia empresarial, a vertente estática (que respeita a um determinado período histórico) com a vertente dinâmica (evolutiva, histórica ou previsional).

Em termos dinâmicos, utilizam-se geralmente os mesmos indicadores da vertente estática, medidos em termos de médias e elasticidades. São exemplos de indicadores dinâmicos o fator de escala, a taxa interna de rendibilidade e as elasticidades das quotas de mercado.

A eficácia comercial pode ser avaliada pela *elasticidade-preço da procura*:

$$\varepsilon = \frac{\frac{\Delta q}{q}}{\frac{\Delta p}{p}}, ou, \varepsilon^o = \frac{\Delta q}{\Delta p}, ou\ ainda, \varepsilon' = \frac{\frac{\Delta q_i}{q_i}}{\frac{\Delta Q}{Q}},$$

em que Δq_i, são as quantidades vendidas pela empresa i, e que exprime a capacidade da empresa conquistar ou manter a sua quota de mercado.

As elasticidades, por seu turno, estão relacionadas com a forma como se comporta o mercado e, então, podemos ter:

$$\frac{V_x \rightarrow Vendas\ para\ o\ mercado\ externo}{\Sigma M \rightarrow Importações\ desse\ mercado} \Rightarrow \frac{\frac{\Delta V_x}{V_x}}{\frac{\Delta \Sigma M}{\Sigma M}} = \frac{\frac{V_{t+1}x - V_t x}{V_t x}}{\frac{\Sigma_{t+1}M - \Sigma_t M}{\Sigma_t M}},$$

equação (geral) que avalia a forma como a empresa reagiu às flutuações do mercado num dado período.

4.3 – EFICÁCIA GLOBAL

4.3.1 – EFICÁCIA COMERCIAL

De uma forma simplificada poderíamos dizer que a competitividade de uma empresa industrial é a capacidade de conquistar novos mercados e de manter ou reforçar essa quota conquistada. Ou seja, esta capacidade comercial envolve dois sub-conceitos: a capacidade de conquistar mercados e a capacidade de manter ou reforçar essa conquista de forma lucrativa.

A.1. Capacidade de conquistar quotas de mercado

Para avaliar a capacidade de conquista, utiliza-se normalmente a parte (ou quota) de mercado que pode ser calculada para o mesmo produto numa moeda comum sendo, porém, mais expressiva quando calculada em volume.

a) *Mercado externo: parte (quota) de mercado das exportações num determinado mercado internacional.*

Neste indicador, comparam-se as exportações do produto j (VX_j) pela empresa para um dado mercado internacional com as importações totais do produto j (M_j) desse mercado internacional:

$$PX_j = \frac{VX_j}{\sum_j M_j}.$$

em que VX_j são as vendas no mercado externo e M_j as importações,

A empresa melhora a sua eficácia em relação ao produto j, caso PX_j aumente de t para $t+1$.

b) *Mercado interno: parte (quota) de mercado da empresa no mercado interno*

Neste indicador, comparam-se as vendas do produto i (VD_i) pela empresa para o mercado interno (D_i):

$$PD_i = \frac{VD_i}{D_i},$$

sendo VD_i as vendas no mercado interno, D_i a procura (consumo aparente).

O mercado interno, por seu turno, é medido por:

$$D_i = (Y_i + M_i - X_i),$$

onde:

Y_i – é a produção do produto i no país,
X_i – são as exportações totais do produto i do país, e,
M_i – são as importações totais do produto i do país.

A empresa melhora a sua competitividade no mercado interno em relação ao produto i, caso haja um incremento da parte das vendas desse produto no mercado interno.

A.2. Capacidade de manter um mercado conquistado: conceito de elasticidade

A capacidade de manter um mercado conquistado pode ser medida por uma elasticidade que avalia a resposta da empresa à variação da procura nesse mercado.

Quando a elasticidade for superior à unidade, existe uma resposta positiva. Igual à unidade representa pelo menos a manutenção da quota.

DECISÃO DE INVESTIR

a) *Mercado externo*

Elasticidade das exportações *(EX$_i$)* em relação à procura mundial:

$$EX_i = \frac{\dfrac{\delta VX_i}{VX_i}}{\dfrac{\delta \sum_i M_i}{\sum_i M_i}}.$$

b) *Mercado interno*

Elasticidade das vendas em relação à procura interna:

$$ED_i = \frac{\dfrac{\delta VD_i}{VD_i}}{\dfrac{\delta D_i}{D_i}}.$$

4.3.2 – EFICÁCIA ECONÓMICA

No âmbito da eficácia industrial, a *taxa de lucro* tem sido entendida como a medida mais abrangente para se identificar com o resultado global da atividade industrial em virtude de:

i) ser um indicador sintético do nível de resultados da empresa,

ii) consistir num indicador essencial de afetação de recursos, e,

iii) representar o rendimento dominante de uma atividade.

No entanto, como uma medida de *eficácia económica* pode oferecer limitações se representar apenas a remuneração de um único fator (nomeadamente, o capital); a formulação dos indicadores que a medem, e a informação utilizada, exigem um cuidado especial no estudo deste nível de eficácia.

B.1. Rendibilidade

Podemos definir rendibilidade como o (a taxa do) rendimento obtido por um investimento num dado período de tempo, sendo a sua avaliação realizada normalmente por uma taxa calculada pela relação entre o rendimento obtido no período e o custo dos meios utilizados para o produzir.

Notação que terá que ser utilizada com algum cuidado, porquanto, como sabemos, a rendibilidade esperada dum investimento é incerta, isto é, há o risco de se não concretizar ou ainda de se verificar uma rendibilidade negativa, caso em que se constata um decréscimo nominal dos capitais investidos.

Trata-se, neste âmbito, de avaliar tão somente diferentes relações de variáveis consideradas, sendo o numerador sempre constituído pelo *resultado* da empresa.

a) *Rendibilidade dos capitais próprios*

A rendibilidade (potencial) dos capitais próprios, *ROE (return on equity)*, é gerada a partir do rendimento das operações, tendo em conta o rendimento derivado das atividades financeiras, e é normalmente medida pela relação entre os resultados *(R)* e os capitais próprios *(CP)*:

$$ROE = \frac{R}{CP}.$$

Mais concretamente, poder-se-ia utilizar os dividendos *(D)*, em vez dos lucros, verdadeira expressão da remuneração do capital próprio:

$$ROE = \frac{D}{CP}.$$

No entanto, admitindo que o diferencial entre o lucro e os dividendos se mantém na empresa, reforçando o capital próprio, também se aceita a primeira formulação.

b) *Rendibilidade do investimento*

A rendibilidade do investimento, *ROI (return on investment)* – ou a rendibilidade do ativo, enquanto medida do investimento acumulado: *ROA (return on assets)* – mede a remuneração da totalidade dos capitais investidos, próprios e alheios:

$$ROI = \frac{R + J}{Investimento}.$$

Os resultados *(R)*, constituem a remuneração do capital próprio, como vimos, enquanto que os juros de financiamento *(J)* representam a remuneração dos capitais alheios (empréstimos).

Nas empresas já existentes, o investimento identifica-se com o investimento acumulado líquido, ou seja, com o ativo líquido *(AL)*:

$$ROA = \frac{R + J}{AL} \cdot$$

Esta medida de rendibilidade, mais global, é a utilizada para representar a medida de base da eficácia económica e financeira.

c) *Rendibilidade das vendas*
A rendibilidade das vendas, *ROS (return on sales)*, mede a remuneração dos fatores totais utilizados para produzir e vender:

$$ROS = \frac{R}{V} \cdot$$

Neste caso, o numerador seria mais rigoroso se fosse constituído pelos *resultados operacionais* (margem operacional em sentido económico).

B.2. *Produtividade económica*

Tal como as medidas de rendibilidade, as medidas de produtividade estabelecem relações ou diferenças entre os resultados (*outputs*) e os meios utilizados (*inputs*).

Importa, neste particular, não confundir este resultado com a noção de rendimento (técnico) que está circunscrito ao ciclo físico da produção no qual os produtos intermédios, o trabalho e o capital (investimento), entram em combinação para um dado produto.

Das medidas mais utilizadas, podem destacar-se:

a) *Rendimento do trabalho*
Este indicador compara o número de unidades produzidas com o trabalho (medido em horas de trabalho efetivo):

$$Rendimento\ do\ trabalho = \frac{Produção\ física}{Horas\ de\ trabalho} \cdot$$

b) *Taxa de produtividade*
Nesta medida, relaciona-se a produção em valor *(VBP)* com o emprego fabril:

$$Taxa\ de\ produtividade = \frac{VBP}{Operários} \cdot$$

c) *Produtividade aparente do trabalho*

Esta medida relaciona o valor do produto industrial *(ou VAB)* e o volume de trabalho (medido em número de efetivos):

$$Produtividade\ aparente\ do\ trabalho = \frac{VAB}{Emprego} \cdot$$

d) *Produtividade aparente do capital*

Compara-se, neste indicador, o valor do produto industrial ou *(VAB)* com o volume de capital investido:

$$Produtividade\ aparente\ do\ capital = \frac{VAB}{Capital} \cdot$$

O inverso deste indicador assume a denominação de *Coeficiente Capital/ Produto*, muito utilizada.

e) *Taxa de rendimento económico, taxa de margem e coeficiente de capital*

A taxa de rendimento económico *(TRE)* é igual à relação do excedente bruto da produção *(EBE)* pelo investimento (ou ativo líquido):

$$TRE = \frac{EBE}{Capital\ (Investimento\ ou\ Ativo\ Líquido)} \cdot$$

A sua relação com o *stock* de capital (entenda-se, capital acumulado, ativo líquido ou investimento acumulado) dá-nos o rendimento do capital produtivo.

Poder-se-ia representar, ainda, da seguinte forma:

$$TRE = Taxa\ de\ margem \times Coeficiente\ de\ Capital,$$

entendendo-se por

$$Taxa\ de\ margem = \frac{EBE}{VAB},$$

e,

$$Coeficiente\ de\ Capital = \frac{VAB}{Capital} \cdot$$

f) *Grau de transformação*

O grau de transformação (ou de laboração) – ou de geração de riqueza *(GL)* – mede a percentagem de valor acrescentado *(VAB)* na empresa em relação ao valor do produto final. Assim, teremos:

$$GL = \frac{VAB}{VBP}.$$

O *VAB*, relembremos, é uma medida de riqueza. O valor *GL*, enunciado na proposição acima, constituirá por isso uma medida de integração vertical avaliando o grau de geração de riqueza, de valor criado.

B.3. *Rotações dos ativos*

As rotações dos ativos comparam o nível de vendas com os vários elementos do ativo (ativo circulante, ativo fixo e o próprio ativo total), medindo a eficácia de realização produtiva do investimento.

As medidas de rotação (do ativo, de inventários, etc.) devem essa designação ao facto de associarem variáveis económicas com variáveis financeiras, representando o número de vezes que, ao longo de um exercício económico, os *bens* componentes do ativo foram *utilizados* pela organização. Na verdade, cada componente do ativo reflete a capacidade de gerar um certo nível da capacidade produtiva ou de riqueza.

A produção realizada reflete, assim, o grau de exploração *(GE)* dessa capacidade produtiva (rotação):

$$GE = \frac{VBP}{Capacidade\ produtiva}.$$

As vendas, por sua vez, representam a capacidade comercial de se colocar no mercado o que se produz.

4.3.3 – EFICÁCIA FINANCEIRA

Qualquer investimento industrial exige uma estrutura de financiamento adequada, a partir de uma relação equilibrada entre o capital próprio e o alheio, e da existência de um fundo de maneio necessário.

II · A DECISÃO DE INVESTIR NA ÓTICA EMPRESARIAL

Sem entrar em considerações demasiado aprofundadas, aliás desenvolvidas noutra parte do livro, pode-se dizer que o equilíbrio da estrutura financeira assenta numa dimensão (proporção) adequada dos capitais próprios e na existência de um fundo de maneio adequado às exigências da atividade produtiva e comercial, o que significa, também, um nível de capitais permanentes igualmente adequado.

Duma forma mais simples, o equilíbrio financeiro pode ser aferido por um conjunto de rácios como vamos ver em seguida.

C.1. Cobertura do ativo por capitais próprios e alavanca financeira

Uma medida muito utilizada é a cobertura do ativo (líquido) total *(AL)* pelos capitais próprios *(CP)*, também designada por solvabilidade ou por autonomia financeira *(AF)*:

$$AF = \frac{CP}{AL}.$$

Representa o estado de solvência da organização e está associada a uma medida básica – os capitais próprios *(CP)*:

$$\frac{CP}{Passivo} \quad ou \quad \frac{CP}{Activo}.$$

Noção básica é a de que a otimização do resultado da organização empresarial é função da sua autonomia financeira:

$$\text{Ótimo } \pi = f(AF, R_A),$$

em que R_A é a rendibilidade do ativo *(ROA)*:

$$ROA = \frac{\text{Remuneração dos Capitais Próprios } \left(\frac{CP}{A}\right)}{Ativo} + \frac{\text{Remuneração dos Capitais Alheios } \left(\frac{CA}{A}\right)}{Ativo}.$$

A *rendibilidade global* é, assim, o somatório dos rendimentos obtidos pelos dois tipos de capitais colocados à disposição da empresa.

DECISÃO DE INVESTIR

C.2. Fundo de maneio

a) *Fundo de maneio relativo, excedente financeiro e liquidez geral*

Entre as várias medidas utilizadas, neste âmbito, salienta-se a que mede a relação entre os capitais permanentes – capitais próprios mais os alheios de médio e longo prazo – e o ativo fixo (líquido), a qual se denomina por fundo de maneio e, por vezes, de excedente financeiro *(EF)*:

$$EF = \frac{Capitais\ permanentes}{Activo\ fixo\ (líquido)}.$$

Se *EF* > 1, então, existe fundo de maneio.

O fundo de maneio poderia também ser determinado comparando o capital circulante com o passivo de curto prazo. É o que se denomina por liquidez geral *(LG)*:

$$LG = \frac{Capital\ circulante}{Passivo\ de\ curto\ prazo}.$$

Se *LG* > 1, então, existe fundo de maneio.

Graficamente, a liquidez geral (fundo de maneio) pode ser representada como segue *(Figura 35)*:

Figura 35 – **Liquidez geral**

ATIVO FIXO – tem a ver com o investimento da empresa	CAPITAIS PRÓPRIOS	Capitais Permanentes
	PASSIVO DE MÉDIO E LONGO PRAZO – tem a ver com investimento da empresa	
ATIVO CIRCULANTE – tem a ver o funcionamento da empresa	FM	
	PASSIVO DE CURTO PRAZO – tem a ver com o funcionamento da empresa	

b) *Fundo de maneio absoluto, necessidades de fundo de maneio e taxa de fundo de maneio*

Em termos absolutos, o fundo de maneio real *(FMR)* é igual à diferença entre o capital circulante *(CC)* e o passivo de curto prazo *(Dcp)*:

$$FMR = CC - Dcp.$$

A relação entre o fundo de maneio real *(FMR)* e as necessidades de fundo de maneio *(NFM)* denomina-se taxa de fundo de maneio – que deve ser sempre superior à unidade – e avalia a adequabilidade do fundo de maneio necessário existente na empresa:

$$TFM = \frac{FMR}{NFM}.$$

Sabendo-se que o fundo de maneio será necessário para garantir (pelo menos) um ciclo de produção e vendas completo, então, pode aferir-se da importância da determinação desta medida de natureza financeira.

Sendo certo que todos os indicadores devem explicar-se mutuamente, então, podemos e devemos escolher sempre, nas tarefas de análise da eficácia empresarial, pares de indicadores em cada nível, um de ótica financeira e outro de ótica económica. Como, por exemplo, o esquema que segue para os fatores indutores de melhoria da rendibilidade do investimento :

- Variáveis de ordem económica:
  - □ Componentes de custos fixos e gastos variáveis,
  - □ Composição dos produtos,
  - □ Estrutura de clientes,
  - □ Rendimento dos consumos intermédios,
  - □ Produtividades económicas,
  - □ Adequação dos ativos humanos.
- Variáveis de ordem financeira:
  - □ Componentes do investimento (capital fixo e capital circulante),
  - □ Organização da exploração,
  - □ Estrutura de financiamento (capital próprio e capital alheio e capitais permanentes).

4.3.4 – INTEGRAÇÃO DOS VÁRIOS NÍVEIS DE EFICÁCIA

a) *Abordagem a partir da rendibilidade dos capitais próprios*
O que poderá ser substanciado pela análise da rendibilidade dos capitais próprios e do desdobramento do respetivo rácio (designada de análise *Dupont*).

A rendibilidade dos capitais próprios pode ser determinada pelo rácio:

$$R_{CP} = \frac{Resultado\ líquido}{Capitais\ próprios}.$$

Do desdobramento deste rácio, com o objetivo de enriquecer a análise e interpretação da informação que pode obter-se pelos diferentes rácios em separado, e desenvolvendo o *resultado líquido* nos seus componentes, virá:

$$R_{CP} = \underbrace{\left[\frac{RAEFI}{Vendas} \times \frac{Vendas}{Ativo}\right]}_{\substack{Política\ de \\ investimento}} \times \underbrace{\left[\frac{Ativo}{CP} \times \frac{RAI}{RAEFI}\right]}_{\substack{Política\ de \\ financiamento}} \times \underbrace{\frac{RL}{RAI}}_{\substack{Efeito \\ fiscal}}.$$

Refletindo esta expressão o impacte conjugado das políticas de investimento e de financiamento e do efeito fiscal nos resultados líquidos, sendo,

R_{CP} – rendibilidade dos capitais próprios,
RAEFI ou *RAJI* – resultados antes de encargos financeiros e impostos,
CP – capitais próprios,
RAI – resultados antes de impostos, e,
RL – resultados líquidos,

permitindo apreciar o efeito que a variação de cada um dos rácios produz nos restantes.

A combinação de quatro elementos – resultados, vendas, ativos e capitais próprios – organizados em três rácios inter-relacionados conduz-nos ao montante do resultado gerado por cada unidade monetária de capitais próprios, que constitui justamente o *ROE* (*Aeca*, 2010):

i) a margem de lucro mede o montante de resultado gerado por cada unidade monetária de vendas,

ii) a rotação dos ativos quantifica o montante das vendas geradas por cada unidade monetária de ativos, e,

iii) o rácio de endividamento avalia o montante dos ativos por cada unidade monetária de capitais próprios.

Com a análise da política de investimento pretende-se discriminar a rendibilidade obtida com o total do ativo (com o investimento total), independentemente da forma de financiamento adotada e que é determinada pela margem das vendas realizadas pela empresa e pela rotação do ativo, isto é, pelo nível de utilização do ativo.

A política de financiamento permite evidenciar o impacte que esta política (de financiamento) seguida pela empresa teve na rendibilidade dos capitais próprios e que é resultante do grau de endividamento da empresa e do peso dos custos financeiros nos resultados.

b) *Abordagem a partir da rendibilidade do ativo*

Afirmou-se atrás que a rendibilidade do ativo, devido à sua abrangência, era utilizada para representar a medida de base da eficácia global da empresa. Na verdade, a partir dela, poderíamos, sucessivamente, desdobrar ramos ou famílias de fatores ou indicadores que determinam ou explicam, de forma também sucessiva, os de nível anterior.

Por exemplo, os contributos da eficácia produtiva – produção gerada pelos ativos investidos em determinadas condições de custo unitário – e da eficácia comercial, enquanto capacidade de vender a produção obtida pelo investimento a preços capazes de gerar margens adequadas, podem ser aferidos pela seguinte proposição:

$$ROA = \frac{V}{AL} \times \frac{R+J}{V}\,.$$

De uma forma simplificada, e a partir desta primeira relação, teremos:

$$ROA = \frac{R+J}{AL}\,,$$

em que se procurou desenvolver um esquema do tipo *Dupont de Nemours*, que inter-relacionasse os elementos da análise económica e financeira da empresa, incluindo o efeito comercial.

Assim, numa primeira instância, caso se pretenda identificar os fatores que poderão melhorar a rendibilidade do investimento *(ROA)*, começaremos por explicar este indicador de eficácia pela capacidade de, a partir do investimento, a empresa gerar um determinado nível de (produção e de) vendas – rotação do ativo – e pela capacidade de, a partir das vendas, a empresa gerar margens económicas globais, ou seja, independentes do pagamento de juros ao capital alheio: $[(r+j)/v]$.

DECISÃO DE INVESTIR

Teríamos, pois, essencialmente, duas famílias de fatores: a económica e a financeira. A ligá-las, teremos o elemento comercial associado às vendas.

Na família económica, procura-se, sucessivamente, encontrar nos componentes dos gastos (fixos e variáveis), na composição dos produtos, na estrutura da clientela, no rendimento dos consumos intermédios, nas produtividades económicas ou na adequação dos ativos humanos, um primeiro espaço de manobra para melhorar a eficácia da empresa.

Na família financeira, procura-se, sucessivamente, encontrar nos componentes do investimento (capital fixo e circulante) e na organização da sua exploração, por um lado, e na estrutura de financiamento (capital próprio e alheio e capitais permanentes), por outro, um segundo espaço de manobra para melhorar a eficácia da empresa.

No espaço de ligação, controlam-se as quotas e as variações, as rotações dos elementos do ativo e os respectivos mercados.

Teremos, assim, de forma sintética, um esquema do tipo *(Quadro 7)* conforme consta da página seguinte.

No final deste capítulo propor-se-á um exercício prático (12) de aplicação e consolidação de toda esta temática, que tomará por base um conjunto de dados técnicos e contabilísticos, na base de uma Demonstração dos resultados e um Balanço [com uma arrumação sintética (exemplificativa)], determinando as variáveis consideradas relevantes para a análise da eficácia económico-financeira, inclusive os factores de escala discutidos anteriormente. Para a sua resolução propõe-se desde já um esquema geral (Quadro 8) como o constante da segunda página seguinte.

II · A DECISÃO DE INVESTIR NA ÓTICA EMPRESARIAL

Quadro 7 – **Modelo geral de análise empresarial**

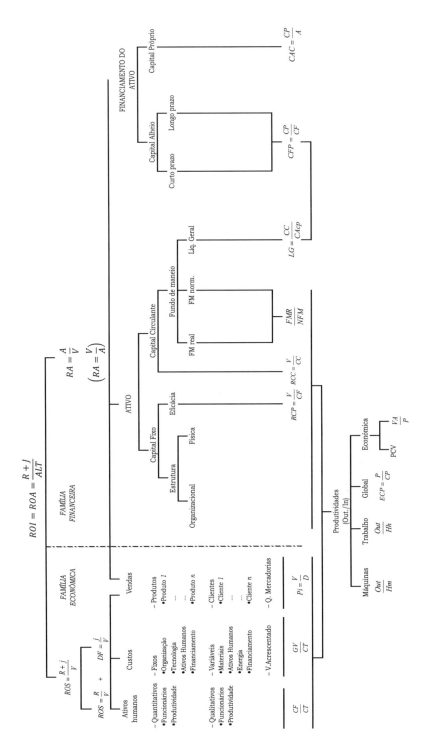

DECISÃO DE INVESTIR

Qua dro 8 – Eficácia económica e financeira

Rubrica	Cálculo	Ano n	Ano n+1	Variação
Valor bruto da produção	(VBP=TF+VInv)			
Valor acrescentado bruto	(VAB=Id+GP+GDA+Pp+J+RAI)			
Excedente bruto de exploração	(EBE=VAB-GP)			
Margem bruta de autofinanciamento	(MBA=RL+GDA+Pp)			
Custos fixos	(CF=0,3×FSE+Id+GP+OGO+GDA+Ji)			
Gastos variáveis	(GV=CMP+0,7×FSE+Ii +Pp+Je)			
Ponto crítico das vendas	[PCE=(V×CF)/(V-GV)]			
Ativo	(AT)			
Capital fixo	(AF=AFP+AFTc+PD-Dep-Aac+FObt)			
Capital circulante	(AC=AT-AF)			
Exigível de curto prazo	(ECP=DTcp+Dif)			
Capitais permanentes	(CPe =CP+FObt)			
Capitais próprios	(CP)			
Valores relativos:				
Quota de exportações	(PXi=VXi/Mi)			
Elasticidade das exportações	[ε=(ΔVXi /VXi)/(ΔMi /Mi)]			
Quota de mercado interno	(Pdi=VDi/Di)			
Elasticidade das vendas no mercado interno	[ε=(ΔVDi /VDi)/(ΔDi /Di)]			
Exportações/vendas	(IX=VXi /TF)			
Rotação do ativo total	(RAT=Vv/AT)			
Rotação do ativo fixo	(RAF=Vv/AF)			
Rotação do ativo circulante	(RAC=Vv/CC)			
Rendibilidade (potencial) dos capitais próprios	(ROE=RL/CP)			
Rendibilidade do investimento	(ROA=ROI=(RL+J)/AL			
Rendibilidade das vendas	(ROS=RL/FT)			
Margem de segurança	MS=(FT/PCE)-1			
Produtividades económicas:				
Rendimento do trabalho	[Prod(Q)/Trab(h)]			
Produtividade aparente do trabalho	(VAB/Trab)			
Produtividade aparente do capital	(VAB/Invest)			
Produtividade aparente do consumo interno	(VAB/Cons. Int.)			
Taxa de rendimento económico	(EBE/Capit.)			
Taxa de margem	(EBE/VAB)			
Coeficiente de capital	(Capit./VAB)			
Grau de exploração (*)	(Prod./Cap. Prod.)			
Grau de transformação	(VAB/Prod.)			
(*) Pode ser uma medida de integração vertical				

236

II · A DECISÃO DE INVESTIR NA ÓTICA EMPRESARIAL

Quadro 8 – **Eficácia económica e financeira** *(continuação)*

Prazo médio de recebimento	(PMR = Ccp/Vv × 12)			
Prazo médio de pagamento	(PMP = DFor/CMP × 12)			
Inventário de matérias-primas	[RMP = (IMP/CMP) × 12]			
Inventário de produtos acabados	[RPA=(IPA/Vv)×12]			
Autonomia financeira	(CP/AL)			
Autonomia normativa	[AFN=(ROA-j)/(ROE-k)]			
Fundo de maneio real	(FMR=AC-Dcp)			
Necessidades de fundo de maneio	[NFM=(FT/12×PMR+Vv/12×RPA+CMP /12×RMP-Ccp/12 × PMP) × 1,05]			
Taxa de fundo de maneio	(TFM=FMR/NFM)			
Excedente financeiro	(EF=CPe /AF)			
Liquidez geral	(LG=AC/Ecp)			
Investimento (acumulado)	(IA=AT+De p+Aac)			
Fatores de escala:				
Investimento (acumulado)	[SI=ln(IAn+1 /IAn)/ln(Qn+1 /Qn)]			
Custos totais	[SCT=ln(CTn+1 /CTn)/ln(Qn+1 /Qn)]			
Custo do trabalho	[SL=ln(GPn+1 /GPn)/ln(Qn+1 /Qn)]			
Custo das matérias-primas	[SMP=ln(CMPn+1 /CMPn)/ln(Qn+1 / Qn)]			
Gastos de energia e fluidos	[SE&F=ln(E&Fn+1 /E&Fn)/ln(Qn+1 /Qn)]			
Gastos de fornecimento e serviços externos	[SFSE=ln(FSEn+1 /FSEn)/ln(Qn+1 /Qn)]			
Custo médio total	(CTM=CMT=CT/Q)			

4.4 – A COMPETITIVIDADE DA EMPRESA – A MEDIDA GLOBAL

No âmbito da análise da eficácia da empresa não poderíamos deixar de abordar um conceito integrador que é o da competitividade. Não é um conceito pacífico, podendo assumir diversas vertentes consoante os autores.

Uma questão que pode inspirar abordagens diferentes é a de se tratar o conceito de competitividade associado a empresas ou a agregados económicos, sejam países ou regiões.

Importa notar que o conceito de competitividade está associado ao conceito de capacidade de resposta às oportunidades ou ameaças do mercado global.

A competitividade no sentido empresarial tem muito a ver com a noção de potencial estratégico já referido, isto é, a capacidade de resposta da empresa ao mercado, leia-se, concorrentes, clientes e financiadores.

DECISÃO DE INVESTIR

Ter potencial estratégico é ter capacidade competitiva, no conceito de *Porter*, ou seja, ser competitivo, reunir condições de competitividade. Capacidade para oferecer produtos ao preço, qualidade, prazo e serviço, solicitados pelo mercado, de forma lucrativa, e que permita ganhar, manter e até aumentar a quota de mercado.

Para *Mira Amaral* (2009), a competitividade é, no fundo, a capacidade de as empresas produzirem bens e serviços, numa base sustentável, de forma mais eficiente que as suas competidoras, quer em termos dos fatores preço, quer dos não-preço (fatores de ordem qualitativa).

A competitividade de um país representa, da mesma forma, uma capacidade de resposta, perante outros países ou regiões. Distingue-se, também, da competitividade empresarial por as suas determinantes serem mais abrangentes, incluindo a própria competitividade das empresas desse país ou região.

Porter dizia que são as empresas que competem e não "as nações". Mas a verdade é que a competitividade de cada empresa depende da competitividade do país e de si própria.

É por isso importante, na avaliação da competitividade de uma empresa, avaliar-se paralelamente a competitividade do país ou região em que se insere. A localização do investimento estrangeiro é normalmente função da avaliação desse nível competitivo.

Mateus et al. (1995) defendem também uma visão plural de competitividade assumindo que a mesma constitui uma variável pluridimensional resultante de processos económicos, sociais e políticos complexos, não podendo ser retratada por indicadores simplificados.

As variáveis pluridimensionais dividem-se, segundo aquele autor, em duas ordens: as de "custo", ou seja, os preços dos *inputs* e as condições de utilização dos fatores produtivos (trabalho, produtividade, financiamento, tecnologia, *design*, qualidade, etc.); e as de "não-custo", ou seja os impactes das políticas públicas (infraestruturas, ciência e tecnologia e educação e formação) e a iniciativa e interação empresarial (qualidade, flexibilidade, diferenciação e inserção em redes).

Mira Amaral (2009) refere mesmo que para medir a competitividade recorre-se a vários indicadores de desempenho, sendo o mais importante a produtividade. Aliás, refere mesmo que, muitas vezes, as discussões sobre competitividade de um país acabam por se reduzir à discussão sobre a produtividade, a qual é função de diversas outras variáveis como a organização, a tecnologia e a motivação.

II · A DECISÃO DE INVESTIR NA ÓTICA EMPRESARIAL

Por sua vez, o *World Economic Forum* (2011), define competitividade de um país como o conjunto de *instituições, políticas e fatores que determinam o nível de produtividade desse país.*

Na verdade, o nível de produtividade determina também a rendibilidade dos investimentos de uma economia, a qual é o motor fundamental das suas taxas de crescimento e da sua *prosperidade.*

Para medir a competitividade, o *World Economic Forum (WEF)* constrói, desde 2005, um índice composto – que denomina de *Global Competition Index (GCI)* – que envolveu, em 2011, mais de cem indicadores individuais (qualitativos e quantitativos). Os indicadores em causa são distribuídos pelos seguintes doze *Pilares da Competitividade*:

- Instituições: representa o quadro legal e institucional em que cidadãos, empresas e Estado se relacionam, gerando confiança no investidor;
- Infraestrutura: importante fator de localização da atividade económica e de atração do investimento, gerando a dimensão virtual nas *PME*[31];
- Ambiente macroeconómico: importante para o próprio ambiente de negócios e, por isso, para a competitividade do país;
- Saúde e educação básica: um sistema de educação orientado para as necessidades do seu sistema produtivo é decisivo para a produtividade;
- Educação superior e formação: preparam os trabalhadores para as mudanças de produtos, mercado e modelos de negócio;
- Eficiência do mercado de bens e serviços: necessária para viabilizar o *mix* adequado de produtos e serviços, satisfazendo a procura;
- Eficiência do mercado do trabalho: é um fator crítico para garantir a afetação dos trabalhadores à utilidade mais eficiente da economia;
- Desenvolvimento do mercado financeiro: um eficiente setor financeiro afeta a poupança nacional às aplicações mais produtivas/rendíveis;
- Disponibilidade tecnológica: facilita as melhores opções produtivas, em termos de produtividade, convertibilidade e de intercomunicabilidade;

---

[31] O conceito de dimensão virtual pode ser aprofundada no *Anexo (5)*.

- Dimensão do mercado: afeta a produtividade já que mercados mais amplos permitem melhor exploração de economias de escala;
- Práticas avançadas do negócio: as práticas avançadas de negócio conduzem a uma maior eficiência na produção de bens e serviços;
- Inovação: rendimentos elevados, qualidade e produtividade são essencialmente garantidos através de inovação tecnológica.

A *Figura 36* seguinte sintetiza a estrutura de composição do *GCI*:

Figura 36 – Estrutura Global *Competitiveness Index* (2011)

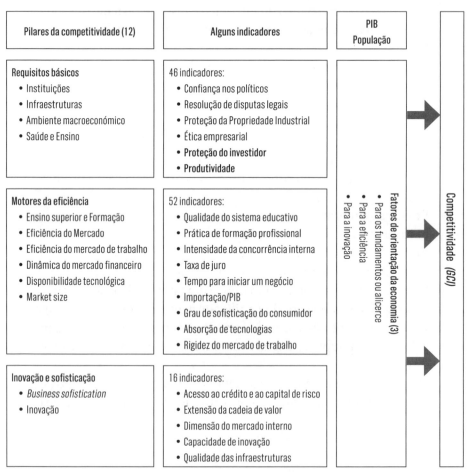

Fonte: *World Economic Forum* (2011) e elaboração própria.

Em 2011, Portugal estava classificado em 45.º lugar no *ranking* da competitividade (subindo uma posição relativamente ao relatório anterior), com 4,40 (num máximo de 7 pontos, ou seja, a cerca de 63% do valor máximo). Em primeiro lugar estava a Suíça com 5,75 pontos. Outras classificações foram: EUA em 5.º (5,43), Alemanha em 6.º (5,41), Reino Unido em 10.º (5,39), França em 18.º (5,14), China em 26.º (4,90), Espanha em 36.º (4,54), Itália em 44.º (4,43), Brasil em 53.º (4,32), Índia em 56.º (3,30), Grécia em 90.º (3,92), Moçambique em 133.º (3,32) e Angola em 139.º (2,96). O Chade estava em último lugar, 142.º, com 2,87 pontos.

Finalmente importa referir que as políticas públicas são decisivas na competitividade dos países, enquanto a capacidade competitiva das empresas depende, sobretudo, da sua estratégia de investimento, como vimos.

4.5 – DECISÃO EM AMBIENTE DE RISCO E INCERTEZA

A decisão sob risco e incerteza deverá ter em conta todos os critérios considerados importantes para a mesma, sejam de ordem quantitativa ou qualitativa, de nível objetivo ou subjetivo. O importante é serem considerados relevantes para a decisão.

Um método prático para integrar todos esses critérios num modelo de decisão é o recurso à análise multi-critério, que exige uma posição crítica sobre a importância relativa de cada um dos critérios (peso de cada uma numa média ponderada das classificações respetivas), integrando todas as variáveis de decisão num único modelo.

O critério exige, também, uma unidade de valor comum capaz de ser submetida a uma média ponderada; a posição relativa de cada critério (de ordem decrescente, por exemplo), é uma forma simplificada de resolver a questão. Um modelo que poderá ser seguido é que mostra o *Quadro 9* seguinte:

DECISÃO DE INVESTIR

Quadro 9 – **Critérios de avaliação multicritério**

Projeto	Critérios de avaliação multicritério													
	Económicos				Financeiros				Risco				VMC	
	VLA		...		VA		...		R1		...			
	Valor	*Rank*	Valor	*Rank*	Valor	*Rank*	Valor	*Rank*	Valor	*Rank*	Valor	*Rank*	Valor	*Rank*
P1														
P2														
...														
Pn														
Ponderador	...%		...%		...%		...%		...%		...%		...%	

Um pequeno *exemplo de aplicação (20)*, permitirá uma melhor compreensão sobre esta temática:

~~~~~~

Exemplo de aplicação (20):

Considerando a informação (quadro abaixo) relativa a três projetos de investimento – A, B e C – de igual valor e equivalente período de vida útil, proponha a seleção de um deles.

Projeto	IRP		PRC		TIR		Objetivos		Q1		Q2		Q3		VA		VLA	
	V	R	V	R	V	R	V	R	V	R	V	R	V	R	V	R	V	R
A	0,16		6		0,17		Principais		333		Forte		Forte		111		345	
B	0,14		7		0,14		Alt. Cump.		255		Fraca		Fraca		56		297	
C	0,19		9		0,11		Cumpridos		311		Média		Média		76		401	

Sendo:

Q1 e Q2, os critérios qualitativos:
    Q1, a esperança matemática do VLA em função de vários pressupostos,
    Q2, a possibilidade de acréscimo de concorrência (não identificável),
Q3, as perspectivas de mercado,
V, o valor ou caracterização qualitativa,
R, o *ranking*/ordenação de 1 (melhor) a 3 (pior), e,
P, a ponderação (entre 0% e 100%).

Resolução:
Poderemos construir o quadro que segue:

Projeto	Rendibilidade				Finaciamento		Risco								Objetivos gerais		Classificação global	
	VLA		TIR		VA		Q1		Q2		Q3		PRC					
	V	P	V	P	V	P	V	P	V	P	V	P	V	P	V	P	P	Classif.
A	345	2	0,17	3	111	3	333	3	Forte	1	Fraca	1	6	3	Principais	1	1,90	2º
B	297	1	0,14	2	56	1	255	2	Fraca	3	Média	2	7	3	Alt. Cump.	3	1,60	3º
C	401	3	0,11	1	76	2	311	1	Média	2	Forte	3	9	1	Cumpridos	2	2,50	1º
Pond.	0,50		0,00		0,20		0,00		0,00		0,00		0,00		0,30		1,00	
	0,50				0,20		0,00						0,30					

Neste caso, o projeto C seria o escolhido.

5 – EXERCÍCIOS SOBRE A AVALIAÇÃO NA ÓTICA EMPRESARIAL

Para melhor compreensão ou consolidação das temáticas estudadas nos últimos capítulos, segue-se um conjunto de exercícios de aplicação, cujas propostas de solução apresentadas serão objeto de discussão ainda que resumida.

Exercício 4: **Critérios de rendibilidade**

Retomemos os dados constantes do Exercício 1 e avalie a rendibilidade do projeto do investimento tratado, comparando-a, para efeitos de seleção, com as seguintes alternativas, sabendo que a empresa tem uma restrição orçamental de 320.000€ (relativo ao investimento global atualizado).

	Alternativa 1	Alternativa 2	Alternativa 3	Alternativa 4
Vida Útil	4	4	6	5
Custo de oportunidade	0,125	0,125	0,125	0,125
Investimento atualizado	275.000	225.000	202.030	335.771
VLA	222.454	229.872	290.777	348.676
TIR	31%	42%	39%	40%
PRC	3	4	3	3

DECISÃO DE INVESTIR

Resolução:
Calculemos, inicialmente, os valores atualizados dos *cash-flows* à taxa do custo de oportunidade (12,5%) e a uma outra taxa de referência, superior, para calcularmos a TIR de forma manual.
Assim:

	0	1	2	3	4	5	
5%	1,000	1,125	1,266	1,424	1,602	1,802	
10%	1,000	1,250	1,563	1,953	2,441	3,052	
Cash-flow atualizado a 5%	-250.000	26.311	105.687	93.944	146.091	18.729	140.762 VLA
Cash-flow atualizado a 10%	-250.000	23.680	85.606	68.485	95.850	11.059	34.681 VLA
Cash-flow atualizado acumulado a 5%	-250.000	-223.689	-118.002	-24.058	122.033	140.762	
Cash-flow atualizado acumulado a 10%	-250.000	-226.320	-140.714	-72.228	23.622	34.681	

Como vimos, o somatório dos *cash-flows* atualizados é igual ao VLA, sendo o VLA calculado em termos do custo de oportunidade de 140.762, isto é, o investimento apresenta uma rendibilidade superior ao do custo de oportunidade, sendo esse excesso naquele valor.

Calculemos o investimento inicial atualizado, necessário para calcular o IRP:

	0	1	2	3	4	5
Investimento atualizado	250.000	40.000	26.074		Somatório:	316.074

Estamos agora em condições de proceder ao cálculo ds restantes indicadores para podermos proceder à seleção dos projetos de investimento em causa:

	0	1	2	3	4	5
			Projecto	Alternativa 1	Alternativa 2	Alternativa 3
Período de análise	(anos)	=	6	4	4	6
Investimento atualizado	(12,50%)	=	316.074,07	275.000	225.000	202.030
$a_{\overline{j}|n}$	(12,50%)	=	4,054	3,006	3,006	4,054
VLA	(12,50%)	=	140.762	222.454	229.872	290.777
IRP	(12,50%)	=	45%	81%	102%	144%
Cash-flows anualizados	(12,50%)	=	30.865	74.012	76.480	71.729
		TIR=	30,7%	31%	42%	39%
PRC (12,5%)			3	3	4	3
PRC (12,55%) relativizado			0,50	0,75	1,00	0,50
					Risco elevado	Escolha

II · A DECISÃO DE INVESTIR NA ÓTICA EMPRESARIAL

A TIR apresentada no quadro foi obtida através de uma folha de cálculo, sendo por isso rigorosa. Calculemos agora de forma manual:

Cálculo manual da TIR		
TIR =	0,125	106.081
29,1%	0,166	140.762

Como se verifica, a TIR calculada de forma manual, considerando os valores de referência escolhidos, determina um valor próximo do calculado eletronicamente, apresentando um desvio de 1,6 pontos percentuais, não relevante no âmbito da decisão de investir.

~~~~~~

~~~~~~

Exercício 5: VA da decisão de financiamento

Suponhamos que pretende contrair um empréstimo para a aquisição de equipamento fabril de 175.000 €, à taxa de juro de 8% e reembolsável em 5 anos.
A taxa de imposto sobre o rendimento é de 25% e a taxa de atualização de 15%.

Determine:
O valor atual da decisão de financiamento.

Resolução:

Valor atual líquido da decisão de investimento						
k	A_{k-1}	R_k	J_k	$J_k(1-t)$	$R_k + J_k(1-t)$	$\dfrac{R_k + J_k(1-t)}{(1+r)^t}$	$J_k t$
1	175.000	35.000	14.000	10.500	45.500	39.565	3.500
2	140.000	35.000	11.200	8.400	43.400	32.817	2.800
3	105.000	35.000	8.400	6.300	41.300	27.155	2.100
4	70.000	35.000	5.600	4.200	39.200	22.413	1.400
5	35.000	35.000	2.800	2.100	37.100	<u>18.445</u>	700
						<u>140.395</u>	

A_0	175.000	
n	5	
j	0,08	$\text{VAL} = A_0 - \dfrac{R_K + J_K(1-t)}{(1+r)^K} = 34.605$
t	0,25	
r	0,15	

O VA da decisão de financiamento, à taxa considerada, será equivalente a 34.605 (175.000 – 140.395), "ganho" em razão do financiamento ponderado com capitais alheios.

~~~~~~

DECISÃO DE INVESTIR

Exercício 6: **VALA da decisão conjunta de investimento e de financiamento**

Suponhamos um empréstimo de 1.200*um*, correspondente a um investimento total de 1.600*um*, à taxa de juro de 15% e reembolsável em 10 anos. O *cash-flow* em cada um dos anos será: ano 1: -32, ano 2: 160, ano 3: 320, ano 4: 480, restantes: 640.
A taxa de imposto sobre o rendimento é de 25% e a taxa de atualização de 15%.

Determine:
O valor atual da decisão de investimento.

Resolução:

Seja:

CF_k, o *cash-flow* (se houver encargos financeiros, este valor não estabiliza);
D_n, a despesa de investimento residual (fundo de maneio);
I_k, o montante de amortização;
$D_n/(1+i)^n$, a atualização do valor residual.
A_{k-1}, o montante global do financiamento,
R_k, o reembolso no ano k,
J_k, o montante dos juros,
$J_k(1-t)$, parte dos juros que teriam sido considerados lucros se tivéssemos recorrido a capitais próprios.

O VA é aplicável se o só se a taxa de juro for igual à taxa de atualização (como é o caso do deste exemplo):

Valor atual líquido da decisão económica de investimento						
k	I_k	CF_k	D_k	$I_k/(1+i)^{k-1}$	$CF_k/(1+i)^k$	$D_n/(1+i)^n$
1	1.600	-32		1.600	-28	0
2		160		0	121	0
3		320		0	210	0
4		480		0	274	0
5		640		0	318	0
6		640		0	277	0
7		640		0	241	0
8		640		0	209	0
9		640		0	182	0
10		640	640	0	158	158
				1.600	1.963	158

$$VAL = \sum_{k=1}^{n} \left(\frac{CF_k}{(1+i)^k} - \frac{I_k}{(1+i)^k} \right) + \left(\frac{D_n}{(1+i)^n} \right) = (2.062 - 1.600 + 158) = 521$$

II · A DECISÃO DE INVESTIR NA ÓTICA EMPRESARIAL

VA da decisão de financiamento:

Valor atual líquido da decisão de financiamento						
k	A_{k-1}	R_k	J_k	$J_k(1-t)$	$R_k + J_k(1-t)$	$\dfrac{R_k + J_k(1-t)}{(1+r)^t}$	$J_k\,t/(1+r)$
1	1.200	120	180	135	255	222	39,1
2	1.080	120	162	122	242	183	30,6
3	960	120	144	108	228	150	23,7
4	840	120	126	95	215	123	18,0
5	720	120	108	81	201	100	13,4
6	600	120	90	68	188	81	9,7
7	480	120	72	54	174	65	6,8
8	360	120	54	41	161	52	4,4
9	240	120	36	27	147	42	2,6
10	120	120	18	14	134	33	1,1
						<u>1.051</u>	<u>149</u>

$$VA = A_0 - \sum_{k=1}^{n} \left(\frac{R_k + j_k(1-t)}{(1+r)^k} \right) = (1.200 - 1.051) = 149$$

$$VA = \sum_{k=1}^{n} \left(\frac{J_k \times t}{(1+r)^k} \right) = 149$$

$$VALA = VAL + VA = 521 + 149 = 670$$

Quer o VAL, quer o VALA, são significativos, logo, o investimento pode realizar-se nas condições admitidas.

~~~~~~

~~~~~~

Exercício 7: **Cálculo do VALA**

Consideremos um dado projeto cujo investimento se eleva a 450.000.000€, financiado em 70% por capitais alheios, por um período de 5 anos. O reembolso será constante ao longo do período considerado e a taxa de juro ascende a 7%.

O *cash-flow* gerado pelo projeto, se financiado exclusivamente por capitais próprios, será o seguinte:

Ano 0	Ano 1	Ano 2	Ano 3	Ano 4	Ano 5
(450.000)	80.325	94.575	112.478	132.172	190.659

DECISÃO DE INVESTIR

Sendo o custo de oportunidade do capital igual a 15% e a taxa de imposto sobre lucros de 25%,

Determine:
O ganho que a empresa irá obter por força da decisão quanto à estrutura de financiamento do projeto.

Resolução:

Ano:	0	1	2	3	4	5
Valor	-450.000	80.325	94.575	112.478	132.172	190.659
	-450.000	69.848	71.512	73.956	75.570	94.791
VAL @ 15%	-55.933	(Cálculo gerado pelo Excel, pressupondo prestação antecipada)				
VAL @ 15%	-64.323	(Cálculo manual, pressupondo prestação postcipada)				

(Note-se as diferenças entre as opções de cálculo do VAL[32], considerando a geração de *cash-flows* antecipada ou postcipada...)

O financiamento será, então, de 450.000 × 0,70 = 315.000m€.

Vamos agora calcular o serviço da dívida:

Serviço da dívida				
Anos	Capital em dívida no início do período	Juros	Reembolso	Total da prestação anual
1	315.000	22.050	63.000	85.050
2	252.000	17.640	63.000	80.640
3	189.000	13.230	63.000	76.230
4	126.000	8.820	63.000	71.820
5	63.000	4.410	63.000	67.410

---

[32] Na metodologia que vimos utilizando, acompanhando *Cebola*, 2009, é considerado como momento 0 (ou ano 0), o do ano em que se regista o primeiro fluxo de investimento, não sendo atualizados, pois, os valores desse momento, considerado como o *momento atual*. No entanto, a função VAL do Excel considera como *momento atual* o início do ano no qual se regista o primeiro fluxo de investimento, que é atualizado para esse momento como se a aplicação se registasse apenas no final do ano. Para haver correspondência entre estes dois métodos será necessário multiplicar o resultado obtido em Excel por (1 + i).

II · A DECISÃO DE INVESTIR NA ÓTICA EMPRESARIAL

A economia fiscal decorrente da afetação dos gastos financeiros ao projeto será, por sua vez:

Economia fiscal			
22.050	× 0,75	=	16.538
17.640	× 0,75	=	13.230
13.230	× 0,75	=	9.923
8.820	× 0,75	=	6.615
4.410	× 0,75	=	3.308

Sendo o custo efetivo calculado pela fórmula seguinte:

Custo efetivo do capital = juros (1 – tx. IRC),

os ganhos em termos de valor atual serão:

Anos	Reembolso	Custo efetivo	Total	Atualizado (15%)	Acumulado
1	63.000	16.538	79.538	69.163	69.163
2	63.000	13.230	76.230	57.641	126.804
3	63.000	9.923	72.923	47.948	174.752
4	63.000	6.615	69.615	39.803	214.554
5	63.000	3.308	66.308	32.967	247.521

O valor atual líquido proveniente do financiamento será, então, de:

315.000 – 247.521 = 67.479m€,

valor correspondente ao "ganho" que a empresa irá obter por força de haver financiado o projeto em 70% com capitais alheios.

Deste modo, o valor atual líquido ajustado (VALA) do projeto será:

Valor atual líquido (projeto financiado por capitais próprios) . . . . –64.323
Valor atual líquido (proveniente do financiamento do projeto em 70% por capitais alheios) 67.479
Valor atual líquido ajustado (projeto) . . . . 3.156.

Isto é, o projeto não era viável (rendível), em princípio, se fosse integralmente financiado por capitais próprios. Porém, pelo facto de vir a ser financiado em parte por capitais alheios (70%), as economias fiscais associadas implicam que o projeto se torne rendível, obtendo-se, então, um valor atual líquido ajustado (VALA) de 3.156m€.

DECISÃO DE INVESTIR

Exercício 8: Cálculo do VAL e do VALA com vários empréstimos

A empresa Beta pretende levar a cabo um investimento no total de 75.000.000€. Para o seu funcionamento, surgiram-lhe as seguintes alternativas (taxa de atualização de 12%):

1. Empréstimo bancário de 50.000.000€, à taxa de 8%, reembolsável em 5 anuidades iguais;
2. Crédito bancário bonificado, do mesmo valor, reembolsável em 5 anuidades iguais e vencendo juros às taxas de 5%, 6,5%, 8%, 9,5% e 11%, respectivamente, nos 1º, 2º, 3º, 4º e 5º. anos.

Determine:

a) Determine o efeito de cada alternativa na rendibilidade do projeto, sabendo-se que a taxa de imposto sobre os lucros é de 25%.
b) Se puder dispor de uma taxa de juro de 10%, diga se a empresa pode criar valor com a opção que selecionou.

Resolução:

Financiamento = 50.000 m€ (2/3 × 75.000).
A análise do valor atual (VALA) pressupõe ter em conta os benefícios fiscais e outros ganhos diferenciais (Δ taxas).

a) Vamos começar por elaborar os quadros de amortização do empréstimo:

A) Quadro de amortização do empréstimo

Anos	Capital em dívida no início do período	Amortização	Juros	Juros (1 - t)	Amortização + juros (1-t)
1	50.000	10.000	4.000	3.000	13.000
2	40.000	10.000	3.200	2.400	12.400
3	30.000	10.000	2.400	1.800	11.800
4	20.000	10.000	1.600	1.200	11.200
5	10.000	10.000	800	600	10.600

O respectivo valor atual será:

$$VA_A = 50.000 - \left(\frac{13.000}{1,12^1} + \frac{12.400}{1,12^2} + \frac{11.800}{1,12^3} + \frac{11.200}{1,12^4} + \frac{10.600}{1,12^5} \right) = 6.976.119.$$

B) Quadro de amortização do empréstimo

Anos	Capital em dívida no início do período	Amortização	Juros	Juros (1 - t)	Amortização + juros (1-t)
1	50.000	10.000	2.500	1.875	11.875
2	40.000	10.000	2.600	1.950	11.950
3	30.000	10.000	2.400	1.800	11.800
4	20.000	10.000	1.900	1.425	11.425
5	10.000	10.000	1.100	825	10.825

O respectivo valor atual será:

$$VA_B = 50.000 - \left(\frac{11.875}{1,12^1} + \frac{11.950}{1,12^2} + \frac{11.800}{1,12^3} + \frac{11.425}{1,12^4} + \frac{10.825}{1,12^5}\right) = 8.068,658.$$

O valor atual da opção B é superior, logo, será esta a opção a selecionar.

b) Sendo a taxa de juro de mercado de 10%, teremos de proceder à análise diferencial com os elementos disponíveis (investimento e custos de financiamento).

De que virá: [−75.000 − (−25.000 − 44.061,904)] = −75.000 + 69.061,904 = −5.938,096

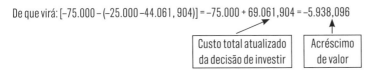

Exercício 9: **Decisão de investimento e de financiamento I**

Consideremos duas alternativas de investimento, A e B, correspondendo a dois equipamentos passíveis de aquisição, igualmente alternativos, com equivalente ambiente produtivo e estrutura de capitais, financiados por capitais próprios e dois empréstimos por capitais alheios, nos termos do esquema que segue, em qualquer dos casos reembolsável a 10 anos:

Investimento A	1.600	Investimento B	2.400
Capitais Próprios	400	Capitais Próprios	600
Empréstimo 1	720	Empréstimo 1	1.440
Taxa de juro	15%	Taxa de juro	17%
Empréstimo 2	480	Empréstimo 2	360
Taxa de juro	13%	Taxa de juro	12%

DECISÃO DE INVESTIR

A taxa de atualização é de 15% e a taxa de imposto sobre o rendimento é de 25%.
O *cash-flow* em cada um dos anos será para a alternativa de investimento A: ano 1: –32, ano 2: 160, ano 3: 320, ano 4: 480, restantes: 640 e um retorno dos fundo de maneio de 640 no último ano; e, para a alternativa de investimento B, será: ano 1: –120, ano 2: –96, ano 3: –48, ano 4: 312, ano 5: 1.152, ano 6: 1.200, restantes: 1.440 e um retorno dos fundo de maneio de 480 no último ano.
Os custos do fator trabalho ascendem, em cada um dos anos, a, respectivamente: –5, 10, 20, 25, 30, 40, 45, 50, 55, 60.

Determine:

1. Diferentes sensibilidades dos projetos, na base do valor atual da decisão de investimento e de financiamento e outras que entenda convenientes.
2. Qual a melhor alternativa tendo em conta a dicotomia de financiamento?

Resolução:

Trata-se de uma proposta de tratamento de investimentos diferentes com equivalente estrutura de capitais, em que o ambiente produtivo é semelhante. Interessante será analisar as diferentes sensibilidades dos projetos. Quanto à TIR, a decisão irá depender da propensão ao risco do projeto...

Quanto ao Investimento A, teremos:

Investimento A:

Valor atual líquido da decisão económica de investimento						
k	I_k	CF_k	D_n	$I_k/(1+i)^{k-1}$	$CF_k/(1+i)^k$	$D_n/(1+i)^n$
1	1.600	-32		1.600	-28	0
2		160		0	121	0
3		320		0	210	0
4		480		0	274	0
5		640		0	318	0
6		640		0	277	0
7		640		0	241	0
8		640		0	209	0
9		640		0	182	0
10		640	640	0	158	158
				1.600	1.963	158

$$VAL = \sum_{k=1}^{n} \left(\frac{CF_k}{(1+i)^k} - \frac{I_k}{(1+i)^k} \right) + \left(\frac{D_n}{(1+i)^n} \right) = (1.963 - 1.600 + 158) = 521$$

TIR = 20,17%   IRP = 32,56%

II · A DECISÃO DE INVESTIR NA ÓTICA EMPRESARIAL

Vamos agora calcular o valor atual líquido da decisão de financiamento para ambos os tipos de empréstimos (Investimento A):

Empréstimo 1:

			Valor atual líquido da decisão de financiamento			
k	A_{k-1}	R_k	J_k	$J_k(1-t)$	$R_k + J_k(1-t)$	$\dfrac{R_k + J_k(1-t)}{(1+r)^t}$	$J_k\,t/(1+r)^t$
1	720	72	108,00	81,00	153,00	133,04	23,48
2	648	72	97,20	72,90	144,90	109,57	18,37
3	576	72	86,40	64,80	136,80	89,95	14,20
4	504	72	75,60	56,70	128,70	73,58	10,81
5	432	72	64,80	48,60	120,60	59,96	8,05
6	360	72	54,00	40,50	112,50	48,64	5,84
7	288	72	43,20	32,40	104,40	39,25	4,06
8	216	72	32,40	24,30	96,30	31,48	2,65
9	144	72	21,60	16,20	88,20	25,07	1,54
10	72	72	10,80	8,10	80,10	19,80	0,67
						466,10	89,66

$$VAL = A_0 - \frac{R_K + J_K(1-t)}{(1+r)^K} = (720-466,10) = 253,90$$

$$VA = \sum_{k=1}^{n} \frac{J_K t}{(1+r)^K} = 89,66$$

$$VALA = VAL = VA = 253,90 + 89,66 = 343,56$$

DECISÃO DE INVESTIR

Empréstimo 2:

k	A_{k-1}	R_k	J_k	$J_k(1-t)$	$R_k + J_k(1-t)$	$\dfrac{R_k + J_k(1-t)}{(1+r)^t}$	$J_k t/(1+r)^t$
1	480	48	62,40	46,80	94,80	82,43	13,57
2	432	48	56,16	42,12	90,12	68,14	10,62
3	384	48	49,92	37,44	85,44	56,18	8,21
4	336	48	43,68	32,76	80,76	46,17	6,24
5	288	48	37,44	28,08	76,08	37,83	4,65
6	240	48	31,20	23,40	71,40	30,87	3,37
7	192	48	24,96	18,72	66,72	25,08	2,35
8	144	48	18,72	14,04	62,04	20,28	1,53
9	96	48	12,48	9,36	57,36	16,31	0,89
10	48	48	6,24	4,68	52,68	13,02	0,39
						290,76	51,80

$$VAL = A_0 - \frac{R_k + J_k(1-t)}{(1+r)^k} = (480 - 290,76) = 189,24$$

$$VA = \sum_{k=1}^{n} \frac{J_k t}{(1+r)^k} = 51,80$$

$$VALA = VAL + VA = 189,24 + 51,80 = 241,05$$

Em resumo:

k	Empréstimo 1		Empréstimo 2		C. Próprio	Custo total	Custo total $\dfrac{}{(1+r)^t}$
	R_k	J_k	R_k	J_k	L_k		
1	72	108,00	48	62,40	-5	285,40	248,17
2	72	97,20	48	56,16	10	283,36	214,26
3	72	86,40	48	49,92	20	276,32	181,68
4	72	75,60	48	43,68	25	264,28	151,10
5	72	64,80	48	37,44	30	252,24	125,41
6	72	54,00	48	31,20	40	245,20	106,01
7	72	43,20	48	24,96	45	233,16	87,65
8	72	32,40	48	18,72	50	221,12	72,28
9	72	21,60	48	12,48	55	209,08	59,43
10	72	10,80	48	6,24	60	197,04	48,71
	720	594,00	480	343,20	330	2.467,20	1.294,71

$$CF = \frac{(R_k + J_k)_{Emp1} + (R_k + J_k)_{Emp2} + (L_k)}{(1+r)^k} = 1.294,71$$

254

59,43

II · A DECISÃO DE INVESTIR NA ÓTICA EMPRESARIAL

Quanto ao Investimento B, teremos:

Investimento B:

k	I_k	CF_k	D_n	$I_k/(1+i)^{k-1}$	$CF_k/(1+i)^k$	$D_n/(1+i)^n$
			Valor atual líquido da decisão económica de investimento			
1	2.400	-120		2.400	-104	0
2		-96		0	-73	0
3		-48		0	-32	0
4		312		0	178	0
5		1.152		0	573	0
6		1.200		0	519	0
7		1.440		0	541	0
8		1.440		0	471	0
9		1.440		0	409	0
10		1.440	480	0	356	119
				2.400	2.839	119

$$VAL = \sum_{k=1}^{n} \left(\frac{CF_k}{(1+i)^k} - \frac{I_k}{(1+i)^k} \right) + \left(\frac{D_n}{(1+i)^n} \right) = (2.839 - 2.400 + 119) = 557$$

TIR = 18,14% IRP = 23,23%

Vamos agora calcular o valor atual líquido da decisão de financiamento para ambos os tipos de empréstimos (Investimento B):

Empréstimo 1:

k	A_{k-1}	R_k	J_k	$J_k(1-t)$	$R_k + J_k(1-t)$	$\dfrac{R_k + J_k(1-t)}{(1+r)^t}$	$J_k t/(1+r)^t$
				Valor atual líquido da decisão de financiamento			
1	1.440	144	244,80	183,60	327,60	284,87	53,22
2	1.296	144	220,32	165,24	309,24	233,83	41,65
3	1.152	144	195,84	146,88	290,88	191,26	32,19
4	1.008	144	171,36	128,52	272,52	155,81	24,49
5	864	144	146,88	110,16	254,16	126,36	18,26
6	720	144	122,40	91,80	235,80	101,94	13,23
7	576	144	97,92	73,44	217,44	81,74	9,20
8	432	144	73,44	55,08	199,08	65,08	6,00
9	288	144	48,96	36,72	180,72	51,37	3,48
10	144	144	24,48	18,36	162,36	40,13	1,51
						992,13	203,23

$$VAL = A_0 - \frac{R_k + J_k(1-t)}{(1+r)^k} = (1.440 - 992,13) = 447,87$$

$$VA = \sum_{k=1}^{n} \frac{J_k t}{(1+r)^k} = 203,23$$

VALA = VAL + VA = 447,87 + 203,23 = 651,10

DECISÃO DE INVESTIR

Empréstimo 2:

			Valor atual líquido da decisão de financiamento			
k	A_{k-1}	R_k	J_k	$J_k(1\text{-}t)$	$R_k + J_k(1\text{-}t)$	$\dfrac{R_k + J_k(1\text{-}t)}{(1+r)^t}$	$J_k\, t/(1+r)^t$
1	360	36	43,20	32,40	68,40	59,48	9,39
2	324	36	38,88	29,16	65,16	49,27	7,35
3	288	36	34,56	25,92	61,92	40,71	5,68
4	252	36	30,24	22,68	58,68	33,55	4,32
5	216	36	25,92	19,44	55,44	27,56	3,22
6	180	36	21,60	16,20	52,20	22,57	2,33
7	144	36	17,28	12,96	48,96	18,41	1,62
8	108	36	12,96	9,72	45,72	14,95	1,06
9	72	36	8,64	6,48	42,48	12,08	0,61
10	36	36	4,32	3,24	39,24	<u>9,70</u>	<u>0,27</u>
						210,58	35,86

$$VAL = A_0 - \frac{R_K + J_K(1-t)}{(1+r)^K} = (360 - 210,58) = 149,42$$

$$VA = \sum_{k=1}^{n} \frac{J_k t}{(1+r)^K} = 35,86$$

$$VALA = VAL + VA = 149,42 + 35,86 = 185,29$$

Em resumo:

	Empréstimo 1		Empréstimo 2		C. Próprio	Custo total	$\dfrac{\text{Custo total}}{(1+r)^t}$
k	R_k	J_k	R_k	J_k	L_k		
1	144	244,80	36	43,20	-5	463,00	402,61
2	144	220,32	36	38,88	10	449,20	339,66
3	144	195,84	36	34,56	20	430,40	282,99
4	144	171,36	36	30,24	25	406,60	232,47
5	144	146,88	36	25,92	30	382,80	190,32
6	144	122,40	36	21,60	40	364,00	157,37
7	144	97,92	36	17,28	45	340,20	127,89
8	144	73,44	36	12,96	50	316,40	103,43
9	144	48,96	36	8,64	55	292,60	83,18
10	<u>144</u>	<u>24,48</u>	<u>36</u>	<u>4,32</u>	<u>60</u>	<u>268,80</u>	<u>66,44</u>
	<u>1.440</u>	<u>1.346,40</u>	<u>360</u>	<u>237,60</u>	<u>330</u>	<u>3.714,00</u>	<u>1.986,37</u>

$$CF = \frac{(R_k + J_k)_{Emp1} + (R_k + J_k)_{Emp2} + (L_k)}{(1+r)^k} = 1.986,37$$

256

II · A DECISÃO DE INVESTIR NA ÓTICA EMPRESARIAL

Os respectivos índices de rendibilidade dos projetos (IRP's), serão:

$$IRP_{1.600} = \frac{253,90 + 189,24}{720 + 480} = \frac{443,14}{1.200} \cong 36,93\%$$

$$IRP_{2.400} = \frac{447,87 + 149,42}{1.440 + 360} = \frac{597,29}{1.800} \cong 33,18\%$$

O custo do financiamento, que centraliza a soma dos juros pagos durante o financiamento, será, por seu turno:

$$CF_{1.600} = \frac{1.294,71 - (720 + 480)}{720 + 480} = \frac{94,71}{1.200} \cong 7,89\%$$

$$CF_{2.400} = \frac{1.986,37 - (1.440 + 360)}{1.440 + 360} = \frac{186,37}{1.800} \cong 10,35\%$$

Atentos a todo este desenvolvimento por que alternativa decidir? – Naturalmente que pela Alternativa A, a que oferece melhores resultados globais: maior VALA, apesar de um menor VAL, taxa interna de rendibilidade (TIR) mais elevada e IRP superior e ainda um menor custo relativo do financiamento.

~~~~~~~~~~~~~~~~~~~~~~~~~~~~~~~~

~~~~~~~~~~~~~~~~~~~~~~~~~~~~~~~~

Exercício 10 – **Decisão de investimento e de financiamento II**

A empresa ACEG está a analisar a eventual aquisição de um equipamento que lhe permitirá efectuar um conjunto de operações de transformação que atualmente subcontrata.
O equipamento tem as seguintes características:

- – custo de aquisição   .   .   60.000.000€
- – vida útil   .   .   .   4 anos
- – valor residual   .   .   .   6.000.000€ (líquido de imposto).

Esta decisão irá determinar um acréscimo anual dos custos de exploração variáveis de 3.000.000€ e dos custos fixos (excluindo depreciações) de 5.000.000€.
O fundo de maneio necessário sofrerá um acréscimo de 8.000.000€ e 5.000.000€, nos 1º. e 2º. anos, respetivamente.
Os custos suportados atualmente com o subcontrato ascendem a 25.000.000€ por ano.

Determine:

1.- Sabendo que as depreciações são efetuadas pelo método das quotas constantes, que o custo de oportunidade do capital é de 8% e que a taxa de imposto sobre o rendimento é de 25%, pronuncie-se quanto à viabilidade económica deste investimento, determinando os indicadores que considere mais adequados.
2.- Para financiar a aquisição deste equipamento, a empresa decidiu contrair um empréstimo bancário de 45.000.000€. Nestas condições, qual a taxa de juro máxima que a empresa poderá aceitar nas negociações com o banco para que o projeto seja financeiramente viável? Justifique.

DECISÃO DE INVESTIR

Resolução:

1) Plano finaceiro do investimento

Descrição	Ano 0	Ano 1	Ano 2	Ano 3	Ano 4	Ano 5
Custos com sub-contrato		25	25	25	25	
Acréscimo de gastos variáveis		3	3	3	3	
Acréscimo de custos fixos		5	5	5	5	
Depreciações		15	15	15	15	
R.A.E.F.I.		2	2	2	2	
R.A.E.F.I. × (1-t)		1,4	1,4	1,4	1,4	
Depreciações		15	15	15	15	
Meios libertos pelo projecto		16,4	16,4	16,4	16,4	
Investimento em capital fixo	-60					
Desinvestimento em FMN		-8	-5			
Valor residual do capital fixo						6
Valor residual do FMN						13
Cash-flow	-60	8,4	11,4	16,4	16,4	19,0
Cash-flow atualizado	-60	7,8	9,8	13,019	12,054	12,931
VAL @ 8%	-4,444					
TIR	5,471%					
Período de recuperação/$(1+i)^{t}$	> 4 ANOS					

Conclusão: com este projeto a empresa não consegue recuperar o investimento no período de vida útil, pelo que não é financeiramente viável exclusivamente com o recurso a capitais próprios.

2) Taxa de juro a negociar:

TIR% = CP × COC% + CA × CCA%
Custo do capital próprio = 8%
Custo do capital alheio = x% × (1-t)
5,471% = CP × 0,08 + (1 – CP) × x%
0,05471 = 0,25 × 0,08 + (1 – 0,25) × x%
0,05471 = 0,25 × 0,08 + 0,75 x
0,03471 = 0,75 x
x = 0,03471/0,75
x = 0,04628 $\Rightarrow$ x = 4,628%

Tendo, agora, em conta a imposição fiscal (25%) sobre os lucros, teremos:

0,04628/0,75 = 0,06171 $\Rightarrow$ 6,171%

Logo, a taxa de juro do empréstimo não deverá exceder 6,171%, isto é, esta taxa constituirá o valor máximo dos gastos de financiamento a negociar com a entidade financiadora.

II · A DECISÃO DE INVESTIR NA ÓTICA EMPRESARIAL

Exercício 11: **Exercício integrado da decisão de investimento**

Considere os seguintes elementos relativos a um dado projeto de investimento:

Dados sobre o investimento	V.U.	Valor
Terreno		50.000
Edifícios	20	100.000
Equipamento tipo I	5	35.000
Equipamento tipo II	5	330.000
Equipamento tipo III	3	40.000
Mobiliário e Diversos	10	15.000
Total		570.000
j (5 anos, 2 anos carência de juros e reembolso)		0,050
Taxa de IRC		0,360
Recebimento de produtos acabados	1 mês	
Recebimento de matérias-primas	2 meses	
Prazo médio de recebimento	2 meses	
Prazo médio de pagamento	3 meses	

Dados sobre a exploração		
	Produto A	Produto B
Vendas		
Quantidades	17.000	18.000
Preço	35	55
Gastos variáveis		
Materias consumidas	21	25
Outros gastos variáveis	4	4
Custos fixos		
Custos fixos, excluindo depreciações		245.000
Exploração do projeto		
Ano (0)		0%
Ano (1)		10%
Ano (2 e seguntes)		100%
Período de análise do projeto (anos)		5

Em cruzeiro a preços constantes	Situação atual	Situação futura (acumulado)
Quantidades	35.000	63.007
Investimento em Capital Fixo	570.000	917.700
Custo Total	1.284.833	2.004.340

DECISÃO DE INVESTIR

Taxas de referência	
Custo de oportunidade /taxa de atualização	
Referência	6,9%
Inflação	2,1%
Outras taxas de remuneração:	
Remuneração média	0,120
Investimento (s/ risco)	0,045
Beta	3,400

Considere, ainda, os dados relativos a um projeto de investimento alternativo:

	0	1	2	3	4	5	6
Cash-flows do projeto	-1.155.000	-300.000	150.000	350.000	350.000	827.000	523.000

Projeto alternativo	
Investimento	421.221
Valor atual	-12.327
Margem de segurança (Vendas)	67%
Vida útil	5

Comparação entre projetos	Projeto	Alternativa
Perspectivas de mercado	Médias	Fortes

Resolução:

Vamos começar por determinar o montante das depreciações anuais e o respetivo plano de exploração, as necessidades de fundo de maneio e o valor residual dos equipamentos:

1 – Depreciações		
Terreno	–	0
Edifícios	20	5.000
Equipamento tipo I	5	7.000
Equipamento tipo II	5	66.000
Equipamento tipo III	3	13.333
Mobiliário e Diversos	10	1.500
Total		82.833

II · A DECISÃO DE INVESTIR NA ÓTICA EMPRESARIAL

2 – Plano de exploração			Total	
	Produto A	Produto B	Soma	Ano I
Vendas	595.000	990.000	1.585.000	158.500
Custos totais de exploração			1.284.833	432.533
Gastos variáveis				
CMC	357.000	450.000	807.000	
OCV	68.000	72.000	140.000	
TCV	425.000	522.000	947.000	94.700
Custos fixos				
Depreciações			92.833	92.833
Outros gastos financeiros			245.000	245.000
Total gastos financeiros			337.833	337.833
RAJIAR			393.000	-181.200
Depreciações			92.833	92.833
RAJI			300.167	-274.033
IRC s/ RAJI			108.060	0
CFE = RAJIAR – IRC (calculado sobre RAJI)			284.940	-181.200

3 – Necessidades de fundo de maneio					Total
Recebimento de produtos acabados	1	x	132.083	=	132.083
Recebimento de matérias-primas	2	x	67.250	=	134.500
Prazo médio de recebimento	2	x	132.083	=	264.167
Prazo médio de pagamento	3	x	67.250	=	201.750
Necessidades de fundo de maneio (*)					329.000

(*) Nota: ignorado o investimento no inventário de matérias-primas

4 – Valor residual		
Capital circulante		329.000
Capital fixo		145.833
Terreno	–	50.000
Edifícios	15	75.000
Equipamento tipo I	0	0
Equipamento tipo II	0	0
Equipamento tipo III	1	13.333
Mobiliário e Diversos	5	7.500
Total		145.833

DECISÃO DE INVESTIR

Estamos agora em condições de realizar o plano de investimento:

5 – Plano de investimento							
	0	1	2	3	4	5	6
Capital fixo							
Terreno e edifícios	150.000					-125.000	
Equipamento	405.000			40.000		-13.333	
Mobiliário	15.000					-7.500	
Investimento em capital fixo	570.000	0	0	40.000	0	-145.833	
Capital circulante							
Produtos acabados		13.208	118.875			-132.083	
Matérias-primas	13.450	121.050				-134.500	
Clientes		26.417	237.750				-264.167
Fornecedores	-13.450	-188.300					201.750
Investimento em capital circulante	0	-27.625	356.625	0	0	-266.583	-62.417
Total do investimento	570.000	-27.625	356.625	40.000	0	-412.417	-62.417

O cash-flow líquido previsível do projeto será, assim, o que segue:

6 – Cálculo do cash-flow líquido do projeto							
	0	1	2	3	4	5	6
Cash-flow do investimento	570.000	-27.625	356.625	40.000	0	-412.417	-62.417
Cash-flow de exploração		-181.200	284.940	284.940	284.940	284.940	
Cash-flow líquido	-570.000	-153.575	-71.685	244.940	284.940	697.357	62.417

Donde, podemos retirar os valores atualizados do projeto e da alternativa enunciada:

7 – CF Líquidos, VLA e PRC								
	0	1	2	3	4	5	6	
Cash-flow do projeto	570.000	-153.575	-71.685	244.940	284.940	697.357	62.417	
Cash-flow da alternativa	-1.155.000	-300.000	150.000	350.000	350.000	827.000	523.000	
Fatores de atualização (i = 0%)	1,000	1,000	1,000	1,000	1,000	1,000	1,000	
i ref	1,000	1,069	1,143	1,222	1,306	1,396	1,492	
i = ref^a + 2,1%	1,000	1,090	1,188	1,295	1,412	1,539	1,677	
Cash-flow atualizado do projeto (i = 0%)	-570.000	-153.575	-71.685	244.940	284.940	697.357	62.417	VLA
i de referência	-570.000	-143.662	-62.730	200.506	218.194	499.536	41.825	183.66
i = referência + 2,1%	-570.000	-140.894	-60.336	189.139	201.859	453.234	37.217	110.21
Período de recuperação do capital	-570.000	-713.662	-776.392	-575.886	-357.692	141.843	183.668	
Cash-flow atualizado da alternativa (i = 0%)	-1.155.000	-300.000	150.000	350.000	350.000	827.000	523.000	VL
i de referência	-1.155.000	-280.636	131.261	286.507	268.014	592.403	350.458	193.00
i = referência + 2,1%	-1.155.000	-275.229	126.252	270.264	247.949	537.493	311.848	63.57
Período de recuperação do capital	-1.155.000	-1.435.636	-1.304.375	-1.017.868	-749.854	-157.452	193.006	

II · A DECISÃO DE INVESTIR NA ÓTICA EMPRESARIAL

A análise do quadro 7 mostra que o projeto original delineado constitui a melhor opção, quer sob o ponto de vista do VLA, quer no que respeita ao período de recuperação do investimento. Apenas quando trabalhamos com a taxa de atualização de referência o projeto alternativo releva um maior VLA, evidenciando, assim, a sua maior sensibilidade às variações das taxas de atualização.

Mas, a decisão não pode ser tomada sem que se determinem as economias de escala, porventura suscetíveis de conduzir a uma eventual revisão do processo decisório:

8 –Cálculo do investimento inicial			
Anos	0	1	2
Investimento	570.000	-27.625	356.625
Fatores de atualização	1,000	1,069	1,143
Investimento anual atualizado	570.000	-25.842	312.073
Investimento total atualizado	856.231		

9 – Re (rendibilidade objetivo dos CP)	
Rm - i	0,07500
(Rm - i) × b	0,25500
Re = i + (Rm - i) × b	0,30000

10 – Economias de escala				
Em cruzeiro a preços constantes	Situação atual	Situação futura	ln (Sit.2/Sit.1)	Economias de escala
Quantidades	35.000	63.007	0,588		
Investimento em capital fixo	570.000	917.700	0,476	0,810	Boas economias de escala
Custo total	1.284.833	2.004.340	0,445	0,756	Muito boas economias de escala

Os cálculos realizados permitem concluir que o investimento poderá ser concretizado pois a expectativa será a de vir a obter economias de escala, quer com o investimento em capital fixo, quer sobretudo com o investimento total.

Por outro lado, e ainda antes de uma decisão final, haverá que estudar as consequências de se haver recorrido a capital alheio para a realização do investimento:

11 – Estrutura dos capitais	
CP/AL = [(ra – j) / (re – j)]	
113% = (0,333 – 0,05) / (0,300 – 0,05)	

CA/CP = [re –ra) / (ra – j)]		CP/A = 1/(1+CA/CP)	
-0,116 = (0,300 – 0,333) / (0,333 – 0,05)		113%	–0,116

O montante do capital alheio (dos empréstimos) será agora determinado em seguida e atualizado em função dos mesmos parâmetros de atualização que vimos seguindo:

12 – Valor do capital alheio / do(s) empréstimo(s)	
Capital alheio/Investimento	–13%
Taxa de juro	5%
Anos de reembolso	3
Anos	5
Investimento inicial atualizado	856.231
Empréstimo do investimento inicial	–112.283

DECISÃO DE INVESTIR

Destinado ao investimento vamos necessitar, assim, de um montante total de empréstimos para realizar o investimento de 112.283€.
O correspondente mapa do serviço da dívida será, agora, o que segue:

13 – Mapa do serviço da dívida do investimento inicial					
	1	2	3	4	5
Saques	-112.283	0	0	0	0
Capital em dívida	-112.283	-117.897	-123.791	-82.528	-41.264
Juros de capitalização	-5.614	-5.895			
Reembolso	0	0	-41.264	-41.264	-41.264
Juros	0	0	-6.190	-4.126	-2.063
Serviço da dívida	0	0	-47.453	-45.390	-43.327
Fatores de atualização	1,000	1,069	1,143	1,222	1,306
Serviço da dívida atualizado	0	0	-41.525	-37.156	-33.178

Como pode constatar-se o serviço da dívida será intregralmente suportado pelo projeto durante o período da sua vida útil, indiciando o respetivo valor atualizado que, afinal, a empresa adotou a melhor solução.

14 – Cálculo do VA
$VA = -112.283 - (-111.859) = -423$

O cálculo do VA (negativo) mostra que a opção de financiamento por capitais alheios foi meritória.

15 – Cálculo do VAA		
	VLA	VA	
VAA = VALA =	$183.668 + (-423) = 183.245$	

O valor positivo do VALA mostra que a geração de rendimentos pelo projeto, com o recurso a capitais alheios, seja acrescida relativamente à obtida pelo VLA.

Em síntese:

16 – Síntese da Análise				
Descrição		Projeto	Alternativa	Melhor situação
Ponto crítico das vendas		839.288		
Margem de segurança I (Ref.: PCV)		88,9%		
Margem de segurança II (Ref.: V)		47,0%	67%	Alternativa
VLA ref^a	6,9%	183.668	193.006	Alternativa
VLA ref^a + 2,1%	9,0%	110.218	63.577	Projeto
Anualidade		38.414	40.367	Alternativa
Índice de rendibilidade dos projetos (IRP)		21%	46%	Alternativa
TIR (excel)		12,7%	10,1%	Projeto
TIR (manual)		12,2%	10,0%	
VA		-423	-12.327	Projeto
VALA		183.245	180.679	Projeto
Investimento inicial atualizado		856.231	421.221	
RAJI, líquido de IRC (soma)		284.940		
ROI (r_a)		33,3%		
Período de recuperação do capital		5	6	Projeto
Perspetivas do mercado		Médias	Fortes	Alternativa
Economias de escala				Boas possibilidades técnicas de crescimento
Do investimento em capital fixo			0,810	
Do custo total de exploração			0,756	

Considerando, de forma conjunta, o critério de rendibilidade (avaliação económica) da avaliação do financiamento externo e de risco, ambos os projetos apresentam uma mesma valia estratégica, como se pode observar no mapa seguinte.

Não foram considerados os objetivos gerais por não constarem especificamente do enunciado proposto.

DECISÃO DE INVESTIR

Nesta análise penalizou-se o projeto que fica em segundo lugar nos critérios tomados individualmente, atribuindo 3 valores ao melhor posicionado, e 1 valor ao pior posicionado; a classificação final foi de 2,3 para qualquer dos projetos, ou seja (2,3/3,0= 77% da classificação máxima), com uma classificação boa relativamente aos critérios considerados:

17 – Análise multicritérios (AMC)											
Cenário 1	Rendibilidade			Financiamento		Risco				Total	
Projeto	VLA		TIR		VA		PRC		Perspetivas de mercado			
	V	R	V	R	V	R	V	R	V	R	V	R
Projeto	183.668	1	13%	3	-423	3	5	3	Média	1	2,70	1º
Alternativa	193.006	3	10%	1	-12.327	1	6	1	Forte	3	1,30	2º
Ponderação		0%		45%		15%		25%		15%		100%

Cenário 2		Rendibilidade		Financiamento		Risco				Total	
Projeto		TIR		VAA = VLA + VA		PRC		Perspetivas de mercado			
		V	R	V	R	V	R	V	R	V	R
Projeto		13%	3	183.245	3	5	3	Média	1	2,70	1º
Alternativa		10%	1	180.679	1	6	1	Forte	3	1,30	2º
Ponderação			20%		40%	25%			15%		100%

Cenário 3	Rendibilidade	Financiamento		Risco						Total	
Projeto	IRP	VA		MS		PRC		Perspetivas de mercado			
	V	R	V	R	V	R	V	R	V	R	V	R
Projeto	21	1	-423	3	47%	1	5	3	Média	1	1,70	2º
Alternativa	46%	3	-12.327	1	67%	3	6	1	Forte	3	2,30	1º
Ponderação	45%		15%		10%		20%		10%		100%

A análise conjunta dos três cenários considerados, conduz-nos, finalmente, à decisão pelo projeto original, não só por poder se registar melhor classificação em dois dos cenários, como também pelo facto de no somatório da pontuação de todos os cenários (7,10 contra 4,90) ser o melhor posicionado.

II · A DECISÃO DE INVESTIR NA ÓTICA EMPRESARIAL

Exercício 12: Análise global do desempenho da empresa

Como foi referido anteriormente, tomando por base um conjunto de dados técnicos e contabilísticos e utilizando o esquema geral apresentado (página 236/7), vamos determinar as variáveis consideradas relevantes para a análise da eficácia económico-financeira, inclusive os fatores de escala que lhe são aplicáveis. A proposta de resolução, apresentada de forma completa, permitirá, para cada conjunto de variáveis relevantes, gerar a discussão sobre a evolução de diferentes parâmetros do negócio da unidade empresarial em causa.

Numa dada empresa inserida num sector de mercado com fortes relações internacionais, foi possível recolher os elementos correspondentes aos valores de mercado e dados técnicos e contabilísticos relevantes que seguem (em milhares de euros):

VALORES DE MERCADO			
Rubrica	Cálculo	Ano n	Ano n+1
Produção global	(Y)	16.944.598	18.348.179
Exportações globais	(X)	4.320.679	4.975.818
Importações globais	(M)	2.238.205	3.209.429
Importações globais da EU	(Mi)	31.789.863	36.207.095
Prazo médio de recebimento	(PMR)	2	2
Prazo médio de pagamento	(PMP)	3	3
Inventário de matérias-primas	(RMP)	2	2
Inventário de produtos acabados	(RPA)	1	1
Taxa de juro de referência	(k)	6%	4%
Taxa de juro de operações ativas	(j)	8%	8%
Mercado interno	D=(Y-X)+M	14.862.124	16.581.790

DECISÃO DE INVESTIR

BALANÇO DA EMPRESA			
Activo		Ano n	Ano n+1
Ativo não corrente			
Investimentos financeiros	(IF)	0	0
Ativos fixos tangíveis	(AFT)	1.288.819	1.892.454
Investimentos em curso	(IC)		
Ativos fixos tangíveis em curso	(AFTc)	54.876	14.856
Depreciações acumuladas	(Dep)	864.226	996.998
Ativos intangíveis	(AI)		
Projetos de desenvolvimento	(PD)	12.840	16.140
Amortizações acumuladas	(Aac)	6.600	9.900
		485.710	916.552
Ativo corrente	(AC)		
Inventários	(INV)		
Matérias-primas	(MP)	105.480	87.600
Produtos acabados e em curso	(Pac)	144.000	144.000
Outros	(Out)	0	0
Dívidas de terceiros – médio e longo prazo	(CTml)		
Dívidas de terceiros – curto prazo	(CTcp)		
Clientes	(Ccp)	221.440	306.532
Outros	(Co)		
Diferimentos	(DIF)	0	0
Caixa e depósitos bancários	(C&B)	148.338	294.398
		619.258	832.530
Total do Ativo	(AT)	1.104.968	1.749.081
Capital Próprio e Passivo			
Capital Próprio	(CP)		
Capital	(CS)	420.000	600.000
Prestações suplementares	(PS)	0	0
Reservas e Resultados transitados	(RRT)	77.812	95.114
Resultado líquido do exercício	(RL)	237.449	306.947
Total do Capital Próprio		735.261	1.002.061
Passivo	(P)		
Financiamentos obtidos	(FObt)	54.000	420.000
Instituições de crédito e sociedades financeiras	(ICSF)	54.000	420.000
Participantes de capital	(PCap)	0	0
Fornecedores	(Forn)	0	0
Outros financiadores	(OFin)	0	0
Dívidas a terceiros - curto prazo	(DTcp)	315.707	327.020
Instituições de crédito	(DTic)	22.278	22.278
Fornecedores	(DFor)	159.864	132.084
Outros credores	(OCre)	133.565	172.658
Diferimentos	(Dif)	0	0
Total do Passivo	(PT)	685.414	1.074.041
Total do Capital Próprio e do Passivo	(TCPP)	1.104.968	1.749.081

II · A DECISÃO DE INVESTIR NA ÓTICA EMPRESARIAL

DEMONSTRAÇÃO DOS RESULTADOS			
Rendimentos	(REN)	Ano n	Ano n+1
Vendas	(VL)		
Mercado interno	(VD)	706.370	1.021.828
Mercado externo	(VX)	597.438	719.732
Total da faturação	(Vv = TF)	1.303.808	1.741.560
Variações nos inventários da produção	(VInv)	23.840	60.268
Prestações de serviços	(PSer)	0	0
Trabalhos para a própria entidade	(TPE)	0	0
Outros rendimentos	(ORen)	0	0
Total de rendimentos	(TREN)	2.631.457	3.543.388
Gastos	(GT)		
Custo das mercadorias vendidas e das matérias consumidas	(CMP)	608.551	752.465
Nacionais	(CMPd)	425.985	563.767
Estrangeiras	(CMPm)	182.566	188.698
Fornecimentos e serviços externos	(FSE)	76.716	106.990
Subcontratos	(S)	13.964	22.392
Energia e fluidos	(E&F)	1.188	1.584
Comissões e royalties	(Com)	2.987	4.888
Outros fornecimentos e serviços	(OFS)	58.577	78.126
Gastos com o pessoal	(GP)	311.150	380.626
Outros gastos operacionais	(OGO)	0	0
Gastos de depreciação e de amortização	(GDA)	54.079	136.073
Provisões do período	(Pp)	0	0
Outros gastos e perdas	(OGP)		
Impostos (directos)	(Id)	0	0
Impostos (indirectos)	(Ii)	3.832	5.109
Outros	(OImp)	0	0
Total de gastos	(TGAT)	1.054.328	1.381.263
Resultados antes da função financeira	(RAF)	273.321	420.565
Gastos e perdas de financiamento	(GPF)		
Juros suportados	(J)	12.960	84.000
Funcionamento	(Je)	0	0
Financiamento	(Ji)	12.960	84.000
Resultados extraordinários e de exercícios anteriores	(RExt)	0	0
Resultados antes de impostos	(RAI)	260.361	336.565
Imposto sobre o rendimento do período	(IRC)	62.487	80.776
Resultado líquido do exercício	(RL)	197.874	255.789

DECISÃO DE INVESTIR

OUTROS DADOS SOBRE A EMPRESA			
Rubrica	Cálculo	Ano n	Ano n + 1
Número de trabalhadores	(Nº)	140	155
Horas de trabalho	(Horas)	245.872	273.240
Produção física	(Nº)	467.500	579.600
Vendas	(10^3€)	1.303.808	1.741.560
Preço	(10^3€)	2,9	3,3
Capacidade produtiva			
Valor	(10^3€)	1.533.893	1.935.067
Produtos	(Nº)	550.000	644.000
Compras de materiais			
Valor	(10^3€)	638.977	805.137
Matérias-primas	(m)		
Acessórios	(Nº)		
Materiais	(Nº)		

Pretende-se:
Que determine todos os parâmetros que considere nos âmbitos da eficácia económica e financeira (eventualmente já determinados conforme a nossa proposta no final do capítulo anterior) e dos valores relativos e das produtividades económicas substantivas, decorrentes do desenvolvimento da atividade empresarial no decurso dos dois últimos anos (n e n + 1).

Resolução:
É a seguinte a determinação dos parâmetros considerados relevantes para esta empresa inserida num dado setor de atividade com relações evidentes com o mercado internacional e que permitirão colaborar em decisões a tomar:

II · A DECISÃO DE INVESTIR NA ÓTICA EMPRESARIAL

EFICÁCIA ECONÓMICA E FINANCEIRA				
Rubrica	Cálculo	Ano n	Ano n + 1	Variação
Valor bruto da produção	(VBP = TF + VInv)	1.327.649	1.801.828	36%
Valor acrescentado bruto	(VAB = Id + GP + GDA + Pp + J + RAI)	638.550	937.264	47%
Excedente bruto de exploração	(EBE = VAB – GP)	327.400	556.638	70%
Margem bruta de autofinanciamento	(MBA = RL + GDA + Pp)	251.953	391.862	56%
Custos fixos	(CF = 0,3 × FSE + Id + GP + OGO + GDA + Ji)	401.204	632.796	58%
Gastos variáveis	(GV = CMP + 0,7 ×FSE + Ii + Pp + Je)	666.084	832.467	25%
Ponto crítico das vendas	[PCE = (V× CF)/(V – GV)]	820.250	1.212.255	48%
Ativo	(AT)	1.104.968	1.749.081	58%
Capital fixo	(AF = AFP + AFTc + PD – Dep – Aac + FObt)	485.710	916.552	89%
Capital circulante	(AC = AT – AF)	619.259	832.529	34%
Exigível de curto prazo	(ECP = DTcp + Dif)	315.707	327.020	4%
Capitais permanentes	(CPe = CP + FObt)	789.261	1.422.061	80%
Capitais próprios	(CP)	735.261	1.002.061	36%
Valores relativos:				
Quota de exportações	(PXi = VXi/Mi)	1,88%	1,99%	6%
Elasticidade das exportações	[ε = (ΔVXi / VXi) / (ΔMi / Mi)]		1,47	
Quota de mercado interno	(Pdi = VDi / Di)	4,75%	6,16%	30%
Elasticidade das vendas no mercado interno	[ε = (ΔVDi / VDi) / (ΔDi / Di)]		3,86	
Exportações/vendas	(IX = VXi / TF)	45,82%	41,33%	-10%
Rotação do ativo total	(RAT = Vv / AT)	1,18	1,00	-16%
Rotação do ativo fixo	(RAF = Vv / AF)	2,68	1,90	-29%
Rotação do ativo circulante	(RAC = Vv/CC)	2,11	2,09	-1%
Rendibilidade (potencial) dos capitais próprios	(ROE = RL / CP)	26,91%	25,53%	-5%
Rendibilidade do investimento	(ROA = ROI = (RL+J) / AL	19,08%	19,43%	2%
Rendibilidade das vendas	(ROS = RL / FT)	15,18%	14,69%	-3%
Margem de segurança	MS = (FT / PCE) – 1	58,95%	43,66%	-26%

DECISÃO DE INVESTIR

EFICÁCIA ECONÓMICA E FINANCEIRA				
Rubrica	Cálculo	Ano n	Ano n + 1	Variação
Produtividades económicas:				
Rendimento do trabalho	[Prod(Q) / Trab(h)]	1,90	2,12	12%
Produtividade aparente do trabalho	(VAB / Trab)	4.571	6.037	32%
Produtividade aparente do capital	(VAB / Invest)	0,58	0,54	-7%
Produtividade aparente do consumo interno	(VAB / Cons.Int.)	0,85	0,91	7%
Taxa de rendimento económico	(EBE / Capit.)	0,45	0,56	25%
Taxa de margem	(EBE / VAB)	0,51	0,59	16%
Coeficiente de capital	(Capit. / VAB)	1,15	1,07	-7%
Grau de exploração (*)	(Prod. / Cap.Prod.)	0,85	0,90	6%
Grau de transformação	(VAB / Prod.)	0,48	0,52	8%
(*) Pode ser uma medida de integração vertical				
Prazo médio de recebimento	(PMR = Ccp/Vv × 12)	2,04	2,11	4%
Prazo médio de pagamento	(PMP = DFor/CMP × 12)	3,15	2,11	-33%
Inventário de matérias-primas	[RMP = (IMP/CMP) × 12]	2,08	1,40	-33%
Inventário de produtos acabados	[RPA =(IPA/Vv) × 12]	1,33	0,99	-25%
Autonomia financeira	(CP/AL)	0,67	0,57	-14%
Autonomia normativa	[AFN = (ROA − j)/(ROE − k)]	0,53	0,53	0%
Fundo de maneio real	(FMR = AC − Dcp)	303.552	505.509	67%
Necessidades de fundo de maneio	[NFM = (FT/12 × PMR + Vv/12 × RPA + + CMP/12 × RMP − Ccp/12 × PMP) × 1,05]	433.386	508.541	17%
Taxa de fundo de maneio	(TFM = FMR/NFM)	0,70	0,99	42%
Excedente financeiro	(EF = CPe /AF)	1,62	1,55	-5%
Liquidez geral	(LG = AC/Ecp)	1,96	2,55	30%
Investimento (acumulado)	(IA = AT + Dep + Aac)	1.975.794	2.755.979	39%
Fatores de Escala:				
Investimento (acumulado)	[SI = ln(IAn+1 /Ian)/ln(Qn+1 /Qn)]			1,55
Custos totais	[SCT = ln(CTn+1 /CTn)/ln(Qn+1 /Qn)]			1,47
Custo do trabalho	[SL = ln(GPn+1 /GPn)/ln(Qn+1 /Qn)]			0,94
Custo das matérias-primas	[SMP = ln(CMPn+1 /CMPn)/ln(Qn+1 /Qn)]			0,99
Gastos de energia e fluidos	[SE&F = ln(E&Fn+1 /E&Fn)/ln(Qn+1 /Qn)]			1,34
Gastos de fornecimento e serviços externos	[SFSE = ln(FSEn+1 /FSEn)/ln(Qn+1 /Qn)]			1,55
Custo médio total	(CTM = CMT = CT/Q)	2,28	2,53	11%

Dos resultados obtidos, podemos retirar algumas ilações importantes, como sejam:

A determinação dos fatores de escala mostra que apenas no *custo do trabalho* e no *custo das matérias-primas* os valores são inferiores à unidade, denotando uma utilização eficiente destes fatores (economias de escala). Os valores de todos os restantes fatores, de n para n + 1, evidenciam deseconomias de escala.

Note-se que os fatores de escala deveriam ter resultado todos inferiores à unidade. Então, como quase todos são superiores a 1, tal significa que o investimento (atividade) realizado pela empresa está a gerar deseconomias de escala.

Haverá, por conseguinte, uma ineficiência aparente da empresa que será necessário explicar...

III
Avaliação na Ótica Económica ou Social

A análise das decisões de investir na ótica empresarial, inspira-se, essencialmente, em critérios induzidos na maximização da rendibilidade dos capitais próprios ou, se se quiser, na rendibilidade dos investimentos, cuidados os aspetos relativos ao financiamento e ao risco.

Em contrapartida, a análise das decisões de investir na ótica pública tem em conta um outro tipo de rendibilidade, *a rendibilidade social*, associada aos grandes objetivos da política pública – económica, social, cambial, etc. –, suportada nos planos e programas de desenvolvimento prosseguidos pelos governos e instituições internacionais.

Em qualquer caso, na avaliação económica ou social, a entidade avaliadora pressupõe como apenas merecedores de apreciação, ou seleção, os projetos que na ótica empresarial se apresentam como viáveis em termos de rendibilidade financeira, independentemente dos custos sociais (bens cedidos ou subsídios, por exemplo) que essa situação envolva.

Caso se encontrem disponíveis sistemas públicos de incentivos que facultem fontes de financiamento alternativo, necessariamente menos onerosas, as empresas que a eles concorrem deverão conhecer a lógica que preside à avaliação do investimento no âmbito desses instrumentos de política económica, para melhor a compreender e melhor justificarem o apoio.

Neste capítulo procuraremos avançar um conjunto mínimo de ensinamentos nesta matéria, cumprindo o objetivo de facultar ao investidor privado aspetos a ter em conta na instrução de candidaturas a sistemas de

DECISÃO DE INVESTIR

incentivos, sem contudo pretender abordar esta matéria de uma forma completa e muito menos exaustiva.

Note-se, aliás, que o que importa aqui é perceber a filosofia das duas principais metodologias da análise económica de projetos, já que, para cada sistema de incentivos a que se concorre, se terão critérios e regras diferentes dos de outros. Daí termos dado particular atenção a uma exemplificação sustentada nos diversos sistemas de incentivos implementados em Portugal, para que melhor se compreenda a lógica desta ótica de avaliação de projetos de investimento.

1 – PROBLEMÁTICA DA AVALIAÇÃO ECONÓMICA OU SOCIAL

A análise das decisões de investir segundo perspetivas que transcendem a entidade promotora é referida na literatura da especialidade pelas expressões *avaliação económica, avaliação social* ou *análise de custo-benefício* (*Abecassis et al*, 2000), incluindo-se neste processo a "avaliação da racionalidade económica do ponto de vista da coletividade da decisão de investimento" (*Cebola*, 2009).

Considera ainda *Cebola* (2009) que, no domínio da avaliação económica e social, "as técnicas e abordagens na análise dos projetos são extremamente diversificadas, divergindo a metodologia de país para país, e, frequentemente, dentro do mesmo país, de instituição para instituição, de acordo com a profundidade, o enquadramento teórico ou conceptual e os objetivos que se pretendem atingir com essa análise".

De acordo com o *Manual de Análise de Custos e Benefícios dos Projetos de Investimento*, apoiado no âmbito dos *Fundos Estruturais – FEDER, Fundo de Coesão* e *ISPA* (*Comissão Europeia*, 2003), a análise económica é realizada em nome do conjunto da sociedade (região ou país) e não em nome do proprietário da infra-estrutura, como acontece na análise financeira.

1.1 – ESPECIFICIDADE DA ÓTICA PÚBLICA

Segundo *Bridier e Michailof* (1995), "o objetivo da avaliação financeira é o de assegurar a rendibilidade dos capitais investidos pela empresa", enquanto "a avaliação económica visa ajudar a preparar e selecionar os projetos que assegurem a maior contribuição para o desenvolvimento económico".

De acordo com estes mesmos autores, a "rendibilidade financeira de um projeto aparece, assim, como uma condição necessária à realização e à boa gestão do projeto" sem, contudo, ser "suficiente para assegurar que o projeto seja economicamente satisfatório para a coletividade nacional".

Para *Barros* (2007), a avaliação económica e social "é o estudo de apoio à tomada de decisão pública relativamente ao projeto" de investimento. Distingue-se, neste âmbito, da avaliação económica, que tem como objetivo a maximização do bem-estar social, a avaliação social, que tem como objetivo avaliar o impacte de determinada ação sobre aspetos sociais específicos.

A avaliação económica, segundo o mesmo autor, justifica-se "apenas quando o projeto é um projeto público ou quando, sendo projeto privado, é parcialmente financiado por fundos públicos". A avaliação é concretizada, então, "principalmente em função da contribuição do projeto para o bem--estar da população ou [...] para os objetivos da política económica nacional". A avaliação social, por seu turno, destina-se a avaliar "a contribuição do projeto para objetivos sociais, designando-se por vezes por impacte social". Esta avaliação é independente, quer da avaliação económica, quer da avaliação financeira, podendo estar associada a esses tipos de avaliação.

Verifica-se naquele autor a necessidade de uma destrinça entre a avaliação económica e a avaliação social que, para a maioria dos autores, não acontece.

A particularidade dos métodos de *avaliação económica ou social* assenta na premissa de que a análise da contribuição de um projeto para a sociedade exige o recurso a critérios de valor diferentes daqueles que são utilizados na *avaliação empresarial*.

1.2 – TIPOLOGIA DOS CRITÉRIOS DA AVALIAÇÃO SOCIAL

Assumindo por vezes designações diferentes, os diversos autores confluem para duas grandes metodologias de abordagem distintas:

- Uma primeira metodologia de avaliação económica ou social – *análise da rendibilidade social* – procura medir os efeitos do investimento sobre a colectividade através de medidas agregadas de bem-estar, ajustando previamente o sistema de preços, mediante a aplicação de critérios de rendibilidade social.

DECISÃO DE INVESTIR

- A segunda linha metodológica de avaliação social – *avaliação social do mérito* –, a avaliação económica assenta em critérios de conformidade com os objetivos expressos nos *Planos* ou *Programas de Desenvolvimento*, com suporte em indicadores de aferição da produtividade dos recursos escassos, traduzindo-se, segundo certos autores, numa abordagem parcelar e primária.

Os critérios da primeira metodologia são necessariamente globais, nomeadamente por exigirem sistemas de preços de referência associados a matrizes de inter-relações económicas e sociais de alguma complexidade. Uma das distinções fundamentais relativamente à segunda metodologia é a de avaliar os efeitos do investimento independentemente das políticas económicas ou sociais do País, dando-se, antes, importância ao custo de oportunidade social do investimento, necessariamente diferente daquele que inspira a ótica empresarial.

A segunda abordagem é considerada parcelar na medida em que responde de forma isolada e independente a cada objetivo do programa *de per se*, e como primária, na medida em que não envolve correções do sistema de preços (*Abecassis et al.*, 2000). O modelo de avaliação dos objetivos valorizados setorial, regional ou globalmente, resume-se, assim, a medir o grau de aderência do projeto à orientação fixada pela política pública. Contudo, um tratamento multicritério pode conferir-lhes uma natureza global, por um lado, e, por outro, nada impede a introdução da correção de preços nestes critérios.

Como se disse, a análise de investimento na ótica social, utilizando o critério da rendibilidade social ou análise do custo/benefício, é complexa. Neste capítulo, propõe-se apenas uma abordagem minimalista com o objetivo de, sobretudo, sensibilizar o leitor para as questões associadas a este método, mais do que transferir conhecimentos que o habilitem a dominá-lo integralmente.

O objetivo essencial deste *Capítulo* será o de transferir, isso sim, conhecimentos para a compreensão e utilização de uma metodologia, de que a mais utilizada tem sido a da *análise dos efeitos*, aliás, aquela que tem sido historicamente mais utilizada no âmbito dos sistemas de incentivos em Portugal.

Como anteriormente foi referido, teremos sempre, em qualquer dos casos, de realizar dois tipos diferentes de análise, ainda que no âmbito mais geral da avaliação económica ou social, a saber:

III · AVALIAÇÃO NA ÓTICA ECONÓMICA OU SOCIAL

- Uma análise financeira do tipo empresarial (com impacte na empresa e na sua viabilidade e rendibilidade), e,
- Uma análise económica e social (agregado corrente), sob a conceção de que estamos a analisar os efeitos de um investimento empresarial sobre o agregado.

Afinal, trata-se da análise dos impactes de uma decisão individual de investimento rendível e viável sobre o agregado.

Os dois métodos mais frequentemente utilizados por que mais abrangentes são, assim, o *i)* método da *rendibilidade social*, e, *ii)* o método do *mérito social ou dos efeitos*. Vejamos, então, cada um destes métodos.

2 – ANÁLISE SOCIAL DA RENDIBILIDADE – CONTROLAR A DISTRIBUIÇÃO DOS RECURSOS ESCASSOS

O método da rendibilidade social, é normalmente designado de *análise de custos/benefícios*.

A Comissão Europeia, através do Regulamento n.º 1083/2006, artigo 40.º, alínea e), impõe que os Estados-Membros apresentem à Comissão uma *Análise Custo-Benefício (ACB)* para grandes projetos, citando para o efeito, duas razões: "para avaliar se *vale a pena* co-financiar o projeto" e "para avaliar se o projeto *precisa* de ser co-financiado" (*Comissão Europeia,* 2006).

Com a aplicação deste método, procura-se estimar a rendibilidade do projeto numa ótica social, avaliando os projetos em termos de um agregado, inspirando-se, sobretudo, nas medidas globais de bem-estar.

2.1 – PRESSUPOSTOS DE UMA MAXIMIZAÇÃO DO BEM-ESTAR

Os diversos autores reconhecem que as externalidades dos investimentos empresariais raramente contribuem, em conjunto, para uma afetação ótima de recursos, bem como não contribuem, de forma espontânea para as políticas públicas de crescimento e desenvolvimento económicos.

É por isso que *Abecassis e Cabral (2000)* defendem que, com vista e conseguir otimizar a melhor utilização do conjunto de recursos disponíveis, as decisões de estímulo ao investimento devem ser tomadas de modo a que,

DECISÃO DE INVESTIR

em cada estádio de desenvolvimento, a afetação dos recursos seja conforme à opção de crescimento proposta pela política pública.

Ainda segundo aqueles autores, "a dicotomia *avaliação empresarial/ avaliação social*, ou *avaliação financeira/avaliação económica*, revela aqui as diferenças, mais ou menos acentuadas, do sistema de preços a que se referencia cada uma". Significa isto que os componentes da análise são os mesmos para qualquer das metodologias, mas que o valor intrínseco de cada uma delas é diferente para cada ótica.

Para a *Comissão Europeia* (2006), a análise económica é realizada do ponto de vista da Sociedade, fundamentando-se no facto de que as entradas no projeto devem ser avaliadas pelo seu custo de oportunidade e a produção pela disponibilidade dos consumidores para pagá-la. Pararelamente, considera-se que o custo de oportunidade não corresponde necessariamente ao custo financeiro observado; do mesmo modo, a disponibilidade para pagar nem sempre é corretamente revelada pelos preços de mercado observados, que podem estar distorcidos ou nem sequer existir.

Na verdade, a técnica utilizada, tal como na ótica empresarial, é a do *cash-flow* atualizado; a diferença entre as duas óticas tem a ver, portanto, com o sistema de preços utilizado e com a taxa de atualização.

2.2 – CORREÇÃO DO SISTEMA DE PREÇOS

No âmbito da teoria macroeconómica, a maximização do valor da produção resulta de o preço dos fatores disponíveis igualarem a sua produtividade marginal em termos de utilização.

Os preços que satisfazem este critério chamam-se *preços sombra (shadow prices)*, ou seja, preços que *otimizam a afetação de recursos escassos*. Por sua vez, os preços que são usados na suposição de que satisfazem aquele critério são chamados *preços de referência*[33].

A metodologia a utilizar neste âmbito será a de calcular os *preços de referência*, admitindo a sua aproximação aos *preços sombra*, nos termos atrás referidos.

Os preços praticados no mercado internacional poderiam ser assumidos como uma referência aos *preços sombra*, assumindo que os bens a que

---

[33] Textos em português da *Comissão Europeia* (2006) referem-se a estes preços como *preços fictícios*.

se referem fazem parte do comércio internacional como bens transacionáveis.

O *sistema de preços de referência* vai afetar de forma diferente a relação entre benefícios e custos, exigindo, por isso, uma taxa de atualização também diferente, designada por *taxa social de atualização* que, em princípio, deveria representar o custo de oportunidade do capital da Sociedade.

Segundo a metodologia do Banco Mundial, reconhecida na generalidade, procede-se da seguinte forma à valorização social dos componentes de investimento ou de exploração:

- Exclusão das transferências (direitos, taxas, juros internos);
- Adoção de *preços de fronteira*, ou preços mundiais, para os bens *(inputs* e *outputs)* comercializáveis internacionalmente. Utilizam-se os preços mundiais (*CIF* nas importações e *FOB* nas exportações), podendo ser aplicada uma correção relativa ao custo de manuseamento e transporte doméstico *(CMTD)*, ajustada por fatores gerais de conversão *(FGC)* ou específicos *(FEC)* de transporte;
- Adoção de *preços de referência* para os bens *(inputs* e *outputs)* não comercializáveis internacionalmente (energia, água, transportes, conservação, entre outros), aplicando-se fatores gerais de conversão *(FGC)* que convertem os preços internos em preços de fronteira, em que:

$$FGC = \frac{M + X}{(M + X) + (T - S)},$$

sendo:

M – as importações *CIF* do país,
X – as exportações *FOB* do país,
T – o total de direitos de importação, e,
S – o total de subsídios de exportação.

Por seu lado, a *Comissão Europeia* (2006) considera que os fluxos de tesouraria *(cash-flow)* deverão ser tomados como ponto de partida da análise económica, sujeitos aos seguintes ajustamentos:

- *Correções fiscais:* Os impostos indiretos (por exemplo, o IVA), subsídios e puros pagamentos de transferências (por exemplo, pagamentos à Segurança Social) têm de ser deduzidos. Contudo, os preços devem ser ilíquidos de impostos diretos; se os impostos indiretos/ subsídios específicos se destinarem a corrigir efeitos externos, então devem ser também incluídos.

- *Correções de efeitos externos*: Podem ser gerados alguns impactes que, resultantes do projeto, afetem outros agentes económicos, sem nenhuma compensação. Estes efeitos podem ser negativos (uma nova estrada que faz aumentar os níveis de poluição) ou positivos (um novo caminho-de-ferro que diminui a congestão do tráfego numa ligação rodoviária alternativa). Os efeitos externos, que, por definição, ocorrem sem compensação monetária, não estão incluídos na análise financeira, pelo que precisam de ser estimados e avaliados na análise económica.

- *Do mercado aos preços (sombra) contabilísticos*: Além das distorções fiscais e dos efeitos externos, outros fatores podem afastar os preços de um equilíbrio de mercado competitivo (ou seja, eficiente) – regimes de monopólio, barreiras comerciais, regulamentação laboral, informação incompleta, etc. Em todos estes casos, os preços de mercado (ou seja, financeiros) induzem em erro; em vez disso, têm de ser usados preços (sombra) contabilísticos, refletindo os custos de oportunidade das entradas e a disponibilidade dos consumidores para pagarem os produtos. Os preços contabilísticos são calculados mediante a aplicação de *fatores de conversão relativamente* aos preços financeiros.

A metodologia proposta no *Manual* atrás citado, é semelhante às duas já referidas, embora com outras denominações um pouco diferentes: correção das taxas/subvenções e outras transferências, correção das externalidades e conversão dos preços do mercado em preços fictícios, para integrar os custos e benefícios sociais (determinação dos fatores de conversão), nomeadamente quando os preços reais dos fatores e dos produtos são falseados por um mercado imperfeito e quando os salários não estão associados à produtividade da mão-de-obra.

III · AVALIAÇÃO NA ÓTICA ECONÓMICA OU SOCIAL

Exemplo de cálculo do fator de conversão padrão aplicável à distorção dos preços dos fatores e dos produtos (Fonte: *Comissão Europeia***, 2003):**

a) *Para cada bem comercializado, é fácil de encontrar os preços de fronteira (há os preços internacionais, preços CIF para as importações e preços FOB para as exportações, expressos em moeda local).*

b) *Para os bens não comercializados, é necessário encontrar preços internacionais equivalentes. O fator de conversão padrão é aplicado aos bens não comercializados menos importantes, enquanto que para os bens não comercializados mais importantes se aplicam fatores de conversão específicos.*

c) *Exemplos de dados utilizados para calcular o fator de conversão-padrão (em milhões de euros) serão os seguintes:*

– Importações totais (M): M = 2.000
– Exportações totais (X): X = 1.500
– Encargos de importação (Tm): Tm = 900
– Encargos de exportação (Tx): Tx = 25

A fórmula a aplicar para calcular o factor de conversão padrão (FCP) será:

$$FCP = \frac{M + X}{(M + Tm) + (X - Tx)}$$

Logo, FCP = 0,8.

d) *Terreno: o Governo fornece o terreno a um preço reduzido de 50% do preço do mercado. Assim, o preço do mercado será o dobro do preço corrente. O preço de venda deve ser duplicado para refletir o mercado interno; dado que não existe fator de conversão específico, o fator de conversão a aplicar para transformar o preço do mercado em preço de fronteira é o fator de conversão-padrão. O fator de conversão (FC) aplicável ao terreno é igual a 2 × 0,8 = 1,60.*

e) *Edifícios: 30% do custo total correspondem a mão-de-obra não qualificada (o FC para a mão-de-obra não qualificada é 0,48), 40% ao custo dos materiais importados (dos quais 23% são direitos de importação) e 10% a impostos sobre a venda (FC = 0,75), 20% aos materiais locais (FCP = 0,8) e 10% aos benefícios (FC = 0). O fator de conversão será, então: (0,3 × 0,48) + (0,4 × 0,75) + (0,2 × 0,8) + (0,1 × 0) = 0,60.*

f) *Máquinas: importadas sem taxas nem direitos (FC = 1).*

g) *Inventários de matérias-primas: deverá ser utilizado um único material comercializado; o bem não está sujeito a impostos e o preço do mercado é igual ao preço FOB (FC = 1).*

DECISÃO DE INVESTIR

h) Produtos: *o projeto dá origem a dois produtos: A, importado, e B, um bem intermédio não comercializado. Para proteger as empresas nacionais, o Estado impõe um direito de importação de 33% sobre o bem A. O FC de A é igual a 100/133 = 0,75. Para o bem B, para o qual não existe fator de conversão específico, FCP = 0,8.*

i) Matérias-primas: *FC = 1.*

j) Os fatores de produção intermédios são importados sem direitos nem encargos (FC = 1).

k) Eletricidade: *existe um encargo que cobre apenas 40% do custo marginal do abastecimento de eletricidade. Os elementos de custo não são decompostos e admite-se que a diferença entre os preços internacionais e os preços internos de cada elemento de custo utilizado para produzir uma unidade marginal de eletricidade é igual à diferença entre todos os bens comercializados considerados no FCP (FC = 1/0,4 × 0,8 = 2).*

l) Mão-de-obra qualificada: *o mercado não sofre distorção. O salário do mercado reflete o custo de oportunidade.*

m) Mão-de-obra não qualificada: *a oferta é superior à procura, mas está previsto um salário mínimo de 5 euros/hora. No entanto, neste setor, os últimos trabalhadores recrutados são provenientes do mundo rural e o seu salário não passa de 3 euros/ hora. Apenas 60% da mão-de-obra não qualificada refletem os seus custos de oportunidade.*

2.3 – TAXA SOCIAL DE ATUALIZAÇÃO E RENDIBILIDADE SOCIAL GLOBAL

Corrigido o sistema de preços dos fatores afetos ao investimento, importa, de seguida, escolher a taxa de atualização a utilizar para valorizar a um mesmo ano de referência (normalmente o ano 0) o fluxo do *cash-flow* do projeto.

A taxa de atualização aplicada na análise económica dos projetos de investimento – a taxa de atualização social – procura refletir o ponto de vista social sobre o modo como deverá ser avaliado o futuro em relação ao presente, diferindo da taxa de atualização financeira quando o mercado de capitais é imperfeito, o que, na realidade, é sempre o caso (*Comissão Europeia*, 2003).

Essa taxa social de atualização ou desconto deverá constituir, fundamentalmente, a relação social da troca de recursos escassos no presente relativamente aos recursos (ou valor acrescentado) no futuro para a Sociedade, devendo essa relação de troca ser independente do tempo.

III · AVALIAÇÃO NA ÓTICA ECONÓMICA OU SOCIAL

No caso dos projetos co-financiados pela União Europeia, uma referência mínima evidente poderá ser a das obrigações a longo prazo emitidas em euros pelo Banco Europeu de Investimento. O rendimento real destas obrigações pode ser estabelecido tomando em consideração a taxa de rendimento nominal menos a taxa de inflação na UE.

É assim que a Comissão, no âmbito das *Orientações sobre a metodologia para a realização de análises de custo-benefício – O novo período de programação 2007-13 (Comissão Europeia*, 2006), considerando ainda o crescimento económico a longo prazo e nas taxas puras de preferência pelo presente, propõe os seguintes parâmetros de referência indicativos para a taxa de desconto social: 5,5% para os países da *Coesão* e 3,5% para os restantes.

O Banco Mundial, bem como o *BERD* adotaram taxas de rendibilidade económica obrigatória muito superiores (à volta do dobro), podendo refletir, segundo alguns críticos, uma espécie de triagem dos melhores projetos pelos fornecedores de crédito.

Refira-se que os Estados-Membros, relativamente à orientação da Comissão Europeia, podem querer adotar valores diferentes que reflitam condições sócio-económicas específicas. O *Commissariat Général du Plan*, em França e o Tesouro britânico aplicam taxas de desconto social para investimentos do setor público inferiores em cerca de 1,0% a 1,5% (*Comissão Europeia*, 2006).

Uma vez que uma taxa de desconto social seja fixada como parâmetro de referência, ela deve ser aplicada de forma coerente a todos os projetos.

De acordo com o já citado *Manual de Análise de Custos e Benefícios dos Projetos de Investimento*, apoiados no âmbito dos *Fundos Estruturais – FEDER, Fundo de Coesão* e *ISPA (Comissão Europeia*, 2003), a análise económica, que define os fatores de conversão apropriados para cada um dos elementos de entrada e de saída, cobre os benefícios e custos sociais não contabilizados na análise financeira.

Assim, a passagem da análise financeira à análise económica, consiste em transformar os preços do mercado utilizados na análise financeira em preços fictícios (que ajustam os preços falseados pelas imperfeições do mercado) e em tomar em consideração as externalidades que conduzem a custos e benefícios sociais não considerados na análise financeira, porque não geram despesas ou receitas financeiras reais (por exemplo, impactes sobre o ambiente ou efeitos de redistribuição). Isto é possível atribuindo a cada elemento de entrada e de saída um fator de conversão *ad-hoc* (ver abaixo) para transformar os preços de mercado em preços fictícios.

No que se refere à taxa de rendilidade social, dever-se-á ter em conta que uma política de crescimento acelerado implicará sistemas de incentivos ao investimento que valorizem de forma muito diferenciada os recursos (consumos) presentes e futuros, descontando proporcionalmente mais nos futuros.

A rendibilidade global do investimento na ótica pública é, em princípio, o mesmo que a da ótica empresarial, utilizando a mesma noção de *cash-flow* como se teve a oportunidade de referir (naturalmente com o necessário ajustamento de preços):

$$CFE_K - CFI_K,$$

sendo:

CFE_K – o *cash-flow* de exploração no ano k,
CFI_K – o *cash-flow* de investimento no ano k.

A relação *custo-benefício*, aqui lida como de *Benefício/Custo*, reflete uma determinada velocidade de crescimento qualificado, traduzida na relação entre o valor acrescentado que o sistema gera no futuro em relação ao valor (poupança) investido.

Uma medida semelhante à do *índice de rendibilidade do investimento*, a que *Abecassis e Cabral* (2000) chamam de coeficiente de rendibilidade global (R_s), poderá ser adotada para medir a rendibilidade social, considerando-se, neste caso, enquanto custos os consumos:

$$R_S = \frac{B - G}{I},$$

sendo $B–G$ os *cash-flows* atualizados, referentes ao valor acrescentado, e I os gastos de investimento, ou seja:

$$\frac{Benefícios - Gastos\ (dos\ consumos)}{Investimentos}\ \text{atualizados.}$$

Logo, por exemplo, $B - G$ será, mais exatamente, da forma:

$$\sum_{k=1}^{n} \frac{B_k - G_k}{(1 + i)^k}.$$

III · AVALIAÇÃO NA ÓTICA ECONÓMICA OU SOCIAL

A taxa *i* refere-se, precisamente, à taxa social de atualização, determinada na ótica apenas de eficiência, ou seja, refletindo a taxa de preferência inter-temporal da Sociedade.

A rendibilidade global traduz, por seu turno o *VAB* que o sistema é capaz de gerar por uma unidade de poupança investida.

Tratando-se de um indicador tecnicamente equivalente ao empresarial, é diferente no seu conteúdo por utilizar preços referência e taxas de atualização distintos.

A *Comissão Europeia* (2006), por seu lado, considera que a *Taxa Interna de Rentabilidade Económica (TIR-E)* e o rácio *Benefício-Custo (B/C)* transmitem informação relevante, porque são independentes da dimensão do projeto. Contudo, o cálculo destes indicadores pode apresentar algumas limitações, enquanto que o *Valor Atual Líquido Económico (VAL-E)* é mais fiável e deve ser usado como principal indicador de referência para a avaliação de projetos.

Esta temática pode ser melhor entendida através de um pequeno *exemplo de aplicação (21)*, como segue:

Exemplo de aplicação (21):

Consideremos a seguinte informação relativa a um determinado investimento:

Ano	0	1	2	3	4	5	6	7	8	9
(1) Receitas totais	0	1.501	5.701	7.501	7.501	8.501	8.501	8.501	8.501	0
Vendas	0	1.501	5.701	7.501	7.501	8.501	8.501	8.501	8.501	0
(2) Despesas totais	1.186	3.110	8.842	7.556	7.876	7.476	7.567	7.476	7.476	-1.303
Custos de exploração totais	0	2.022	7.252	7.476	7.476	7.476	7.476	7.476	7.476	0
Custo de investimento totais	1.186	1.088	1.590	80	400	0	91	0	0	-1.303
(3) *Cash-flow* líquido (1-2)	-1.186	-1.609	-3.141	-55	-375	1.025	934	1.025	1.025	1.303
Análise na ótica empresarial:										
VAL-F	T. Atual: 5,000%			-2.058						
TIR-F				-3,2%						

Considerando um custo de oportunidade (para ser usado como taxa de atualização) de 5%, teríamos o seguinte valor de VLA na ótica empresarial ou financeira (VLA-E): VLA-F = –2.5058 (negativo, portanto).

Por seu lado, a TIR na óptica empresarial ou financeira (TIR-F) será: TIR-F = –3,2% (negativa, também).

DECISÃO DE INVESTIR

Consideremos agora a seguinte informação:

Ano	0	1	2	3	4	5	6	7	8	9
(0) Benefícios externos totais	0	-452	-452	-512	-512	-512	-512	-512	-512	0
Poupança em custos de transporte	0	42	42	42	42	42	42	42	42	0
Rendimento obtido com desenvolvimento de fluxos turísticos	0	78	78	78	78	78	78	78	78	0
Aumento de poluição (custos de recuperação)	0	572	572	632	632	632	632	632	632	0

Consideremos ainda, os seguintes fatores de correção:

Vendas	1,1
Custos de exploração totais	0,9
Custo de investimento totais	0,9

Poderemos preparar o mapa do *cash-flow* na ótica económica:

Ano	0	1	2	3	4	5	6	7	8	9
(0) Benefícios externos totais	0	-452	-452	-512	-512	-512	-512	-512	-512	0
Poupança em custos de transporte	0	42	42	42	42	42	42	42	42	0
Rendimento obtido com desenvolvimento de fluxos turísticos	0	78	78	78	78	78	78	78	78	0
Aumento de poluição (custos de recuperação)	0	572	572	632	632	632	632	632	632	0
(1) Receitas totais	0	1.651	6.271	8.251	8.251	9.351	9.351	9.351	9.351	0
Vendas	0	1.651	6.271	8.251	8.251	9.351	9.351	9.351	9.351	0
(2) Despesas totais	1.067	2.799	7.958	6.800	7.088	6.728	6.810	6.728	6.728	-1.173
Custos de exploração totais	0	1.820	6.527	6.728	6.728	6.728	6.728	6.728	6.728	0
Custo de investimento totais	1.067	979	1.431	72	360	0	82	0	0	-1.173
(3) *Cash-flow* líquido (1-2)	-1.067	-1.600	-2.139	939	651	2.111	2.029	2.111	2.111	1.173

Considerando um custo de oportunidade (para ser usado como taxa de atualização) de 5%, teríamos o seguinte valor de VLA na ótica económica: VLA-E = 3.493 (positivo, portanto).
Por seu lado, a TIR na ótica económica: TIR-E = 18,7% (positiva e elevada).

III · AVALIAÇÃO NA ÓTICA ECONÓMICA OU SOCIAL

Como se verifica, avaliando as externalidades do projeto de investimento e aplicando fatores de correção dos preços (sem proceder, no entanto, à correção fiscal), a situação inverter-se-ia completamente. Assim, o projeto não seria atrativo na ótica empresarial e seria muito atrativo na ótica social.

3 – AVALIAÇÃO SOCIAL DO MÉRITO – CONTROLAR OS OBJETIVOS DA POLÍTICA PÚBLICA

Os critérios assentes na análise do *custo-benefício* (social), não obstante serem técnica e formalmente elegantes e mais rigorosos, são prejudicados pela complexidade e difícil operacionalidade da sua implementação, dada a dificuldade de fixação dos seus pressupostos de base, ou seja, os preços de referência e a taxa social de atualização.

Mais operacionais e mais simples e, sobretudo, mais transparentes para os promotores dos projetos de investimento selecionados ou rejeitados, surge o critério de *avaliação social do mérito*, a que *Bridier e Michailof* (1995) chamam de *método dos efeitos* e, por isso, os mais utilizados nos sistemas de incentivos.

3.1 – PRESSUPOSTOS CONCEPTUAIS

O método da avaliação social do mérito baseia-se, tão simplesmente, nos objetivos da política económica, refletida nos seus *Programas de Desenvolvimento*, e nas medidas que melhor refletem a contribuição do projeto para a sua concretização, medindo, assim, o seu grau de aderência aos mesmos.

Atenuando as críticas normalmente referidas aos critérios primários, a utilização de *critérios de aferição da produtividade de recursos escassos* exige um algoritmo que conduz a uma única medida de seleção, que pressupõe atender basicamente a:

a) Objetivos programáticos ou medidas de aderência:

- De crescimento do Produto Nacional;
- De emprego;
- De eficiência (produtividade);
- De inovação:
- De equilíbrio cambial;

b) Métodos de integração e de referência:

- Ponderações parcelares;
- Ponderação final.

Os procedimentos mais comuns começam por classificar cada medida (indicador) utilizada, tendo em conta uma chave de classificação de referência (por exemplo, entre 0 e 100). De seguida, obtém-se a classificação final do projeto tendo em conta uma média que pondera, de forma adequada, cada medida em função da importância dos objetivos que refletem.

A seleção de projetos será feita, então, na base de uma comparação com valores (níveis) de referência segundo perspetivas diferentes:

- Numa primeira perspetiva, utiliza-se a média nacional. Neste caso, haveria um fator de especialização setorial privilegiando os projetos de setores normalmente posicionados acima da média nacional;
- Numa segunda perspetiva, utilizam-se as medidas setoriais, privilegiando assim, opções de produto e empresa em detrimento da visão setorial, leia-se, especialização setorial;
- Poderá ainda considerar-se uma perspetiva mista, resultante da combinação das duas referências anteriores não se perdendo a orientação setorial e protegendo-se a visão da empresa e do produto.

Há alguns cuidados a ter na aplicação deste método, devendo-se, nomeadamente, considerar:

i) A identificação dos objetivos subjacentes que, por vezes, são determinados de forma genérica;

ii) A obtenção de um indicador, uma medida, que reflita o grau de avaliação desses objetivos para determinar a aderência do projeto aos objetivos;

iii) O tratamento dos dados feito em termos de análise de critérios, classificando-os em bases admissíveis, numa escala de pontuação (por exemplo, de 0 a 100).

iv) O grau de exigência da seletividade (de 0 a 100) dos projetos;

v) Preocupações teóricas relacionadas com os níveis de referência para a seleção dos projetos.

Assim, numa lógica da especialização utiliza-se a média nacional; se a lógica for a da eficácia da empresa, então, a comparação será feita com a média do setor, com o ambiente em que funciona.

Por exemplo, pontuar a formulação aplicada a uma dada empresa, relativamente à medida de produtividade aparente do trabalho:

$$\frac{VAB}{Emprego} \text{ do projeto } vs. \text{ média nacional.}$$

Pode comparar-se o resultado da empresa com o da norma de eficácia intersetorial *(Bandt, 1975)*, como é o caso expresso graficamente na *Figura 37* que segue, aplicado a uma empresa têxtil e outra electrónica: a curva de eficácia intersetorial resulta do ajustamento VAB/Emprego = $= f$ (k/emprego) das distintas empresas dos diversos setores de atividade (ver *anexo 2*):

Figura 37 – **Lógica da especialização e lógica da eficácia empresarial**

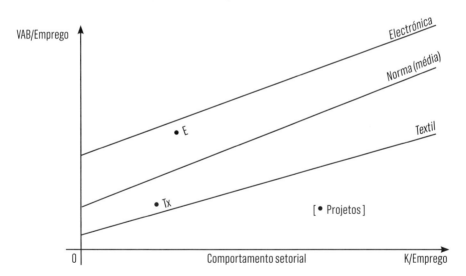

Fonte: adaptado de *Andrez*, 1996.

Note-se que a *indústria têxtil* está abaixo da média nacional mas, um projeto Tx apresentado acima da curva (embora abaixo da *norma*), será um bom projeto em termos de eficiência pelo que poderá ser apoiado. Em contraparida o projeto E, embora pertencendo a um setor acima da média, é um mau projeto por estar abaixo da competitividade do setor.

DECISÃO DE INVESTIR

3.2 – TIPIFICAÇÃO E CRITÉRIOS

Atendendo a que os critérios fixados nos *Planos* ou *Programas de Desenvol-vimento*, para além de outros, se traduzem geralmente na aceleração do crescimento do produto nacional, na inovação tenológica, no aumento e qualificação do emprego, na produtividade (do capital e do trabalho) e nos equilíbrios das trocas externas, a partir da melhor combinação dos recursos disponíveis, proceder-se-á à tipificação desta abordagem meto-dológica a partir de medidas mais utilizadas para avaliar aqueles objetivos de referência, que devem ser aqui assumidos como meros exemplos.

3.2.1 – PRODUTO NACIONAL OU SOCIAL

A medida do produto social deve refletir um dos objetivos primordiais de política económica – a maximização (do crescimento) do produto social – que é traduzida pelo valor acrescentado bruto *(VAB)*.

A medida de crescimento será pois um dos critérios a considerar:

$$\frac{VAB \ referente \ ao \ período \ (t + n)}{VAB \ referente \ ao \ período \ t}$$

A relação entre o *VAB* e outras variáveis, ou seja, a combinação de recursos para a obtenção do produto, pode qualificar e explicar a taxa de crescimento do *VAB*. Assim, a sua proporção com o capital (investido) e o trabalho, dentro dos limites impostos pela tecnologia e pela disponibili-dade de ativos humanos e de recursos financeiros ao dispor da coletividade, faz compreender a origem do crescimento do produto. Constituindo, no entanto, medidas de produtividade, aprofundando-se a sua abordagem nos pontos respetivos mais à frente.

O cálculo do efeito de um projeto em termos de valor acrescentado destina-se, assim, a avaliar a sua harmonia com um objetivo de crescimento programado para o ramo de atividade em que se insere, ou para a globa-lidade da economia, em termos de recursos afetos.

Tal como referem *Abecassis e Cabral* (2000), este critério pode, por exemplo, permitir, perante projetos alternativos, escolher os de maior efeito no crescimento do produto social, e permite ainda, isoladamente, uma medida absoluta de rendibilidade social, dada pela taxa interna de rendibilidade social atrás estudada:

$$\sum_{k=0}^{n} \frac{VAB_k - I_k}{(1 + i)^k} = 0.$$

O valor de i_0 representa a taxa social de avaliação, devendo ser comparada com a taxa programada de crescimento do *produto* na coletividade constante dos *Planos de Desenvolvimento* do país.

3.2.2 – EMPREGO

A medida do efeito de um investimento em termos de emprego deve ser medida tanto em termos absolutos, pelo número de postos de trabalho criados, como em termos relativos, através da relação entre o emprego antes e após o projeto de investimento:

$$\frac{Emprego \ referente \ ao \ período \ (t + n)}{Emprego \ referente \ ao \ período \ 0}$$

Esta medida pode ser decomposta em função das realidades parcelares que representa em termos das suas qualificações, remuneração ou mesmo região em que se insere, medindo de forma mais eficaz o impacte do emprego relativamente a objetivos específicos que ele encerra.

Tal como para o *Produto Nacional*, a relação entre o emprego e outras variáveis, pode qualificar e explicar a taxa de crescimento do emprego. Da mesma forma, constituindo, no entanto, medidas de produtividade, aprofundando-se a sua abordagem nos pontos respetivos que seguem.

3.2.3 – PRODUTIVIDADE DO CAPITAL

A medida mais utilizada para medir a produtividade do capital investido é denominada por *coeficiente médio capital-produto*, representada da seguinte forma:

$$Capital/Produto = \frac{I}{VAB},$$

em que *I* representa o montante do investimento e *VAB* a anuidade do valor acrescentado bruto em condições normais de exploração do investimento (média anual daquele indicador).

É uma medida de *custo-benefício* que relaciona duas variáveis importantes e que reflete a produtividade social ou os objetivos de crescimento social. Aquela relação está vocacionada para medir a intensidade de capital necessária para a obtenção de uma unidade de produto, ou seja, a produtividade do capital utilizado e a sua maior ou menor aptidão para gerar *produto*.

Tal relação aparece, portanto, como critério de eleição em países caracterizados por escassez de capital, visto que permite, de um modo simples, privilegiar os investimentos de maior produtividade desse recurso escasso. Mais o será, certamente, em países onde o investimento seja financiado em boa parte por recurso a capitais externos, diminuindo as exigências de capital relativamente ao *produto*.

O inverso do *coeficiente capital-produto*, é denominado *produto* por unidade de capital investido, que permite medir a eficácia (produtividade) da utilização do capital na criação do produto social.

3.2.4 – PRODUTIVIDADE DO TRABALHO

A produtividade do trabalho (emprego) é medida, em geral, pela relação entre o *VAB* médio (ou a anuidade) e o emprego, também denominada *produtividade aparente do trabalho*:

$$\frac{Produto}{Emprego} = \frac{VAB}{Emprego}.$$

Esta medida permite controlar a combinação de ativos humanos para obtenção do máximo valor do produto social *(VAB)*.

Outra medida de produtividade do trabalho é representada pela relação entre o investimento e o número de empregados, ou seja, pela relação *capital-emprego*:

$$Capital/Emprego = \frac{I}{Emprego},$$

3.2.5 – EFEITO INOVADOR E OUTROS IMPACTES NA EMPRESA E NA ECONOMIA

O efeito inovador dos investimentos tem sido avaliado por critérios tanto quantitativos, como qualitativos, em função de diversos objetivos como, por exemplo:

- O grau de complexidade tecnológica da empresa e do projeto, premiando os investimentos que utilizam tecnologia avançada (por exemplo, microeletrónica, tecnologias de informação e comunicação, novas tecnologias de produção, biotecnologia e tecnologias de materiais, entre outras);
- O desenvolvimento de novos produtos, medido pelo número de novos produtos introduzidos, podendo haver maior ou menor amplitude na consideração de *novos* produtos;
- A introdução ou desenvolvimento de novos processos;
- O fabrico de bens de equipamento;
- A introdução da automação e informática na produção;
- O valor acrescentado nacional;
- Os investimento em *I&D*, incluindo os associados a laboratórios de investigação.

Associado com o efeito inovador, medem-se outros fatores complexos de competitividade do tipo:

- O uso de técnicas avançadas de gestão;
- A existência de *estruturas de controlo de qualidade*;
- O controlo dos circuitos de distribuição;
- A utilização de recursos naturais;
- A intensidade do consumo energético;
- As preocupações ambientais, incluindo a reciclagem de resíduos industriais;
- O grau de modernização da empresa *após-projeto*;
- O impacte do projeto na competitividade da empresa,

Finalmente, relacionados também com os efeitos inovadores e os outros fatores dinâmicos de competitividade, mede-se o seu contributo, não só para a empresa mas também para o setor, a região ou o país, e até, o grau de aderência do projeto aos objetivos da política pública, em geral, e para

DECISÃO DE INVESTIR

os da política económica (industrial ou outras), em particular. São critérios a utilizar, neste caso:

- Intensidade dos efeitos induzidos na estrutura industrial, a montante e jusante, no âmbito dos efeitos inovadores;
- Adequação do projeto às *estratégias de política económica (industrial* ou *outras);*
- Contributo do projeto para a competitividade nacional.

3.2.6 – EFEITO EM TERMOS DE DIVISAS

O contributo do investimento para o equilíbrio das *Balanças Comercial* e de *Pagamentos* representa, normalmente, um dos objetivos da política económica e dos *Planos de Desenvolvimento.*

É possível construir alguns indicadores da importância do projeto à luz do impacte esperado nas *Balanças Comercial* e de *Pagamentos* do país, os quais são de utilidade evidente para selecionar investimentos em função do seu contributo para uma melhor relação entre entrada e saída de divisas.

A medida mais utilizada para medir o efeito do investimento em termos de divisas é o grau de exportações da empresa, ou seja, a relação entre as vendas para o mercado externo e as vendas globais da empresa, bem com a taxa de variação das mesmas relativamente à situação ante e após projeto:

$$Grau\ de\ exportação = \frac{Exportações}{Vendas}.$$

Como medida efetivamente expressa em divisas, utiliza-se normalmente a relação *capital/produto em divisas,* dada pela relação entre o valor do investimento em divisas (I_M) e a média anual (ou anuidade) do saldo líquido em divisas $(E - M)$, sendo E as exportações e M as importações:

$$Capital/Produto\ em\ divisas = \frac{I_M}{(E - M)},$$

4 - REFERÊNCIAS PORTUGUESAS

Julga-se interessante abordar, ainda que de forma muito sintética, e a título de mera exemplificação, algumas experiências de avaliação económica e social em Portugal, pela sua importância à época da respectiva implementação, desde a primeira a impor este tipo de avaliação num sistema de incentivos (o *SIII*), até à mais atual (no âmbito do *Quadro de Referência Estratégico Nacional – QREN*), passando por aquela que, porventura, foi o mais importante instrumento de política industrial implementado em Portugal (o *PEDIP*), e que serve de referência a todas as posteriores:

i) *SIII – Sistema Integrado de Incentivos ao Investimento* (1980);
ii) *SEBR – Sistema de Estímulos de Base Regional* (1986);
iii) *PEDIP – Programa Específico de Desenvolvimento da Indústria Portuguesa* (1988);
iv) *PEDIP II – Programa Estratégico de Dinamização e Modernização da Indústria Portuguesa* (1994);
v) *SI INOVAÇÃO – Projetos de Empreendedorismo Qualificado* (2005).

Importa notar que o primeiro sistema a conceder incentivos financeiros e fiscais em Portugal foi criado pela Lei de Fomento, em 1972, aprovado pela Lei n.º 3/72, de 27 de Maio, a qual definiu a Política Industrial no nosso país, estabelecendo os princípios e os meios financeiros. O respetivo sistema de incentivos foi regulamentado pelo Decreto-Lei n.º 74/74, de 28 de Fevereiro.

4.1 - SISTEMA INTEGRADO DE INCENTIVOS AO INVESTIMENTO (SIII)

O *Sistema Integrado de Incentivos ao Investimento (SIII)*, criado em 1980, pelo Decreto-Lei n.º 194/80, de 19 de Junho, concedia isenções fiscais e bonificações das taxas de juro, cujas intensidades de apoio eram função do maior ou menor grau de eficácia do projeto em função de três critérios:

1. Um primeiro critério, denominado *P1*, que ponderava a relação capital/produto (Investimento/VAB), considerando de forma diferenciada os componentes internos e externos daqueles dois indicadores. A forma de pontuar este critério, que pesava 40% na pontuação final, era a seguinte:

DECISÃO DE INVESTIR

$$P1 = 16 - 4Y.$$

Na determinação do *coeficiente capital/produto*, Y, premiava-se os efeitos positivos na *Balança de Pagamentos*, através de uma correção de preços do tipo dos preços-sombra:

$$Y = \frac{ID + 1,2IM}{(VD - CD) + 1,2(VX - CM)},$$

em que:

Y – o coeficiente de produtividade económica,
ID – o investimento em capital fixo de origem interna,
IM – o investimento em capital fixo de origem externa,
VD – o valor das vendas no mercado interno,
VX – o valor das vendas no mercado externo,
CD – o valor dos consumos intermédios de origem interna,
CM – o valor dos consumos intermédios de origem externa.

Penalizavam-se, assim, as contribuições negativas para a *Balança de Pagamentos*, e beneficiavam-se, em contrapartida, as contribuições *(VX – CM)* positivas para a mesma *Balança (Figura 38)*:

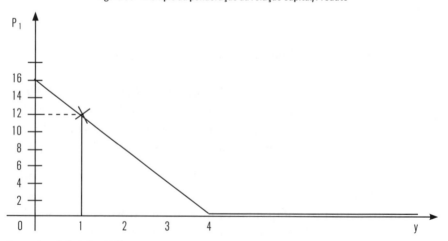

Figura 38 – Exemplo da ponderação da relação Capital/Produto

Fonte: adaptado de *Andrez*, 1996.

III · AVALIAÇÃO NA ÓTICA ECONÓMICA OU SOCIAL

É um critério misto. Quanto maior for *y*, menor a classificação de *P1* (não sendo pontuado para além de 4, para proteger o fator trabalho.

Assim, quanto mais elevado *Y*, mais baixa era a pontuação *(P1)*. Favorecia-se, assim, a produtividade, o produto (valor acrescentado), o balanço de divisas e o emprego.

De notar que o fator *1,2* (no denominador) penalizava o investimento e os consumos importados e favorecia o produto exportado (numerador). Num país onde o capital era escasso e a mão-de-obra abundante, os bens de capital eram importados e a *Balança de Pagamentos negativa*, o critério aderia aos objetivos governamentais.

2. Um segundo critério, *P2*, de natureza setorial, e com ponderação de 30%, pontuava o projeto de acordo com o setor em que o mesmo se inseria, penalizando-se os setores tradicionais (o setor têxtil, por exemplo, era mal classificado).

3. Um último critério, *P3*, com ponderação de 30%, pontuava os projetos favorecendo as regiões menos industrializadas e com menor índice de emprego.

Estes critérios entravam depois numa média ponderada – análise multicritério – que representava a pontuação final do projeto que, no fundo, era a variável principal para determinada intensidade do apoio, tendo subjacentes objetivos de emprego (dados pelos critérios 1 e 3) e objetivos de riqueza (dados pelo critério 2).

A ponderação deste programa de incentivos tinha uma pontuação baseada em percentagens, sendo que os sistemas de investimento tinham como objetivo estimular determinadas políticas de investimento em função do grau de aderência com os objetivos sociais.

A criação de emprego tinha um efeito induzido (de majoração) importante na classificação dos projetos, nomeadamente quanto ao trabalho qualificado, objetivo que tinha, então, um efeito perverso sobre os objetivos de produtividade, razão pela qual se tinha de selecionar como medida o *VAB/I*, e não o *VAB/Emprego*, porque estas medidas podem ser contraditórias.

DECISÃO DE INVESTIR

4.2 – SISTEMA DE ESTÍMULOS DE BASE REGIONAL *(SEBR)*

O *Sistema de estímulos de base regional (SEBR)*, criado em 1986, pelo Decreto-
-Lei nº. 283-A/86, de 5 de Setembro[34], no âmbito do Quadro Comunitário
de Apoio I *(QCA I)*, tinha como objetivo fundamental "contribuir para o
desenvolvimento equilibrado das regiões (com especial incidência para as
regiões menos desenvolvidas), incentivando a atividade industrial, fomen-
tando a criação e modernização de empresas e promovendo a correção dos
equilíbrios estruturais da economia portuguesa, designadamente o défice
externo e o desemprego".

O *SEBR* concedia uma comparticipação financeira direta, correspondente à soma das três componentes seguintes:

a) Uma componente ligada ao objetivo de dinamizar a base produtiva
regional, a qual correspondia a aplicação de uma percentagem
(variando entre 1% a 15%) sobre a totalidade das aplicações relevantes do projeto; para o efeito desta componente, os projetos
eram classificados em função de uma modelação das regiões e de
setores, penalizando tanto as regiões (por exemplo, Lisboa, Porto,
Almada, Setúbal) como os setores (por exemplo, os setores têxtil
e do vestuário), considerados *saturados*.

b) Uma outra componente ligada ao objetivo de promoção do
emprego, a qual correspondia à multiplicação de um valor fixo
(variando entre 1.500 euros e 1.000 euros) pelo número de empregos criados; igualmente para esta componente, o valor do estímulo
era modulado em função das regiões e dos setores (mais uma vez
penalizando tanto os setores como as regiões consideradas *saturados*).

c) E uma última componente ligada ao objetivo de inovação e modernização da indústria nacional, apenas aplicável aos projetos de *I&D*
e aos projetos de inovação e modernização, podendo atingir 20%
das aplicações relevantes do projeto, sendo variável em função da
tipologia de projetos; excecionalmente, os projetos considerados
de elevado grau de inovação e incorporação tecnológica nacional
poderiam atingir os 25% das aplicações relevantes.

---

[34] Regulamentado pela Portaria n.º 495/86 de de Setembro.

O nível das comparticipações financeiras a conceder no âmbito desta componente era estabelecido de acordo com o interesse industrial em função de determinados critérios (grau de complexidade do produto e tecnologia, intensidade dos efeitos induzidos a montante e a jusante, utilização de recursos naturais, valor acrescentado nacional, valor acrescentado bruto por unidade de trabalho e intensidade do consumo energético).

Eram considerados prioritários no âmbito dos projetos de *I&D* os projetos em áreas de tecnologia avançada, os de desenvolvimento de novos produtos e processos, os que visavam uma maior autonomia tecnológica nacional, os associados a laboratórios de investigação.

Por sua vez, eram considerados projetos de modernização e inovação os de fabrico de produtos envolvendo tecnologias avançadas, os que abrangiam o fabrico de novos produtos, a introdução de novos processos de fabrico, o fabrico de bens de equipamento, a introdução da automação e informática e a associação a laboratórios e equipamentos de controlo de qualidade.

Eram, por sua vez, consideradas áreas de tecnologia avançada a microeletrónica, as tecnologias de informação, as novas tecnologias de produção, a biotecnologia e as tecnologias de materiais.

No âmbito do Quadro Comunitário II, a par do Programa Específico de Desenvolvimento da Economia Portuguesa *(PEDIP)*, o *SEBR* foi substituído pelo Sistema de Incentivos de Base Regional *(SIBR)*, criado em 1988, pelo Decreto-Lei nº 15-A/88, de 18 de Janeiro. Este sistema de incentivos foi alterado para permitir uma articulação com o correspondente sistema de incentivos do *PEDIP*, através do Decreto-Lei nº. 483-B/88, de 28 de Dezembro[35].

O *SIBR* apresenta uma concepção muito semelhante à do *SEBR*, sendo que a comparticipação financeira assumia então as seguintes componentes:

a) Uma ligada à política industrial;
b) Outra associada à localização regional; e,
c) Uma outra relacionada com o objetivo de promoção do emprego.

A determinação das comparticipações financeiras obedecia a uma filosofia equivalente à do *SEBR*.

---

[35] Regulado pela Portaria nº. 36-A/88, de 18 de Janeiro.

DECISÃO DE INVESTIR

4.3 – PROGRAMA ESPECÍFICO DE DESENVOLVIMENTO DA INDÚSTRIA PORTUGUESA *(PEDIP)*

O *PEDIP*, programa de política industrial, criado ao abrigo do Regulamento 2053/88/CEE, do Conselho Europeu, vigorou entre 1988 e 1993, teve como objetivo fundamental o reforço da competitividade da indústria portuguesa. Neste contexto, promoveu estímulos à inovação, pressupondo a mudança de atitudes e comportamentos dos agentes económicos, o aumento da produtividade, a modernização tecnológica, a melhoria da capacidade de gestão e da qualificação dos ativos humanos, tudo com reflexos no potencial estratégico e no esforço de inovação (*Ministério da Economia*, 1995).

O *PEDIP* foi financiado por uma linha orçamental específica, daí a sua designação de "Programa Específico", independente das linhas de financiamento do Quadro de Apoio II, com o qual funcionou em paralelo, articuladamente como o *SIBR*.

Através do *Sistema de Incentivos Financeiros do PEDIP* (conhecido por *SINPEDIP*), criado em 1988 pelo Decreto-Lei nº 483-D/88, de 28 de Dezembro[36], foram introduzidos, então, quatro critérios de competitividade potencial para avaliar da relevância industrial do projeto:

1º Critério: *A Caracterização do Projeto*

Por este critério, o projeto podia ser classificado de modernização por racionalização (custos médios a decrescer), de modernização por inovação e de elevado potencial tecnológico. Este critério tinha uma pontuação de 15%.

2º Critério: *Prioridades da Política Industrial*

Neste critério eram considerados seis sub-critérios:

- Os *efeitos induzidos* – a montante e a jusante – da fileira industrial (intensificação da política inter-setorial);
- O grau de introdução de *novas tecnologias*;
- A introdução de *novos produtos*;
- A existência de *estruturas de controlo de qualidade*;

---

[36] Regulado pela Portaria n.º 840/88, de 31 de Dezembro.

- A *utilização de recursos naturais*;
- A *intensidade do consumo energético*.

Este critério tinha uma ponderação de 35%.

3º Critério: *Medidas de Produtividade Industrial*

Eram três as medidas que intervinham como sub-critérios deste critério:

- O *VAB por unidade de trabalho*, em comparação com a média nacional;
- O *acréscimo de produtividade induzido pelo projeto (VAB/Emprego)*;
- A *rendibilidade económica do projeto* (medida pela *TIR*).

A ponderação deste critério na pontuação final era de 25%.

4º Critério: *Prazo de Recuperação de Divisas (PRD)*

Este critério baseava-se na comparação de divisas e no número de anos necessários para as recuperar. Tinha uma pontuação nula quando o *PRD* era superior a 4 anos. A sua ponderação era de 25%.

Imposto pelo *PCEDED (Programa de Correção Estrutural do Défice Externo e do Desemprego*, criado pela Resolução do Conselho de Ministros, n.º 22/87, de 31 de Março), este último critério seria entretanto abandonado pois a geração de divisas e o critério do valor acrescentado *(VAB)* encerram em si mesmo a possibilidade de efeitos perversos na política industrial, tanto mais que não era convergente com os objetivos da política industrial que estimulava a exportação a jusante da fileira industrial, admitindo que as importações se deveriam verificar a montante. Do ponto de vista do *VAB*, por exemplo, é mais importante para o País que uma fábrica venda no mercado interno do que exportar.

Note-se que, entretanto, tinha sido atenuado o desequilíbrio da Balança Comercial na altura do abandono daquele critério.

Era ainda incentivado o emprego qualificado, através de uma majoração do incentivo.

Desenvolvimentos destes métodos são os que seguem, de maior simplicidade, embora sem tanta riqueza formal e conceptual, mas com superior facilidade de *leitura*.

DECISÃO DE INVESTIR

4.4 – PROGRAMA ESTRATÉGICO DE DINAMIZAÇÃO E MODERNIZAÇÃO DA INDÚSTRIA PORTUGUESA *(PEDIP II)*

O *PEDIP* foi substituído, em 1994, pelo PEDIP *II*, no âmbito do *QCA III*. Criado pelo Decreto-Lei n.º 177/94, de 27 de Junho, o PEDIP *II*, vigorou até ao ano 2000, tendo sido "globalmente orientado para promover a inovação nas suas múltiplas e complementares facetas", entendendo-se estas como "a exploração com sucesso de novas ideias"; o *programa* como objetivo fulcral "a dinamização do crescimento sustentado da competitividade das empresas industriais e o reforço da capacidade de resposta às rápidas mutações tecnológicas e de mercado" (*Ministério da Economia*, 1995).

No âmbito do *PEDIP II* foi criado um conjunto de sistemas de incentivos, através da Resolução do Conselho de Ministros, n.º 50/94, de 1 de Julho, dos quais se destaca, para efeitos da exemplicação de critérios de avaliação económica e social de investimentos, o *SINDEPEDIP* (Sistema de Incentivos a Estratégias de Empresas Industriais), que previa um conjunto alargado de regimes de apoio.

O *SINPEDIP* tinha, igualmente, objetivos de valorização do capital, sem pôr em causa os objetivos de emprego. A pontuação obtida servia para selecionar projetos e a respetiva classificação evidenciava sobretudo critérios de seleção e critérios de majoração (marginais ao projeto).

O *SINDEPEDIP*, regulamentado pelo Despacho Normativo n.º 545/94, de 27 de Julho, dava então "especial ênfase a fatores qualitativos do desenvolvimento empresarial, desde os diagnósticos e planos empresariais estratégicos, até à dinamização de serviços de apoio à indústria", inclusive em matéria de estudos de *marketing* e de transferência de tecnologia e de fatores dinâmicos de competitividade, como sejam "a capacidade de projeto e conceção de produtos, a preservação do ambiente, a melhoria das condições de trabalho e os requisitos de qualidade.

A inovação e a transferência de tecnologia eram apoiadas pelo *SINDE-PED* nos seguintes temos:

i) "considerando relevantes todos os gastos de investimentos, corpóreos e incorpóreos, necessários para o desenvolvimento estratégico empresarial (diagnósticos tecnológicos, equipamento, custos de aquisição de tecnologia, formação e especialização dos ativos humanos);

ii) "apoiando diretamente através de um regime específico o desenvolvimento tecnológico de novos produtos ou processos nos laboratórios *(I&D)* da própria empresa, isoladamente ou em parceria com instituições do sistema científico e tecnológico".

No âmbito do *SINDEPEDIP*, existiu o Regime de Apoio a Estratégias Empresariais Integradas, regulamentado através do Despacho Normativo n.º 548/94, de 29 de Julho, que definiu três critérios para aferição da *valia industrial* dos projetos, isto é, da sua pontuação económica e social.

A – Adequação do projeto às *Estratégias Industrial e Empresarial* – tinha como referência os objetivos da Política Industrial e as opções estratégicas de desenvolvimento da empresa, avaliando o compromisso entre eles, e era medido por dois critérios:

A1 – Inserção da estratégia da empresa na Política Industrial;
A2 – Grau de satisfação das necessidades da empresa de acordo com as Orientações Estratégicas.

A pontuação do critério *A*, em função dos seus dois sub-critérios, fazia-se da seguinte forma:

A2 – Grau de satisfação das necessidades da empresa de acordo com as Orientações Estratégicas	A1 – Inserção da estratégia da empresa na Política Industrial			
	Fraca	Média	Boa	Muito boa
Fraca	0	0	0	0
Média	0	40	50	70
Boa	0	50	70	90
Muito boa	0	70	90	100

A1 – Inserção da estratégia da empresa na Política Industrial – tinha em conta os seguintes parâmetros:

– Efeitos induzidos na estrutura industrial;
– Utilização de recursos naturais e reciclagem de resíduos industriais;
– Compatibilização da competitividade empresarial com as preocupações ambientais;

DECISÃO DE INVESTIR

- Intensidade energética;
- Utilização de fatores dinâmicos de competitividade;
- Controlo dos circuitos de distribuição;
- Modelo de financiamento da empresa.

A classificação final de *A1* era obtida da seguinte forma:

Muito boa	Pelo menos 4 critérios de *muito bom* e outros *bom*
Boa	Pelo menos 4 critérios de *bom* e outros *médio*
Média	Pelo menos 4 critérios de *médio*
Fraca	Outras situações

A2 – Grau de satisfação das necessidades da empresa de acordo com as Orientações Estratégicas – avaliava-se o grau de adequação do projeto às necessidades reais da empresa nas variáveis consideradas chave para a competitividade global da empresa, cobrindo as áreas organizacional, de ativos humanos, tecnológica/produtiva, económica, financeira, comercial, energética e ambiental.

O projeto podia ser graduado num dos quatro níveis seguintes:

Muito boa adequação	*Muito boa adequação* em todas as variáveis chave
Boa adequação	Pelo menos *boa adequação* em todas as variáveis chave
Média adequação	Pelo menos *média adequação* em todas as variáveis chave
Fraca adequação	Outras situações

B – Grau de *modernização da empresa após-projeto* – tinha como referência os níveis mais adequados dos métodos, técnicas e tecnologias associadas à gestão da qualidade, produtividade, flexibilidade e à organização. Este critério tinha por objetivo avaliar o impacte do projeto no grau de modernidade do património tecnológico e organizacional da empresa após-projeto, aferido pelos desempenhos do produto, pela qualificação dos ativos humanos e pela eficiência da gestão, de acordo com a seguinte graduação:

Situação de elevado potencial tecnológico – correspondente a um grau de domínio elevado dos métodos, técnicas e tecnologias mais evoluídas disponíveis, posicionando a empresa a um nível competitivo de excelência	100 pontos
Situação de modernização e inovação – correspondente a um grau de domínio adequado dos métodos, técnicas e tecnologias inovadoras, induzindo um bom aproveitamento das potencialidades do mercado	70 pontos
Situação de racionalização industrial – correspondente a um grau de domínio adequado dos métodos, técnicas e tecnologias, posicionando a empresa a um nível competitivo que assegure a sua viabilidade a médio prazo	40 pontos
Outras situações	0 pontos

C – Nível da *produtividade económica da empresa após-projeto*. Este critério avaliava o impacte económico do projeto segundo dois sub-critérios:

> *C1* – Aproximação da produtividade média nacional ao padrão de eficiência comunitária no setor em causa;
>
> *C2* – Melhoria do nível competitivo da empresa, induzido pelo acréscimo de produtividade.

O indicador a utilizar era o da produtividade económica da empresa após a realização do projeto, medida pela relação *VAB/Emprego* (R_2).

A graduação do projeto, em quatro níveis, era obtida através da aplicação da seguinte grelha:

C1 – Aproximação à média comunitária	C2 – Acréscimo de produtividade		
	$R_2 < 1,2\,R_1$	$1,2\,R_1 \leq R_2 \leq 1,5\,R_1$	$R_2 > 1,5\,R_1$
$R_2 > 0,9\,R$	100	100	100
$0,9\,R \geq R_2 > 0,5\,R$	70	70	100
$0,5\,R \geq R_2 \geq 0,3\,R$	40	70	70
$R_2 < 0,3\,R$	0	40	40

Sendo,

> *R* – Parâmetro divulgado pelo antigo Ministério da Indústria e Energia;
>
> R_1 – Produtividade da empresa pré-projeto.

Aproximação à média comunitária	Empresas a criar
$R_2 > R$	100 pontos
$R \geq R_2 > 0,7\, R_1$	70 pontos
$0,7\, R \geq R_2 \geq 0,5\, R_1$	40 pontos
$R_2 < 0,5\, R$	0 pontos

Valia Industrial (VI) do projeto

A elegibilidade do projeto era função da sua *Valia Industrial*, que media o grau de inserção do mesmo nos objetivos do programa e da respetiva medida, e era determinada da seguinte forma:

$$VI = 0,45\, A + 0,35\, B + 0,20\, C,$$

sendo $VI = 0$, quando $A = 0$:

Classificação	Valia Industrial	
	Empresas existentes	Empresas novas incluindo novas unidades de existentes
Muito boa	$VI > 80$	$VI > 90$
Boa	$50 \leq VI \leq 80$	$60 \leq VI \leq 90$
Fraca	$VI < 50$	$VI < 60$

Os projetos com a classificação de *Fraca Valia Industrial* não eram elegíveis.

Entre 2002 e 2004, vigorou o *Programa de Reforço e Dinamização da Cooperação Empresarial (SISCOOP)*, um projeto de iniciativa pública, homologado em 15 de Março de 2002, que foi concebido, promovido e coordenado pelo *IAPMEI* – Instituto de Apoio às Pequenas e Médias Empresas e ao Investimento, visando, basicamente, potenciar os resultados obtidos e consolidar a experiência adquirida com a execução do *Pedip II*, tendo como objetivo a dinamização e consolidação de um sistema integrado de cooperação empresarial, especialmente concebido para *PME*.

4.5 – SI INOVAÇÃO, PROJETOS DE EMPREENDEDORISMO QUALIFICADO[37]

O *SI Inovação, Sistema de Incentivos à Inovação*, foi criado em 2004, através do Decreto-Lei n.º 287/2007, de 17 de Agosto[38], no âmbito do Quadro de Referência Estratégico Nacional para o período 2007-2013, aprovado pela Resolução do Conselho de Ministros, n.º 86/2007, de 3 de Julho.

O seu objetivo determinante consistia em apoiar a inovação no tecido empresarial, no âmbito da "produção de novos bens, serviços e processos que suportam a sua progressão na cadeia de valor e o reforço da orientação para os mercados internacionais, bem como do estímulo ao empreende-dorismo qualificado e ao investimento estruturante em novas áreas com, potencial crescimento"[39]. Exigindo-se que as entidades a apoiar estejam dotadas de ativos humanos qualificados ou que desenvolvam atividades em setores com fortes dinâmicas de crescimento.

Os critérios de pontuação económica e financeira, na nomenclatura do sistema, o *mérito do projeto*, eram definidos no âmbito dos Avisos dos Concursos, lançados pela estrutura de governação da Agenda Competitiva do *QREN*.

O *Referencial de Análise do Mérito do Projeto*, publicitado através do Aviso n.º 15/SI/2011, estipula os seguintes quatro indicadores fundamentais:

A – Qualidade do Projeto,
B – Impacte do Projeto na Competitividade da Empresa,
C – Contributo do Projeto para a Competitividade Nacional, e,
D – Contributo do Projeto para a Competitividade Regional e para a Coesão Económica Territorial.

O Mérito do Projeto *(MP)* é avaliado pela associação entre estas quatro variáveis na base da formulação seguinte:

$$MP = 0,30\,A + 0,30\,B + 0,15\,C + 0,25\,D$$

---

[37] Quadro de Referência Estratégico Nacional, *IAPMEI*, 2009.
[38] Regulamentado pela Portaria n.º 1464/2007, de 15 de Novembro, alterada (2ª alteração) pela Portaria nº1103/2010, de 25 de Outubro.
[39] *IAPMEI* na Dinamização da Cooperação Empresarial (documento obtido via sítio do *IAPMEI*, Dezembro de 2011).

DECISÃO DE INVESTIR

Recentemente surgiram alterações a esta formulação, como é o caso da *CCDR/Porto*, que procuram privilegiar o impacte do projeto para a competitividade nacional (em detrimento da empresarial), adotando a formulação seguinte:

$$MP = 0,30\ A + 0,25\ B + 0,20\ C + 0,25\ D$$

Analisemos, sinteticamente, os diferentes critérios de análise subjacentes a cada uma destas variáveis de avaliação do mérito do projeto.

A – Qualidade do Projeto

$$A = 0,50\,A_1 + 0,50\,A_2,$$

em que:

A_1 – Coerência e pertinência do projeto (capacidade empreendedora, recursos, mercado, etc.), de acordo com um dado conjunto de fatores de avaliação:

a) Identificação clara da estratégia face aos *pontos fortes, pontos fracos, ameaças* e *oportunidades* (análise swot);
b) Identificação clara e quantificada de objetivos estratégicos;
c) Adequação do investimento aos *pontos fortes, pontos fracos, ameaças* e *oportunidades*, bem como à estratégia e objetivos do projeto (*i*, suficiente, *ii*, boa e *iii*, excelente):

Este critério é pontuado de acordo com a seguinte grelha:

- a), b) e c*iii*): 5
- a), b) e c*ii*): 4
- a), b) e c*i*): 2
- Outras situações: 1.

A_2 – Grau de inovação da solução proposta no projeto, acompanhando um conjunto de parâmetros dados, distinguindo a inovação de natureza radical/rutura, de natureza incremental ou de natureza adaptativa, a par da distinção de inovação a nível da empresa, do setor, do mercado, da região ou do país.

Em projetos de todos os setores – à exceção do setor do Turismo – a pontuação de A_2 corresponde à média simples das pontuações obtidas em cada uma das dimensões do projeto, de acordo com a grelha seguinte:

Tipo de Inovação \ Natureza	Inovação					
	Natureza			Nível		
	Radical /Rutura	Incremental	Adaptativa	País	Setor/ Mercado/ Região	Empresa
Inovação Produto	5	3,5	2	5	5 (PME) 3 (outras)	2,5 (PME) 1 (outras)
Inovação Processo	4	2,5	1,5	4	4 (PME) 2 (outras)	1,5 (PME) 1 (outras)

Em projetos do setor do Turismo, com estratégias de eficiência coletiva, consideram-se projetos inovadores, os investimentos que correspondem à criação de empreendimentos, equipamentos ou serviços com caráter de inovação, com elevado perfil diferenciador.

A pontuação a considerar nestas situações será diferente.

B – Impacte do Projeto na Competitividade da Empresa

$$B = 0,60\,B_1 + 0,20\,B_2 + 0,20\,B3$$

em que:

B_1 – Produtividade económica do projeto, que avalia o impacte do investimento no valor gerado pela empresa medido através dos seguintes indicadores:

I_1 = Geração de valor:

$$I_1 = \left(\frac{VAB_{pós-projeto} - VAB_{pré-projeto}}{Incentivo} \right),$$

I_2 = Produtividade global:

$$I_2 = 0,4\ I_{2a} + 04\ I_{2b} + 0,2\ I_{2c},$$

$$I_{2a} = \left[\left(\frac{\dfrac{VAB}{RH_{p\acute{o}s-projeto}}}{\dfrac{VAB}{RH_{pr\acute{e}-projeto}}}\right)^{1/n}\right] - 1$$

$$I_{2b} = \left[\left(\frac{\dfrac{EBE}{K_{p\acute{o}s-projeto}}}{\dfrac{EBE}{K_{pr\acute{e}-projeto}}}\right)^{1/n}\right] - 1$$

$$I_{2c} = \left[\left(\frac{\dfrac{VBP}{C_{p\acute{o}s-projeto}}}{\dfrac{VBP}{C_{pr\acute{e}-projeto}}}\right)^{1/n}\right] - 1$$

sendo:

VAB = Valor acrescentado bruto *(VAB = VBP – Consumos intermédios)*,
RH = Número de trabalhadores (ativos humanos),
EBE = Excedente bruto de exploração,
K = Ativo líquido,
VBP = Volume de negócios + Variação da produção + Trabalhos para a própria empresa + Proveitos suplementares + Subsídios à exploração,
C = Consumos intermédios = Custo das mercadorias + Custo das matérias-primas e subsidiárias consumidas + Fornecimentos e serviços externos + Impostos indiretos,
VBP = Volume de negócios + Variação da produção + Trabalhos para a própria empresa + Proveitos suplementares + Subsídios à exploração,

aplicando-se a grelha seguinte para os projetos do setor da indústria:

I_2	I_1		
	$I_1 < 1$	$1 \le I_1 < 2,5$	$I_1 \ge 2,5$
	Médias e grandes empresas		
	$I_1 < 2$	$2 \le I_1 < 4,5$	$I_1 \ge 4,5$
$I_2 < 3,5\%$	1	1,5	2,5
$3,5\% \le I_2 < 6\%$	1,5	2,5	3
$I_2 \ge 6\%$	2,5	3,5	5

Existiam grelhas diferentes para os casos de criação de empresas ou empresas existentes e para outros setores que não a indústria.

B_2 – Capacidade de penetração no mercado internacional, avaliada pela relação entre o *VN* internacional e o *VN* total da empresa (ambos pós-projeto):

$$I_3 = \left(\frac{Volume\ de\ negócios\ internacional}{Volume\ de\ negócios} \right)_{Pós-projeto} \times 100,$$

aplicando-se a grelha seguinte:

Situação pós-projeto	Pontuação
$I_3 < 5\%$	1
$10\% \le I_3 < 10\%$	2
$20\% \le I_3 < 20\%$	3
$I_3 \ge 20\%$	5

[Nota: O conceito de exportação (Volume de negócios internacional) inclui a Prestação de serviços a não residentes e as Vendas indiretas ao exterior (excluindo os FSE). As vendas ao exterior devem estar devidamente relevadas na contabilidade da empresa.]

Onde:

VNI = Volume de negócios internacional = Venda de produtos ao exterior + Vendas de mercadorias ao exterior + Prestação de serviços ao exterior;

Prestação de serviços a não residentes – inclui alojamento, restauração e outras atividades declaradas de interesse para o Turismo;

Vendas ao exterior indiretas – vendas a clientes no mercado nacional quando, posteriormente, estas são incorporadas e/ou revendidas para o mercado externo. Devem ser claramente identificados os diferentes intervenientes na cadeia de vendas (clientes exportadores).

B_3 – Criação líquida de emprego

A pontuação deste critério é determinada pela criação líquida de emprego e de acordo com a seguinte grelha:

I_4 = Criação líquida de emprego		Pontuação
Micro e pequenas empresas	Médias e grandes empresas	
$I_4 < 2$	$I_4 < 5$	1
$2 \leq I_4 < 3$	$5 \leq I_4 < 9$	3
$I_4 \geq 3$	$I_4 \geq 9$	5

C – Contributo do Projeto para a Competitividade Nacional

Os projetos são classificados de 1 a 5 em face do seu contributo para a competitividade nacional, e da valia do Programa de Ação em que o projeto se insere, atribuída pela Comissão de Avaliação das Estratégias de Eficiência Coletiva.

D – Contributo do Projeto para a Competitividade Regional e para a Coesão Económica Territorial

$$D = 0,40\, D_1 + 0,60\, D_2,$$

em que:

D_1 – Adequação do projeto em função das estratégias de eficiência coletiva;

D_2 – Contributo do projeto para a sustentação dos processos de convergência sub-regional, critério cuja avaliação – variando entre 2 e 5 –, será efectuada pela respetiva Comissão Coordenadora de Desenvolvimento Regional *(CCDR)*.

III · AVALIAÇÃO NA ÓTICA ECONÓMICA OU SOCIAL

5 – EXERCÍCIOS SOBRE CRITÉRIOS DE AVALIAÇÃO ECONÓMICA E SOCIAL DE INVESTIMENTO NA ÓTICA DO MÉRITO

Para melhor compreensão ou consolidação das temáticas estudadas neste capítulo, seguem-se dois exercícios [13 e 14] de aplicação, cujas propostas de solução apresentadas serão objeto de comentários ainda que resumidos.

Exercício 13: **Critérios de avaliação na ótica social I**

Proponha um critério, ou critérios, para seleção de projetos num sistema de incentivos com os seguintes objetivos:

- Modernização tecnológica;
- Racionalização energética;
- Promoção de PME's;
- Reforço de qualificação dos ativos humanos;
- Eficácia empresarial.

Resolução:

A modernização tecnológica tem a ver com o investimento, com a inovação, o que poderá ser considerado no modelo teórico ora idealizado como fator de privilégio na afectação de incentivos a projetos de investimento, admitindo que a I&D constitui a inovação dum setor e é parte integrante do investimento de origem no mercado interno.

Vamos considerar, então, ID uma variável de investimento em ativos no mercado interno e IND os custos de I&D duma entidade (empresa).

A racionalização energética estará associada ao consumo de bens intermédios e deveremos, assim, privilegiar o consumo destes bens quando adquiridos no mercado interno (CID), penalizando-os quando adquiridos no mercado externo (CIM). Por outro lado, configurando-se energias alternativas de custo bem inferior ao dos consumos das fontes tradicionais, poderemos privilegiar de algum modo o investimento – a utilização – de meios de energia alternativos (EA).

Na promoção das PME teremos de a associar à dimensão da empresa que terá naturais repercussões (implicações) na criação de emprego (REM). O reforço da qualificação dos ativos humanos, por outro lado, significa que devemos privilegiar o emprego qualificado habitualmente de maior custo. Mas, em qualquer dos casos, não podemos perder de vista a eficácia empresarial que terá que ser entendida como um fator de produtividade do capital e está intrinsecamente associada à qualificação do emprego.

Então, como ligar estas três últimas notações? – Mediante uma relação em que seja privilegiada a intensidade capitalística, isto é, concedendo maior importância à melhor combinação dos recursos disponíveis para lograr o máximo de produtividade social (PEM), sem pôr em causa a qualificação do fator trabalho. Esta relação será a do indicador, que designaremos na formulação por PEM:

315

DECISÃO DE INVESTIR

$$I = \frac{ID + 1,2IND + 1,3EA + 1,3PEM}{IT + 0,9CID + 1,2CIM + PEM}\,,$$

sendo:

IT – o investimento total (incluindo o em I&D); e,

$$PEM = \frac{VAB\ do\ projeto}{Emprego\ (número\ de\ postos\ de\ trabalho\ criados)}\,.$$

Haveria, agora, que graduar os projetos em função da sua contribuição para o produto social, aferindo-se pelo valor de I, em MB (muito bom), B (bom) e F (fraco), os dois primeiros elegíveis para incentivos.

Exercício 14: Critério de avaliação na ótica social II

Interprete os objetivos correspondentes ao critério de avaliação social a seguir descrito, referindo-se nomeadamente a eventuais virtualidades e limitações:

$$I = \frac{EBE + 0,90REM}{EBE + 0,80CID + 1,3CIM + 0,90REM}\,,$$

sendo:

EBE – Excedente Bruto de Exploração;
REM – Remunerações;
CID – Consumos intermédios adquiridos no mercado interno;
CIM – Consumos intermédios adquiridos no mercado externo.

Em que:

EBE = VAB – REM;
VBP = VAB + CID + CIM.

Resolução:

Os projetos só serão selecionados quando I > média nacional:

$$EBE = VAB - REM \Longrightarrow VAB = EBE + REM;\ e,$$
$$VBP = PIB = VAB + CID + CIM.$$

O facto de os projetos serem selecionados apenas quando (I) seja superior à média nacional, quer significar que estamos a considerar a especialização setorial, isto é, estamos a privilegiar os projetos que respeitem a setores que se encontrem posicionados acima da média.

Com a adoção deste critério, genericamente estaremos a favorecer a produtividade social pela adoção implícita do VAB (VAB = EBE + REM) e o consumo interno (fator 0,8 no denominador) de bens intermédios (CID). Por

316

III · AVALIAÇÃO NA ÓTICA ECONÓMICA OU SOCIAL

outro lado, penaliza-se o consumo interno (CIM) de bens adquiridos no mercado externo (uso do fator 1,3 no denominador).

Quanto ao fator trabalho, o efeito desta formulação sobre ele pode considerar-se praticamente neutralizado. De facto, é penalizado o emprego no mercado (fator 0,9 sobre REM) mas, por outro lado, é-lhe dado algum benefício pela sua introdução no denominador com um fator inferior à unidade (0,9).

É que sabemos que a majoração do emprego tem um efeito perverso sobre os objetivos de produtividade que a formulação pretenderá privilegiar. Mas, numa economia em desenvolvimento – como será aquela em que poderia ser aplicada a formulação – não poderemos pôr em causa o emprego.

Logo, a aplicação desta formulação permite privilegiar os projetos que tenham consequências diretas no enriquecimento da economia nacional, sobretudo mediante a consideração das repercussões do aumento da produtividade interna (EBE + 0,8 CID) mas sem pôr em causa de forma evidente o emprego.

Os projetos deveriam ainda ser graduados em função da sua contribuição para o enriquecimento através do investimento (I) como, por exemplo:

$$I \geq 0,80 \text{ a Muito bom} \left. \right\} \text{ Projetos elegíveis e suscetíveis}$$
$$0,50 \leq I \leq 0,80 \Rightarrow \text{Bom} \quad \text{de consideração de incentivos.}$$

$$I < 0,80 \Rightarrow \text{Fraco} \Rightarrow \text{Projetos não elegíveis.}$$

À margem:

0,9, 0,8, ..., são fatores que acabam por constituir preços sombra, isto é, preços que procuram medir a optimização da afetação de recursos.

Ao fazer baixar o numerador, baixa-se o valor de (I)...

Ao fazer baixar o denominador aumenta-se o valor de (I)...

BIBLIOGRAFIA

1. ABECASSIS, Fernando e CABRAL, Nuno (2000), *Análise Económica e Financeira de Projectos*, 4ª edição, Fundação Calouste Gulbenkian, Lisboa.
2. AECA – Asociación Española de Contabilidad y Administración de Empresas (2002), *La Toma de Decisiones en la Empresa*, Documentos Aeca – Organización y Sistemas, nº 14, Madrid.
3. AECA – Asociación Española de Contabilidad y Administración de Empresas (2003), *Contabilidad de Gestión para la Toma de Decisiones*, Documentos Aeca – Contabilidad de Gestión, nº 27, Madrid.
4. AECA – Asociación Española de Contabilidad y Administración de Empresas (2010), *El Análisis Contable des Rendimiento y la Valoración de Empresas: Actividades Financieras y Operativas*, Documentos Aeca – Valoración de Empresas, nº 10, Madrid.
5. AECA – Asociación Española de Contabilidad y Administración de Empresas (2011), *Financiación del Plan de Crecimiento de la Pyme*, Documentos Aeca – Valoración y Financiación de Empresas, nº 11, Madrid.
6. ANDREZ, Jaime Serrão (1995), *Cooperação: A Envolvente para Criar a Dimensão Virtual*, Revista Pequena e Média Empresa, nº 16, IAPMEI: Abril/Junho.
7. ANDREZ, Jaime Serrão (1996), *A Decisão de Investir*, Textos de Apoio 1995/96, ISEG, Lisboa.
8. ANSOFF, Igor, H. (1968), *Stratégie du Developpement de l'Entreprise*, Hommes e Techiques.
9. BANDT, Jacques de (1975), *Analyse Comparative des Structures Industrielles: La Norme d'Efficacité Intersectorielle*, Études de Politique Industrielle, Institut de Recherche en Economie, Paris.
10. BARROS, Carlos (1994), *Decisões de Investimento e Financiamento de Projectos*, 3ª Edição, Edições Sílabo, Lisboa.

11. BARROS, Carlos Pestana (2007), *Avaliação Financeira de Projectos de Investimento*, Escolar Editora, Lisboa.
12. BARROS, Hélio (1998), *Análise de Projectos de Investimento*, 4ª. Edição, Edições Sílabo, Lisboa.
13. BASTARDO, Carlos e ROSA GOMES, António (1990), *O Financiamento e as Aplicações Financeiras das Empresas*, 5ª edição, Texto Editora, Lisboa.
14. BAUMOL, W. P., PANZAR, J. C. e WILLIG, R. D. (1982), *Contestable Markets and the Theory of Industry Structure*, HBJ.
15. BIDAULT, Francis (1988), *Le Champ Strategique de l'Entreprise*, Ed. Economica, Paris.
16. BLOCHER, Edward J., CHEN, King H., COKINS, Gary, LIN, Thomas W. (2005), *Cost Management, A Strategic Emphasis*, 3rd. edition, Ed. McGraw Hill/ Irwin, International Edition, New York.
17. BOSTON CONSULTING GROUP (1984), *Les Mécanismes de la Compétitivité dans les Industries du Textile et l'Habillement de la CEE*, BCG.
18. BRANDON, Charles H. e DRTINA, Ralph E. (1997), *Management Accounting, Strategy and Control*, 1st. edition, Ed. McGraw-Hill, International Edition.
19. BREALEY, Richard A. e MYERS, Stewart C. (2006), *Princípios de Finanças Empresariais*, 8ª. Edição, McGraw-Hill, Lisboa.
20. BRIDIER, Manuel e MICHAILOF, Serge (1995), *Guide Pratique d'Analyse de Projects (Évaluation et Choix des Projects d'Investissement)*, Económica.
21. CABRAL, Luís (1994), *Economia Industrial*, McGraw-Hill, Lisboa.
22. CALDEIRA MENEZES, H. (1995), *Princípios de Gestão Financeira*, 5ª. Edição, Editorial Presença, Lisboa.
23. CARLTON, Dennis, PERLLOF, Jeffrey e COLLINS, Harper (1990), *Modern Industrial Organization (Cap. 2: Costs)*.
24. CARVALHO DAS NEVES, João (2004), *Análise Financeira, Técnicas Fundamentais*, 15ª Edição, atualizada, Texto Editora, Lisboa.
25. CARVALHO DAS NEVES, João (2004), *Análise Financeira (Avaliação de Desempenho Baseada no Valor)*, Texto Editora.
26. CEBOLA, António (2009), *Elaboração e Análise de Projectos de Investimento*, Edições Sílabo, Lisboa.
27. CHARROUX, Robert (1976), *O Enigma dos Andes*, Ed. Bertrand, Lisboa.
28. CHETOCHINE, Georges (1998), *Estratégias da Empresa Face à Tormenta dos Preços*, Aje - Soc. Editorial, Lisboa.
29. CHRISTENSEN, C. R., ANDREWS, K. R., BOWER, J. L., HAMERMESH, G. e PORTER, M. E. (1982), *Business Policy: Text and Cases*, 5th edition, Ed. Irwin, USA: Homewood, IL. Citado por *Mintzberg et al.* (2000).
30. CLARKSON, Kenneth W. e MILLER, Roger LeRoy (1982), *Industrial Organization*, McGraw-Hill.

BIBLIOGRAFIA

31. COMISSÃO EUROPEIA (2003), *Manual de Análise de Custos e Benefícios dos Projectos de Investimento (Fundos Estruturais – FEDER, Fundo de Coesão e ISPA)*, CE/D. G. Política Regional, Bruxelas.

32. COMISSÃO EUROPEIA (2006), *Orientações Sobre a Metodologia para a Realização de Análises de Custo-Benefício – O Novo Período de Programação 2007-13 (Documento de trabalho 4)*, CE/D. G. Política Regional, Bruxelas.

33. COUVREUR (1978), *La Décision d'Investir (et la Politique de l'Entreprise)*, EME.

34. CRUZ, Manuel Mendes da (2006), *Fundamentos do Processo de Decisão Estratégica na Indústria Seguradora Portuguesa*, Colecção Caminhos do Conhecimento: Contabilidade de Gestão, Edições Colibri e Instituto Politécnico de Lisboa, Lisboa.

35. CYERT, R. M. e MARCH, G. (1970), *Processus de Décision dans l'Entreprise*, Dunod.

36. DASGUPTA, Partha (1986), *Theory of Technological Competition*, in *New Developments in the Analysis of Market Structure*, MIT Press.

37. DIXIT, Avinash K., e PINDYCK, Robert S. (1994), *Investment Under Uncertainty*, Princeton University Press, USA.

38. FERNÁNDEZ, Antonio Fernández e RODRÍGUEZ, Maria del Carmen Muñoz (1997), *Contabilidad de Gestión y Excelencia Empresarial*, Editorial Ariel – Ariel Economía, Espanha: Barcelona.

39. FMAC – Financial and Management Accounting Committee (1999), *Recomendações Internacionais de Contabilidade de Gestão*, Tradução sob a égide da OROC, s/ data, Lisboa.

40. GAFFARD, Jean-Luc (1990), *Economie Industrielle et de l'Innovation (première partie : Structures industrielles et technologie*, Ed. Dalloz, Paris.

41. GARRISON, Charles (1985), *Managerial Accounting*, Ed. Irwin, USA: New York.

42. GARRISON, RAY H. e NOREEN, W. Eric (1993), *Managerial Accounting*, Ed. Irwin, 7th edition, USA: Homewood, Illinois.

43. GOMES MOTA e CORREIA TOMÉ (1992), *Mercado de Títulos (Uma Abordagem Integrada)*, Texto Editora, Lisboa.

44. GUIMARÃES, Rui A. e MARTINS, A. Maximiano (s/ data), *Fundamentos das Estruturas de Mercado*, Ed. AEISEG.

45. GUISSET, Xavier (1993), *La PME Européenne, Grandir pour ne pas Mourir!*, Quorum Ed., Paris.

46. HAX, Arnoldo C. e MAJLUF Nicolas S. (1983/84), *La Courbe d'Expérience*, Revista da Harvard-l'Expansion/Hiver, USA.

47. HIRSCH, Jr., Maurice L. (2000), *Advanced Management Accounting*, 2nd Edition, Thomson Learning, London.

48. Horngren, Charles (1985), *Introdução à Contabilidade Gerencial*, 5ª edição, Ed. Prentice-Hall do Brasil, Rio de Janeiro.

49. José, Rui Manuel Silva Lamas e Portocarrero, Alfredo Luís (2004). *Os Derivados e a Teoria Moderna do Portfólio*. Revista Revisores & Empresas, nº 26, pp. 44-50, Julho/Setembro-2004.

50. Horngren, Charles T., Foster, George e Datar, Srikant M. (1999), *Cost Accounting, A Managerial Emphasis*, 10th. edition, Ed. Prentice-Hall International, USA: New Jersey.

51. Kaplan, Robert S. e Atkinson, Anthony A. (1998), *Advanced Management Accounting*, Ed. Prentice-Hall, USA: Englewood, New Jersey.

52. Kirat, T. (1988), *Propriétés et Dynamique des Système de Production, Flexibilité et Standardisation*, U. Lyon/ECT.

53. Lancaster, Kevin (1991), *La Analize Economique de la Variété des Produits*, Revue Recherche et Applications en Marketing (RAM), vol. 6, nº 1/91, pp. 53-84, Association Française du Marketing, Paris.

54. Lopes dos Santos, Francisco (1993), *Estratégia e Competitividade*, Ed. Rei dos Livros, Lisboa.

55. Mackey, James T. e Thomas, Michael F. (2000), *Management Accounting, A Road of Discovery*, 1st. edition, Ed. South-Western College Publishing, USA: Cincinnati, Ohio.

56. Mallo, Carlos, Kaplan, Robert S., Sylvia, Meljem e Jiménez, Carlos (2000). *Contabilidad de Costos y Estratégica de Gestión*. Prentice-Hall, Madrid.

57. Margerin, Jacques e Ausset, Gerard (1990), *Escolha dos Investimentos (Pré-selecção, Escolha, Controlo)*.

58. Martinet, A. Ch. 1992, *ESTRATÉGIA*, Ed. Sílabo, Lisboa.

59. Martins, Carlos Jorge Videira (1996), *Avaliação do Risco "a posteriori" no Investimento Produtivo*, Vida Económica, Porto.

60. Mateus, Augusto, Martins, Victor e Brito, José Brandão (1995), *Portugal XXI – Cenários de desenvolvimento*, Bertrand Editora, Lisboa.

61. Menezes, H. Caldeira (1995), *Princípios de Gestão Financeira*, Presença, Lisboa.

62. Ministério da Economia, 1995, *Cadernos PEDIP, Inovação na Indústria, Imperativo Vital para a Competitividade*, nº 3, Novembro, Lisboa.

63. Mintzberg, Henry, Ahlstrand, Bruce e Lampel, Joseph (2000), *Safári de Estratégia, Um Roteiro pela Selva do Planejamento Estratégico*, Ed. Bookman, Brasil: São Paulo. Tradução de Montingelli Jr., Nivaldo, de *Strategic Safari: A Guided Tour Through the Wilds of Strategic Management* (1998). Ed. Bookman.

64. Mira Amaral, Luís (2009), *E depois da crise? Cenários para o Futuro das Economias Portuguesa e Mundial*, bnomics, Lisboa.

65. MORSE, Wayne J., DAVIS, James R. e HARTGRAVES, Al L. (2000), *Management Accounting, A Strategic Approach*, 2nd. edition, Ed. South-Western College Publishing, USA: Cincinnati, Ohio.

66. MURTEIRA, Bento José Ferreira (1996), *Decisão Estatística para Gestores*, Edição: Universidade Autónoma de Lisboa.

67. MUSSCHE, G. (1974), *Les Relations entre Strategies et Structures dans l'Entreprise*, Revue Economique, vol. XXV, nº 1.

68. NAGLE, Thomas T. e HOLDEN, Reed K. (1995), *The Strategy and Tactics of Pricing, A Guide to Profitable Decision Making*, 2nd. Edition, Prentice Hall, USA: Englewood Cliffs, New Jersey.

69. NAKAGAWA, Masayuki (1991), *Gestão Estratégica de Custos, Conceitos, Sistemas e Implementação*, Ed. Atlas, Brasil: São Paulo.

70. PELLEGRY, Jean-Pierre (1991), *Gerir os Riscos Financeiros da Venda – Como maximizar os Lucros Minimizando os Custos*, Edições Cetop, Mem-Martins.

71. PEREIRA DA SILVA, Carlos Manuel (1995). *Risco e Empresa*. 1as. Jornadas IMPÉRIO sobre Risco e Segurança Industrial, Intervenções e Debates, pp. 33-41. Ed. Companhia de Seguros Império, Lisboa.

72. PILLOT, Gilbert (1992), *O Controlo de Gestão*, Ed. Prisma, Lisboa.

73. PIKE, Richard e NEALS, Bill (2009), Corporate Finance and Investment, Prentice Hall, 6.ª edition, Harlow (England)

74. PIRES CAIADO, António Campos (1997), *Contabilidade de Gestão*, Vislis Editores, Lisboa.

75. PORTER, Michael E. (1990), *The Competitive Advantage of Nations*. Free Press, New York, USA.

76. PORTER, Michael E. (1994), *Construir Vantagens Competitivas em Portugal, Fórum para a Competitividade*, Ed. Monitor, Lisboa.

77. PORTER, Michael E. (1998), *Competitive Advantage, Creating and Sustaining Superior Performance*, Free Press, USA.

78. PORTERFIELD, James T. S. (1976), *Decisões de Investimento e Custo do Capital*, Série Fundamentos de Finanças, Editora Atlas. São Paulo, Brasil.

79. PRATTEN, Cliff (1988), *A Survey of Economics of Scale*, CCE, Press.

80. QUINTART, Aimable e ZISSWILLER, Richard (1994), *Teoria Financeira*, Editorial Caminho, Biblioteca de Economia e Gestão, Lisboa.

81. RODRIGUEZ, Carlos Mallo (1992), *Contabilidad Analitica: Costes, Rendimientos, Precios y Resultados*, 4ª. Edición, Ed. Instituto de Contabilidad y Auditoria de Cuentas, Madrid.

82. SALVATORE, Dominick (1996), *Managerial Economics in a Global Economy*, 3rd edition. Irwin/McGraw-Hill, International Edition, USA: New York.

83. SILVA, Eduardo Sá e QUEIRÓS, Mário (2009), *Gestão Financeira, Análise de Investimentos, Ligação ao SNC*, Vida Económica, Porto.

84. SMITH, Gaylord N. (2000), *Excel for Managerial Accounting (Spreadsheet Applications Series)*, 1st. edition, Ed. South-Western College Publishing, USA: Cincinnati, Ohio.

85. SOARES, Isabel, MOREIRA, José, PINHO, Carlos e COUTO, João (2007), *Decisões e Investimento, Análise Financeira de Projectos*, Edições Sílabo, Gestão, Lisboa.

86. SOLNIK, Bruno (1995), *Gestão Financeira: Conceitos e Modelos Essenciais*, Publicações Europa-América, Lisboa.

87. TARANDEAU, Jean-Claude (1993), *Stratégie Industrielle*, Livrarie Unibert, Paris.

88. WARD, Keith (1992), *Strategic Management Accounting*, Butterworth Heinemann, Oxford.

89. WARD, Keith (2004), *Marketing Finance, Turning Marketing Strategies into Shareholder Value*, Butterworth Heinemann, Oxford.

90. WARD, Keith e BENDER, Ruth (1993, 1st edition, 2009, 2nd edition), *Corporate Financial Strategy*, Butterworth Heinemann, Oxford.

91. WHEELEN, Thomas L. e HUNGER, J. David (2002), *Strategic Management and Business Policy*, 8th edition, Prentice-Hall International Edition, USA: New Jersey.

92. WORLD ECONOMIC FORUM (2011), *The Global Competitiveness Report 2011-2012*, WEF, Genebra.

93. WRIGHT, David (1996), *Management Accounting*, Longman Modular Tests, London.

ANEXO

1. CONFIGURAÇÃO DA INDÚSTRIA E TECNOLOGIA

Ao âmbito de economia industrial[40] associam-se os conceitos de mercado e de concorrência, a qual deriva diretamente da ideia de rivalidade.

Um elemento comum aos vários mercados imperfeitos, ou não concorrenciais puros, é a existência, em graus diferentes, do que se designa por *poder de mercado* ou *poder de monopólio*. Este representa a capacidade de influenciar as condições da oferta (preço, quantidade, qualidade, prazos e serviço), e por vezes da procura.

Dependendo do grau de imperfeição dos mercados, poder-se-ia tipificar as seguintes organizações ou estruturas de mercado (*Quadro 10*):

Quadro 10 – **Principais tipos de mercados de produtores**

Natureza do produto / Nº de Vendedores	Um	Poucos	Muitos
Produto Homogéneo	Monopólio Puro	Oligopólio Homogéneo	Concorrência Pura
Produto Diferenciado	Monopólio Puro	Oligopólio Diferenciado	Concorrência Monopolística

Fonte: adaptado de *Andrez* (1996).

A concorrência é perfeita quando não existirem barreiras à entrada, à saída e à mobilidade.

Em *economia industrial* é possível admitir a existência de outras estruturas industriais eficientes, sem ser a de concorrência perfeita, capazes de gerar um

---

[40] Também designada Organização Industrial, a Economia Industrial dever-se-ia denominar, com maior rigor, por Economia dos Mercados ou mesmo Organização dos Mercados. Por tratar, sobretudo, da organização e funcionamento dos mercados imperfeitos, poder-se-ia mesmo denominar Economia dos Mercados Imperfeitos.

DECISÃO DE INVESTIR

equilíbrio e um nível de eficência desejáveis para o mercado – através de estruturas industriais naturais –, apenas determinadas pelas tecnologias de produção e preferências do mercado (consumidor), únicas forças essenciais para influenciar o comportamento das empresas e determinar a configuração das estruturas industriais, designadamente por via da dimensão mínima ótima.

Paralelamente, para uma estrutura industrial ser admitida como *natural*, tal como para a concorrência ser considerada perfeita, a mobilidade das entradas e saídas deve ser absoluta, havendo ausência total de custos associados aos *compromissos irreversíveis*. A estrutura natural de longo prazo equipara-se, assim, à concorrência pura e perfeita.

2. FUNÇÃO DE CUSTOS E EVOLUÇÃO TECNOLÓGICA

Economias de escala e de variedade e as economias globais

Pode sempre analisar-se, comparativamente, os comportamentos das economias de escala e de variedade.

A partir de uma combinação dada dos fatores – matérias-primas, energia, capital, trabalho, tecnologia, etc. – designados por:

$$(y_1, y_2, ..., y_n),$$

e uma produção q, de um parâmetro h que representa a alteração da quantidade de recursos envolvidos (a variar de 0 a $+\infty$) e de uma função de produção do tipo:

$$q = f[(y_1, y_2, ..., y_n)],$$

poder-se-á dizer que se manifestam rendimentos de escala crescentes, ou economias de escala, se a produção crescer de forma mais rápida que a quantidade de factores utilizados e, por isso,

$$h \times q = f[h \, (y_1, y_2, ..., y_n)].$$

As economias de variedade, por seu turno, existem quando se tem menores custos para a produção de bens em conjunto que isoladamente. É o que nos ensinam *Baumol et al.* (1982), considerando que no custo de produção de dois produtos q_1 e q_2 igual a $C(q_{1,2})$, se obterão economias de variedade quando:

$$C(q_1, 0) + C(0, q_2) > C(q_1, q_2).$$

Condições suficientes para satisfazer a sub-aditividade duma função de custos em multi-produção

A tecnologia, bem o sabemos, representa uma restrição externa do problema de otimização (da afetação de recursos) da função de produção/custos na formulação de uma determinada escala produtiva.

A função de custos deduzida da função de produção, por seu turno, satisfaz uma condição de eficácia tecnológica, descrevendo os custos da empresa em condições ótimas de combinação de fatores, resolvidos os problemas de engenharia e de organização.

Os custos de produção duma dada empresa, sem restrições de concorrência, deveriam apresentar as seguintes características que determinam a eficiência produtiva:

- Custos marginais decrescentes: $Cm(q') < Cm(q'')$, e, $0 < q'' < q' < q$;
- Custos médios decrescentes: $CM(q') < CM(q'')$, e, $0 < q'' < q' < q$;
- Propriedade da sub-aditividade (sendo q_j a quantidade produzida pela empresa j): $C(q) < \sum C(q_j)$, sendo $q = \sum q_j$, o que significaria que representa menores custos produzir com uma só empresa do que com várias. No entanto, a sub-aditividade é uma propriedade local, isto é, pode funcionar em determinados níveis de produção e noutros não.

Segundo *Gaffard* (1990), as condições que são suficientes para satisfazer a sub-aditividade duma função de custos em multi-produção são as seguintes:

- 1ª Quando as economias de escala próprias de cada produto (com custos incrementais médios decrescentes) acompanham as economias de variedade;
- 2ª Quando o custo radial médio é decrescente e o custo total de uma produção múltipla é inferior ao daquela que resulta de uma produção numa proporção idêntica realizada por empresas especializadas:

$$C\,[kq_1 + (1-k)q_2] \leq kC(q_1) + (1-k)\,C(q_2),$$

o que significa que a função de custos é transversalmente convexa.

Note-se, contudo, que se podem verificar economias de escala ou de variedade sem verificação da sub-aditividade e que a existência de economias de escala ou de variedade não implica necessariamente sub-aditividades.

Via de expansão

É sempre possível passar do valor expresso em função das quantidades (e dos preços) dos fatores de produção para um valor expresso em função das quantidades produzidas (isto é, a função custo), substituindo na função de produção as quantidades de fatores pela sua expressão em termos de custo total obtido, resolvendo o sistema formado pela resolução da equação do custo em função das quantidades dos fatores e de uma função de quantidades de produção que reflita as combinações físicas daqueles fatores, obtendo-se o que se designa por via de expansão.

Na verdade, os fatores de produção que uma empresa combina para obter um dado nível produtivo têm preços, que são determinados pela ação da oferta e da procura nos respetivos mercados de fatores.

Considerando, por hipótese simplificadora, apenas dois fatores K e L – capital e trabalho – o custo total de qualquer combinação desses fatores será:

$$C = rK + wL,$$

em que r e w são os custos unitários de ambos os fatores.

No caso do trabalho, se L vier expresso no número de homens-hora utilizado, w será o salário horário médio[41].

No caso do capital, dada a impossibilidade de se encontrar uma grandeza física comum que o quantifique, o seu volume virá expresso em termos monetários; r será, portanto, uma grandeza adimensional e será representada por uma taxa que em geral se faz coincidir com a taxa de juro do mercado de capitais.

Por outro lado, se considerarmos diversos níveis de orçamentos Cs (com $s = 0$, $1, ..., n$) que o empresário terá à sua disposição, então, teremos:

$$Cs = rK + wL,$$

---

[41] O fator trabalho não é homogéneo, havendo diferentes qualificações a que correspondem normalmente salários diferentes, o que pode revelar-se uma fonte de distorções, existindo duas soluções:

- Dividir o fator trabalho em dois ou mais fatores correspondentes, cada um deles, a níveis de qualificações diferentes;
- Considerar o fator trabalho homogéneo, sendo a qualificação introduzida pela estrutura de remuneração. Neste caso, a modificação qualitativa do fator trabalho não é sentida ao nível da função de produção, mas apenas ao nível do referencial de preços.

DECISÃO DE INVESTIR

e podemos obter, portanto, a expressão K afeta a cada orçamento resolvendo a expressão anterior em ordem a este fator de produção. Assim:

$$K = \frac{C_s}{r} - \frac{w}{r} \times L \, .$$

Teríamos, portanto, uma família de retas isocustos, de igual declive $(-w/r)$, intercetando o eixo das ordenadas em diversos pontos *(Figura 39)*, consoante o nível do orçamento *(Cs/r)*:

$$K = \frac{C_S}{r} - \frac{w}{r} L \, .$$

A consideração do diferencial de preços dos fatores de produção permite escolher entre as combinações tecnologicamente aceitáveis, aquelas que conduzem a um custo unitário mínimo, ou, o que é equivalente, escolher a combinação que maximiza a produção para uma dada restrição orçamental. Demonstra-se que a combinação ótima é obtida quando:

$$\frac{w}{r} = \frac{f_L}{f_K} = TMST \, ,$$

em que *TMST* é a taxa marginal de substituição técnica de L por K, isto é, quando a reta do *isocusto* referente a um dado nível orçamental for tangente a uma *isoquanta*[42].

Se o empresário decidir expandir a produção, aumentando o orçamento disponível para a aquisição dos fatores de produção, obter-se-ão sucessivos pontos de tangência que constituem a *via de expansão*. Esta pode-se, portanto, definir como o lugar geométrico dos pontos da superfície de produção onde a *TMST* é constante, dado um determinado referencial de preços de fatores *(Figura 39)*.

A via de expansão corresponde a uma função de custo total de longo prazo que pode ser obtida resolvendo o sistema de equações:

$$\begin{cases} Q = f(K, L) \\ f_K = f_L \times \dfrac{r}{w} \end{cases}$$

---

[42] *Isoquanta*, é o lugar geométrico de todas as combinações possíveis de fatores que conduzem ao mesmo nível de produção.

Figura 39 – Taxa marginal de substituição técnica e via de expansão

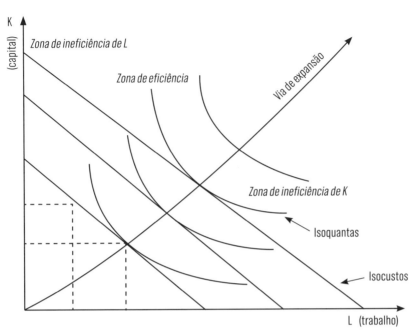

Fonte: adaptado de *Andrez*, 1996.

de forma a explicitar K e L em função de Q a substituir na expressão:

$$CT_{LP} = r \times K(Q) + w \times L(Q) = f(Q).$$

A designação de longo prazo aqui utilizada deve ser interpretada apenas como referência ao facto de ambos os fatores de produção serem variáveis. Do ponto de vista temporal, esta função está evidentemente associada à época em que existem condições tecnológicas e o referencial de preços, subjacentes, respetivamente, à função de produção e à função de custo dos fatores que estão na sua origem.

O termo curto prazo designará, pois, a situação em que a utilização do fator capital permanece invariável, correspondendo por conseguinte a uma capacidade nominal de produção constante. A variação da quantidade produzida será obtida pela maior ou menor utilização do fator trabalho – maior ou menor recurso ao trabalho extraordinário, admissões ou despedimentos, etc.

DECISÃO DE INVESTIR

A amplitude desta variação é, no entanto, limitada, quer por razões institucionais (a diminuição da utilização do fator trabalho pode revelar-se impossível ou exigir custos adicionais – indemnizações), quer pelas quebras de produtividade.

Mudanças tecnológicas e substituição de fatores

As relações estabelecidas até aqui, entre a variação do produto e a variação da utilização dos fatores de produção, basearam-se na hipótese de que esta última afetasse a equiproporcionalidade de todos os fatores.

Verificando-se essa hipótese, é evidente que, desde que não haja variação do referencial de preços dos fatores de produção, os rendimentos de escala são obtidos sem recurso à substituição de fatores.

Esta hipótese está igualmente associada à utilização de funções homogéneas para descrever a função de produção *(Cobb-Douglas* ou *CES)*, funções onde a elasticidade de substituição é constante e invariante relativamente às proporções dos fatores.

Nessa medida, admitindo a constância dos preços dos fatores no caso de uma função homogénea[43], a *via de expansão* coincidirá com um raio fatorial.

No entanto, este resultado, estabelecido por via analítica, não se verifica na prática. Com efeito, mesmo para um determinado estado tecnológico, a utilização de uma escala crescente de produção conduz a combinações de fatores em que a intensidade capitalística aumenta.

Portanto, na prática, a função $K(L)$ que explicita a via de expansão não é linear, crescendo o seu declive com a capacidade produtiva:

$$\left(\frac{\delta K}{\delta L}\right) = f(Q),$$

sendo que $TMST = w/r = Constante$.

Consideremos a *Figura 40* seguinte:

---

[43] Consideremos a função $Q = AKa\,Lb$. Sabendo que a combinação ótima é obtida quando $\left(\dfrac{f_K}{f_L} = \dfrac{r}{w}\right)$ e que $K > L$.

ANEXO

Figura 40 – **Via de expansão**

Fonte: adaptado de *Andrez*, 1996.

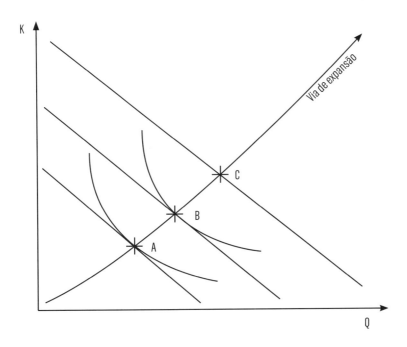

Mantendo constante a *TMST*, o que significa, por outras palavras, manter constante a relação de preços dos fatores de produção, verifica-se que a via de expansão vai percorrer os pontos *A*, *B* e *C*, a que correspondem, sucessivamente, valores crescentes de intensidade capitalística:

$$\frac{K_C}{L_C} > \frac{K_B}{L_B} > \frac{K_A}{L_A}.$$

Numa tentativa de interpretação analítica, poder-se-ia supor que em cada uma das crescentes capacidades de produção há modificações tecnológicas que atuam no sentido do crescimento da relação *K/L* e no subsequente andamento da função isoquanta.

3. EFEITO DE APRENDIZAGEM E A CURVA DE EXPERIÊNCIA

Foi a partir de estudos empíricos que a *BCG (Boston Consulting Group)* mostrou existir uma relação inversa entre os custos unitários de produção de uma determinada empresa e o total acumulado de unidades produzidas. De facto, à medida que se verificam acréscimos nas unidades produzidas, os respetivos custos de produção decrescem numa dada proporção, diferente para cada sector de actividade e empresa, em virtude da aprendizagem, da experiência e de economias de escala.

Identifica-se, para determinadas indústrias que trabalham ou por encomenda ou por séries muito pequenas, envolvendo cada unidade produzida um conjunto complexo de operações parcelares, que a acumulação de experiência relativa à produção sucessiva do mesmo tipo de unidade reduz fortemente o custo unitário de trabalho. Este efeito tem sido particularmente estudado em muitas indústrias como, a título de mero exemplo, na indústria aeronáutica.

Neste âmbito, foi definida uma função de aprendizagem *(Figura 41)* do tipo:

$$Z = b\, n^Y,$$

em que:

Z, o número de horas requeridas para produzir a enésima unidade,
n, o número total de unidades produzidas,
b, o número de horas requerido para produzir a primeira unidade,
Y, a elasticidade de aprendizagem:

ANEXO

Figura 41 - Função de aprendizagem

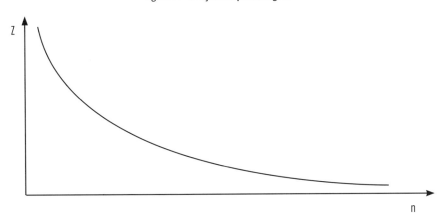

A altura e a inclinação da curva descrevem variáveis consequentes do efeito de experiência (aprendizagem), isto é, da repetição inteligente do trabalho que resulta em ganhos de economia.

Podemos encontrar uma relação de semelhança entre Y e S_L (efeito de escala). Com efeito, se considerássemos, por simplificação, o custo total do trabalho igual à seguinte expressão:

$$L \times w = C_{L_0} Q^{SL},$$

poderemos definir a função $L(Q)$ que representa a quantidade de trabalho:

$$L(Q) = \frac{C_{L_0}}{w} \times Q^{S_L},$$

Sendo C_{L0}/w, as quantidades de trabalho utilizadas na capacidade produtiva unitária.

Se agora derivarmos $L(Q)$ em ordem a Q, obteremos a expressão da quantidade de trabalho (marginal) para obter o *n'enésimo* produto, equivalente, afinal, ao significado de Z:

$$\frac{\delta L}{\delta Q} = S_L \times \frac{C_{L_0}}{w} \times Q^{S_L - 1}.$$

Se compararmos aquela expressão com a curva dos custos marginais (do trabalho), verifica-se que, se as respetivas grandezas tiverem sido medidas da mesma forma, poderemos aceitar que $Z \cong \delta L/\delta Q$, e $y = S_{L-1}$ (fator de escala dos custos médios de trabalho).

DECISÃO DE INVESTIR

Dois tipos de generalização deverão ser feitos a partir da formalização anterior:

1º O efeito de experiência atualmente não reside somente na eficiência do factor trabalho, mas em todo o comportamento organizacional da empresa (em resposta às encomendas solicitadas);

2º Efeito semelhante tem sido, também, verificado em produtos de consumo corrente. Um relatório da *BCG* (1984), mediu pela primeira vez o efeito aprendizagem para um conjunto de 56 artigos têxteis e de vestuário produzidos nos países da então *CEE*, encontrando este fenómeno em muitos deles (*Andrez*, 1996).

Contudo, o efeito de aprendizagem não constitui uma fonte de economias de escala. Pode ser, no entanto, um catalisador pela ação exercida sobre as outras variáveis porquanto sempre que o fator trabalho tenha alguma relevância se constata esta função de aprendizagem. Seja C_L o custo do trabalho no longo prazo. Então, $C_L = C_{L_0} \times Q^{S_L}$, em que L é a quantidade (em horas) e C_{L_0} o custo de funcionamento do trabalho na capacidade produtiva unitária.

A pureza desta medida, deste conceito, está na exactidão com que mede a aproximação das economias de escala em modo de produção. Sendo importante a sua avaliação em função de condicionantes que a função produção tem nas várias empresas e que decorrem, basicamente, das:

i) Preferências dos consumidores por produtos de alta qualidade e *design* e com elevada variedade de artigos e modelos (conduz a uma resposta da função produção diversificada), e ainda,

ii) Das vagas sucessivas de mutações tecnológicas (em processos e materiais), da redução dos ciclos de vida dos produtos e das flutuações constantes da procura final e dos períodos de crise (comportamentos instáveis da procura).

Hax e *Majluf* (1983/84), mostram que o benefício obtido na redução do custo direto (deduzido da inflação) por unidade de produto quando aumenta o volume acumulado de produção pode exprimir-se, num gráfico à escala logarítmica, como uma reta com a qual será mais fácil trabalhar *(Figura 42)*:

Figura 42 – Volume acumulado de produção e redução do custo direto

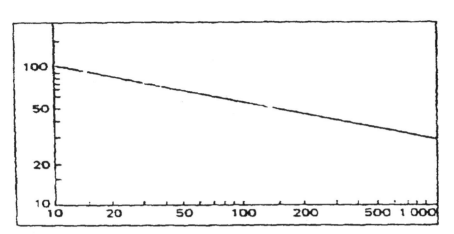

O benefício entre o volume acumulado de produção (eixo horizontal) e a redução do custo direto (eixo vertical), para uma curva de experiência de 85%, é uma reta à escala logarítmica.

O custo previsto tomando por base a curva de experiência pode ser obtido por aplicação de uma simples exponencial negativa do tipo seguinte:

$$Ct = Co \left(\frac{Pt}{Po}\right)^{-a}$$

onde,

Co, Ct, são o custo por unidade (deduzido da inflação) nos momentos 0 e t, respetivamente,

Po, Pt, são o volume acumulado de produção nos momentos 0 e t, respetivamente,

a, uma constante que representa a elasticidade *custo unitário/volume acumulado*.

Numa curva de experiência de 85%, a constante a pode ser obtida reconhecendo que duplicar a produção reduz o custo unitário em 85% do seu valor inicial. O que corresponde à introdução dos valores $Ct/C_0 = 0,85$ e $Pt/P_0 = 2$, na expressão:

$$\frac{Ct}{Co} = \left(\frac{Pt}{Po}\right)^{-a}$$

A solução final será $a = 0,234$. Outros valores desta constante para diferentes declives da curva de experiência podem ser obtidos, como nos mostra a *Figura 43*:

DECISÃO DE INVESTIR

Figura 43 – Curvas de experiência de diferentes relações entre produção acumulada e redução do custo unitário

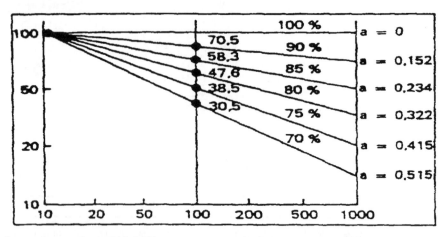

Por exemplo, a curva de experiência de 80% mostra que o custo unitário é reduzido de 100 para 47 após decuplicar o volume acumulado de produção. A reta completa corresponde a uma relação exponencial negativa. A constante será igual a 0,322 neste caso.

A redução que pode ser obtida pelo efeito de experiência depende da indústria em causa. Por exemplo, a fabricação de circuitos integrados apresenta uma curva de 70%, a de ar condicionado, 80% e a de produtos primários de magnésio, 90%. Observações similares ressaltam doutras indústrias como a fabricação de cimento, 70%, a de ferramentas, 80%, a de camiões industriais, 90%.

4. EFICIÊNCIA ECONÓMICA DA DIVERSIDADE

O quadro fundamental do problema do ótimo de variedade, ao nível da empresa ou da sociedade, caracteriza-se pelo jogo de dois componentes económicos: *i)* a existência de um ganho de variedade, e, *ii)* a existência de economias de escala particulares.

Pratten (1988), ao estudar as economias de escala da indústria automóvel, chegou aos seguintes números para as estruturas de custos em duas situações distintas:

Hip. A) Fabricação de um modelo previsto para uma duração de 4 anos, com novo desenho de carroçarias, produção anual variando entre 100.000 e 1.000.000 de unidades;

Hip. B) Fabricação de uma série de modelos, com a mesma duração, com 3 tipos de carroçaria e 5 tipos de motores, produção anual variando entre 100.000 e 2.000.000 de unidades repartidas de acordo com a estrutura normal da procura – maior produção no domínio das cilindradas mais pequenas.

De acordo com essas hipóteses *(Quadro 11)* obtiveram-se, por regressão, os seguintes resultados:

Quadro 11 – **Economias de escala na indústria automóvel (Pratten)**

	S_K	S_L
1ª. Situação	0,76	0,90
2ª. Situação	0,64	0,88

DECISÃO DE INVESTIR

Neste estudo, os fatores de escala do custo do capital são inferiores aos do custo do trabalho. As economias de escala associadas ao capital – nomeadamente, na prensagem da carroçaria e na fundição e forja do bloco-motor – sobrelevam as economias de escala relacionadas com o fator trabalho, tendo em conta o peso importante das montagens e de outras operações onde, com a tecnologia atual, apenas a especialização permite, dentro de certos limites, poupar a utilização daquele fator.

Mas o mais importante é a constatação de que, com a maior variedade, se encontraram fatores de escala mais favoráveis.

Na estratégia de variedade, o fundamental é estar atento a, se não anular, pelo menos minimizar (atenuar) os efeitos possíveis da variedade, como sejam, os custos acrescidos da variedade e a não exploração de economias de escala apropriadas.

A solução passa pela noção de modularidade, isto é, a concepção de uma filosofia de produção destinada a várias utilizações (ou produtos finais) de nível superior. A ideia é a de virtualizar módulos comuns entre os vários produtos de uma gama – quer em termos de componentes (para as produções discretas de montagem), quer em termos de troços do processo produtivo (para as produções contínuas de processo). Na verdade, aumentando a modularidade, diminui-se a variedade efetiva.

A padronização existente em muitos produtos industriais, resulta e consiste, afinal, na definição de um produto prevendo módulos utilizáveis por outros produtos (*Tarondeau*, 1993), isto é, transformando um produto em um módulo, visando, assim, a obtenção de economias conjuntas de escala e de variedade.

Manifestação das economias de variedade

Segundo *Baumol et al.* (1982), e considerando o custo de produção de dois produtos q_1 e q_2 igual a $C(q_{1,2})$, obter-se-ão economias de variedade quando:

$$C(q_1,0) + C(0, q_2) > C(q_1, q_2).$$

As economias de variedade manifestam-se, pelo menos, através de três formas, mais ou menos configuráveis, embora difíceis de isolar e de medir individualmente:

1º Economias de variedade propriamente ditas, independentes da escala e resultantes das tecnologias flexíveis de automação, robótica, informatização da gestão da produção, permitindo passar de uma tarefa ou produto para outra sem perda de eficiência.

ANEXO

Os ganhos que compensam a perda de oportunidades de exploração de economias de escala são compensados, numa estratégia adequada, por um grau de flexibilidade conferida pelas próprias tecnologias flexíveis. *Cohendet e Llerna*, apud *Kirat* (1988), estabelecem a seguinte tipologia das formas de flexibilidade:

i) Considerando uma flexibilidade estática:

  – Adaptabilidade (conceito associado à flexibilidade), que consiste na resposta a alterações em volume da procura de uma empresa mono--produtora, minimizando os custos de produção referentes aos níveis não utilizados da capacidade produtiva;
  – Versatilidade, igual à anterior, mas relativamente a uma empresa multi-produdora associando-se à flexibilidade por via de componentes comuns; está intrinsecamente associada às economias de variedade.

ii) Considerando uma flexibilidade dinâmica:

  – Convertibilidade, que consiste na resposta, num universo de situações de incerteza e de irreversibilidade perante constantes solicitações de novas produções (produtos) que substituem os anteriores, temporária ou definitivamente, por pressão das preferências do mercado;
  – Alterabilidade, igual à anterior, mas inserindo-se numa situação em que o empresário antecipa uma diminuição da incerteza com o passar do tempo e estima que esta nova situação se apresenta pelo menos com uma duração de médio prazo.

O *Quadro 12* seguinte esquematiza essa tipologia da flexibilidade:

Quadro 12 – **Tipologia da flexibilidade**

Natureza da instabilidade	Natureza da composição	Natureza da flexibilidade	Função-objetivo
Risco	Mono-produto	Adaptabilidade	Minimizar os custos de produção
Risco	Multi-produto	Versatilidade	Minimizar os custos de produção
Incerteza	Mono-produto	Alterabilidade	Minimizar os custos de adaptação e atrasos de reação
Incerteza	Multi-produto	Conversabilidade	Minimizar os custos de adaptação e atrasos de reação

Fonte: adaptado de *Andrez* (1996).

DECISÃO DE INVESTIR

2º Economias de variedade associadas à exploração de economias de escala (ligadas às vertentes comuns dos processos produtivos):

a) Economias de escala combinadas, associadas à exploração de troços comuns do processo de produção (nas tecnologias de processo contínuo como, por exemplo, na indústria de vidro), bem como associadas à acumulação de escala correspondente aos custos das indivisibilidades não esgotadas nas produções anteriores, justificando, pois, novas produções que as diluem mais favoravelmente nos custos totais;

b) Economias de escala por extensão, que resultam de uma programação da produção de uma composição de produtos com um máximo de componentes comuns capazes de aumentar as possibilidades de exploração da escala de produção; estão muito ligadas à diferenciação de produtos (produção discreta).

Preocupações associadas à exploração das economias de variedade são enquadradas num determinado objetivo de controlo do risco (minimizar o custo de produção) e de incerteza (minimizar os custos de adaptação e de atrasos, na reação para resposta às manifestações da procura).

Medição das economias de variedade

Os custos médios de produção de uma empresa multi-produtora dependem das quantidades de cada bem e das proporções entre eles, pelo que neste caso se fala normalmente de custo incremental médio, que é definido como o custo médio associado a um produto (ou grupo de produtos) entre aqueles que a fábrica produz.

Para um produto particular i (entre n) temos que o custo incremental médio (CIM), correspondente à contribuição do custo de cada um dos produtos para o custo de produção global, é igual a:

$$CIM_i(q) = \frac{CI_i(q)}{q_i},$$

em que o custo incremental (CI) do produto i é representado por:

$$CI(q) = C(q) - C(q_{n-i}),$$

sendo $C(q)$ o custo de produção de todos os n produtos e $C(q_{n-i})$ esse custo quando i não é produzido, isto é, identifica-se com $C(q_{n-i})$ quando a produção de q_i é nula.

ANEXO

Note-se que em proporções fixas de produtos, o custo incremental é chamado de custo radial (*gaffa*), que se utiliza quando a proporção entre os produtos é fixa. Se o compósito não é fixo, então, teremos que utilizar o custo incremental, o que sucede na maior parte dos casos.

Nesta medida, o grau das economias de variedade poderá ser formalizado da seguinte forma:

$$V_N(q) = \frac{\sum CL_i(q)}{C(q)},$$

ou seja, $V = \dfrac{Soma\ dos\ custos\ incrementais}{Custo\ de\ produção\ total}$.

Haverá tanto mais economias de variedade quanto tanto maior que a unidade for $V_N(q)$.

Economias de escala globais

Segundo ainda *Baumol et al.* (1982), é possível definir o grau das economias de escala próprias do produto i (pertencente a n) tal que:

$$S_i(q) = \frac{CIM_i(q)}{Cm_i(q)},$$

e, se $S_i(q)$ for superior, inferior ou igual à unidade, assim os rendimentos serão crescentes, decrescentes ou constantes.

$S_i(q)$ será, então, a média ponderada de todas as economias de escala próprias de cada produto.

Deste modo, o grau das economias de escala globais – média ponderada dos graus das economias de escala próprias de cada produto – seria:

$$S_N(q) = \sum a_i S_i(q),$$

sendo a_i um coeficiente de ponderação que poderia ser obtido (segundo aqueles mesmos autores) pela seguinte expressão:

$$a_i = \frac{q_i Cm(q)}{\sum q_i CM_i(q)}.$$

DECISÃO DE INVESTIR

Grau das economias globais

Poderíamos definir o grau das economias globais $G_N(q)$ associada aos dois conceitos anteriores, isto é, economias de escala e economias de variedade:

$$G_N(q) = \frac{S_N(q)}{V_N(q)} \, .$$

Na ausência da dependência entre os custos dos vários produtos, ou seja, na ausência de efeitos de variedade, teremos,

$$\sum CI_i(q) = C(q) \, ,$$
$$V_N(q) = 1, \text{e,}$$
$$G_N(q) = S_N(q) \, ,$$

e, neste caso, o grau das economias globais é, simplesmente, a média ponderada dos graus de economias de escala próprias de cada produto.

A existência de economias de variedade $(V_N < 1)$ acresce ao grau das economias de escala e concorre para a realização de economias globais, mesmo na ausência de economias de escala próprias de cada produto $(S_i = 1)$ ou, até, de deseconomias de escala próprias de cada produto $(S_i > 1)$.

Estas conclusões fazem parecer, pois, que a exploração de economias de escala e/ou de variedade, pode não justificar, em termos de custos de produção, a aglomeração aleatória e indeterminada de atividades no seio de uma mesma empresa, porquanto as suas vantagens apenas surgirão dentro de determinados limites.

Esta temática das economias em multi-produção pode ser estudada na base do exercício [3] (a pp. 120), convenientemente resolvido e discutido.

5. DIMENSÃO VIRTUAL OU COMO AS PME PODEM GERAR DIMENSÃO COMPETITIVA[44]

A Comissão Europeia considera[45] que as PME são essenciais para se "alcançar um crescimento mais forte e duradouro e mais e melhores empregos".

Contudo, por vezes ignora-se o contributo da PME devido a visões determinísticas e redutoras relativamente à sua capacidade competitiva dada a sua menor dimensão, defendendo-se *relações demasiado diretas entre a rendibilidade e a dimensão* (física) da empresa, através de relações, por sua vez, entre a eficiência global (medida pela sua produtividade, depois expressa em custos unitários, preços, prazos e qualidade) e a eficácia organizacional associada aos recursos que detém (humanos, financeiros, tecnológicos, propriedade intelectual, incluindo marcas e patentes, e até circuitos comerciais).

A Dimensão Competitiva e o Sistema Envolvente das PME

Na verdade, como se vê na *Figura 44*, quanto maior for a sua estrutura organizacional (O_2) de uma qualquer empresa, maior seria a sua eficiência global (E_2) e, assim, maior a possibilidade de gerar rendimentos (r_2).

---

[44] Adaptado de ANDREZ, Jaime Serrão (1995), *Cooperação: A Envolvente para Criar a Dimensão Virtual*, Revista Pequena e Média Empresa, nº 16, IAPMEI: Abril/Junho.

[45] COM(2005) 551 final.

DECISÃO DE INVESTIR

Figura 44 – Eficácia Organizacional *vs.* Eficiência Empresarial *vs.* Viabilidade *vs.* Rendibilidade

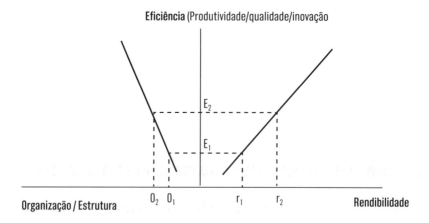

De forma ainda mais *simplificadora*, tende-se a relacionar a dimensão das empresas (D_1 e D_2) com a eficácia da sua estrutura organizacional e, consequentemente, com a sua eficiência global e a sua rendibilidade (ver *Figura 45*), relacionando-se diretamente, como atrás se disse, a rendibilidade com a dimensão (r_1 com D_1 e r_2 com D2).

Figura 45 – Dimensão Individual *vs.* Organização *vs.* Eficiência *vs.* Rendibilidade

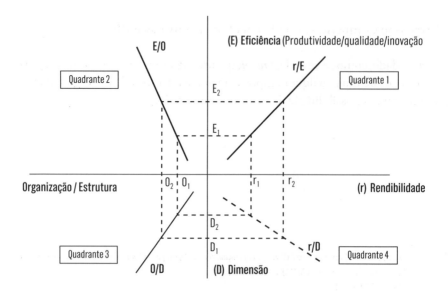

Desta forma, quanto maior fosse a sua Dimensão (D_2), maior seria a estrutura organizacional (O_2), eficiência global (E_2) e, por isso, maior seria a possibilidade de gerar rendimentos (r_2), medida global da sua competitividade.

Na verdade, aceita-se de forma simples duas visões que nos têm sido impostas ao longo dos tempos, sem as adaptar às realidades em que trabalhamos a Política Económica:

- Que são as empresas que competem, independentemente dos territórios em que se inserem;
- Que a Dimensão determina a capacidade inovadora das empresas, e daí, a sua eficiência e competitividade.

Acontece porém que são de facto as empresas que competem, mas não competem isoladas das Envolventes Empresariais subjacentes às respetivas bases territoriais e institucionais em que operam ou comercializam os seus produtos.

Na verdade o posicionamento da figura geométrica O/D, que relaciona a Organização com a Dimensão pode alterar-se em função da maior ou maior eficácia do sistema económico de apoio às empresas, neste caso, PME. A sua capacidade dependente, na verdade, tanto de fatores internos como de externos que consiga internalizar, ou seja, depende mais da sua visão e estratégia do que da sua Dimensão Individual.

Trata-se de *assumir um desempenho competitivo sistémico dependente de uma eficácia coletiva*; será pois determinante para a capacidade competitiva da empresa a eficácia do sistema científico e tecnológico, do sistema financeiro, incluindo a dos instrumentos complementares de financiamento (exemplo do capital de risco), do sistema administrativo, do sistema fiscal, etc..

Com efeito, nem todas as empresas têm dimensão suficiente para possuírem, laboratórios de controlo de qualidade, centros de I&D, departamentos de planeamento estratégico, departamentos de *design* e competências diversas em função dos produtos e mercados.

Mas a envolvente pode prover essas competências ou serviços através de Centros de I&D das Universidades, de Centros Tecnológicos, de Centros de Transferência de Tecnologia, de Laboratórios de Estado, de Escolas de Pós Graduação, de Instituições Públicas de Apoio a Empresas, de Sociedades de Garantia Mútua ou de Capital de Risco.

Efetivamente, a empresa não pode dispensar factores competitivos associados às competências de gestão, ao controlo da qualidade, ao domínio de tecnologias, à capacidade de financiamento, ao conhecimento dos mercados; mas pode garanti-los tanto interna como externamente, em função da Dimensão; trata-se de transformar uma Dimensão Individual numa Dimensão Competitiva ou Sistémica.

Na realidade, a "curva" geométrica que relaciona a Dimensão (D) e a Estrutura Organizacional (E) no Quadrante 3 da *Figura 46*, assume apenas as competências internas das empresas, sejam PME ou não. Se a empresa, qualquer que seja a sua dimensão individual, beneficiasse de competências externas, a referida curva que estabelece a função relacional entre a Dimensão (D) e a Estrutura Organizacional (E) teria outra posição geométrica (ver curva II no Quadrante 3 da *Figura 46*), beneficiando aquela relação de outra eficácia e fazendo com que a D_1 correspondesse O_2 (e não O_1).

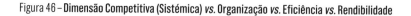

Figura 46 – Dimensão Competitiva (Sistémica) *vs.* Organização *vs.* Eficiência *vs.* Rendibilidade

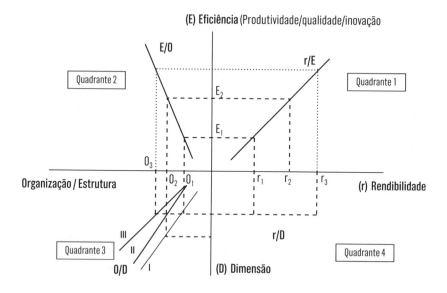

A qualidade do Sistema Envolvente às empresas poderia melhorar ainda mais aquela função / relação (alterando a inclinação geométrica da curva), permitindo que a D_1 correspondesse D_3, superior a D_2, e a uma rendibilidade r_3 superior a r_2 (que corresponderiam a uma dimensão empresarial D_2 superior a D_1.

Estamos no campo da teoria, no campo das hipóteses, sim, mas de hipóteses possíveis; quantos são os exemplos, no mercado, de PME muito mais competitivas que empresas de maior dimensão? E quais as razões?

Um estudo da *Industrie Canada*[46] conclui não haver diferenças nos principais fatores assumidos pela PME e pelas grandes empresas (GE) relativamente

---

[46] *Stratégies Commerciales des PME et des Grandes Entreprises au Canada*, 1997.

ANEXO

à sua situação concorrencial (qualidade dos produtos, serviço aos clientes e flexibilidade da gama de produtos) e ao processo de crescimento (qualidade da gestão, *marketing* e motivação dos ativos humanos); a questão essencial está na *forma como asseguram esses fatores.*

Importa assim reter que a Dimensão Competitiva assume duas manifestações:

- Uma potencial, existindo sempre, qualquer que seja a atitude da empresa perante as potencialidades do Sistema Envolvente;
- Outra estratégica, que só resulta se a empresa tiver uma estratégia de internalização de competências providas pelo Sistema Envolvente.

Por sua vez, a eficácia da Dimensão Competitiva depende da:

- Quantidade de serviços providos pelo Sistema Envolvente (afastamento da "curva" geométrica do Quadrante 3 da *Figura 46*)
- Qualidade (eficiência) dos serviços providos pelo Sistema Envolvente (inclinação da "curva" geométrica do Quadrante 3 da *Figura 46*)

As empresas e os seus espaços regionais afinal competem em conjunto; se a Dimensão Individual converge para a Dimensão Competitiva é porque o Sistema Envolvente é insuficiente ou ineficiente.

Limites da Dimensão Competitiva e uma Política de PME

Considerar que o Sistema Envolvente pode conferir à empresa uma Dimensão Competitiva com desempenho organizacional mais eficiente não significa que o pode fazer em qualquer Dimensão Individual, em qualquer setor de actividade; não estamos perante uma verdade absoluta; apenas se diz que se pode alavancar a eficácia da empresa com a eficácia da sua envolvente externa; não se diz que a essa alavancagem é indiferente a determinados fatores tecnológicos e de mercado (produtos) que impõem escalas mínimas de partida.

Com efeito, o reforço da Dimensão Competitiva não resulta apenas do apoio do Sistema Envolvente à atividade empresarial; resulta também de iniciativas de cooperação e de aliança estratégica entre empresas. O estudo atrás referido da *Industrie Canada* conclui, também, que alguma melhor prestação das GE resulta de estarem mais disponíveis para este tipo de estratégias. São de facto vias alternativas de internalizar competências, partilhando-as.

Com o mesmo objetivo de aplicar o *Programa Comunitário de Lisboa para Modernizar a Política das PME para o Crescimento e para o Emprego*, através de uma

DECISÃO DE INVESTIR

Comunicação anterior dirigida às mesmas instituições[47], a Comissão Europeia incentiva os EM a darem um novo impulso à Política das PME no sentido de promover o empreendedorismo e a aquisição de competências (apoiando as atividades que reduzam a sobrecarga de risco intrínseca à atividade empresarial, que promovam a transmissão de empresas e incentivem a formação), melhorar o seu acesso aos mercados (enquadrando-as no mercado dos contratos públicos, normalização e enquadramento fiscal), reduzir a burocracia (melhorando a legislação e procedimentos administrativos), melhorar o seu potencial de crescimento (facilitando o acesso ao financiamento, à investigação, à inovação e às TIC) e reforçar o diálogo e a consulta das PME (informação e assistência técnica).

Fundamentalmente, as entidades com responsabilidades no apoio a MPME deverão dar prioridade à assistência que lhes permita mobilizar competências do Sistema Envolvente: empresas de consultoria, associações empresariais, centros tecnológicos, entre outras.

Em síntese, uma Política de PME deverá assegurar uma melhor compreensão da importância das PME na Economia por toda a Sociedade, merecendo tratamentos específicos em diversas sedes públicas e privadas, completar o Sistema Envolvente das empresas para fornecer às PME os serviços que estas necessitam, bem como estimulando as PME a atitudes mais cooperativas capazes de otimizar a utilização de competências partilhadas com outras empresas.

[47] COM (2005) 551 final.

ÍNDICE ANALÍTICO

PREFÁCIO	9
PREÂMBULO	13
LISTA DE QUADROS	17
LISTA DE TABELAS	19
LISTA DE FIGURAS	21
GLOSSÁRIO DE TERMOS E ABREVIATURAS	23

INTRODUÇÃO	27

I – ÂMBITO DA DECISÃO DE INVESTIR	33
1 – Decisão de investir – Criação do potencial estratégico da empresa	35
1.1 – Potencial estratégico da empresa	35
1.2 – Noção de investimento	38
1.3 – Tipologia de investimentos	41
1.4 – Âmbito administrativo das decisões de investimento	43
1.5 – Investimento e modalidades de crescimento	50
1.6 – Política de investimento	52
2 – Projeto de investimento – A fundamentação do investimento	53
2.1 – Noção de Projeto – Sua distinção com a noção de investimento	53
2.2 – Âmbito da gestão de projetos	56
2.3 – Diagnóstico e a análise estratégica	57
2.3.1 – Contexto da decisão – A organização do mercado	57
2.3.2 – Diagnóstico – As razões e os objetivos para investir	61
2.3.3 – Análise da utilização do potencial da empresa	70
2.3.4 – Opções estratégicas	74

DECISÃO DE INVESTIR

2.4 – Informação de base para a análise da eficácia económica e financeira	76
2.4.1 – Plano de investimentos	76
2.4.2 – Plano de exploração	80
2.4.3 – Plano (mapa) de *cash-flows*	86
2.4.4 – Plano do Serviço da Dívida	88
3 – Eficiência económica da dimensão fabril – Otimizar os custos	90
3.1 – Manifestação de economias de escala	92
3.2 – Rendimento físico	93
3.3 – Escala de produção	94
3.4 – Fontes de economias de escala	95
3.5 – Fontes de deseconomias de escala	96
3.6 – Características das indústrias e as economias de escala	97
3.7 – Medição das economias de escala	98
3.8 – Economias de escala e função de custo no longo prazo	102
3.9 – Enquadramento das funções de custo no curto prazo nas funções de longo prazo	106
3.10 – Dimensão mínima ótima e racionalidade organizacional	107
3.11 – Relatividade das soluções de escala e de tecnologia e a estratégia de escala	109
3.12 – Quadro estratégico das economias globais	111
3.13 – Outros fatores de influência do resultado	113
4 – Exercícios sobre a eficiência económica da dimensão fabril	116
Exercício 1: Capital circulante e mapa dos *cash-flows*	116
Exercício 2: Serviço da dívida	118
Exercício 3: Economias de escala	119
II – A DECISÃO DE INVESTIR NA ÓTICA EMPRESARIAL	125
1 – Decisão económica de investir – Controlar a rendibilidade	127
1.1 – *Cash-flow* como margem económica para avaliação do investimento	127
1.2 – Fator tempo	131
1.3 – Critérios de rendibilidade	134
1.3.1 – Critério do valor atual líquido (VAL)	134
1.3.2 – Critério do índice de rendibilidade dos projetos (IRP)	137
1.3.3 – Critério da anuidade	138
1.3.4 – Critério da taxa interna de rendibilidade (TIR)	140
1.3.5 – Critério do ponto crítico do projeto	145

ÍNDICE ANALÍTICO

1.3.6 – Critério do custo anual equivalente (CAE)	146
1.3.7 – Sistemática de utilização dos critérios	149
2 – A decisão do financiamento – Controlar a viabilidade da opção	152
2.1 – Estratégia de financiamento	153
2.2 – Condicionantes de base	154
2.2.1 – Conceito de alavanca financeira (*gearing*)	154
2.2.2 – Estrutura ótima de capital – A proporção adequada entre capitais próprios e capitais alheios	156
2.2.3 – Custo-objetivo dos capitais próprios	162
2.2.4 – Custo de oportunidade do capital *vs.* Custo do capital alheio	163
2.3 – Avaliação do custo do financiamento	171
2.3.1 – Valor atual líquido da decisão de financiamento por capitais alheios (VA)	171
2.3.2 – Custo atual global das fontes de financiamento (CF)	173
2.4 – Modalidades de financiamento do mercado	174
2.4.1 – Condições de base	174
2.4.2 – Financiamento próprio ou quase próprio	175
2.4.3 – Financiamento no mercado de valores mobiliários	179
2.4.4 – Financiamento no mercado de crédito	182
2.5 – Impacte da variável fiscal	187
2.6 – Apoio do Estado ao financiamento de investimentos empresariais	191
2.7 – Escolha da melhor opção de financiamento	194
3 – Avaliação de Risco – Controlar a incerteza	197
3.1 – Risco e incerteza	199
3.2 – Incorporar o risco na análise de rendibilidade do investimento	202
3.2.1 – Método do equivalente certo	202
3.2.2 – Ajustamento da taxa de atualização – Inspiração no CAPM	203
3.3 – Introdução de uma maior exigência nos pressupostos e nos objetivos	204
3.3.1 – Prazo de recuperação do capital investido	205
3.3.2 – Controlo do risco económico (reforço da margem de segurança)	207
3.3.3 – Controlo do risco financeiro (ponto crítico financeiro)	210
3.3.4 – Gastos figurativos – integração da remuneração objetivo nos custos de investimento	211

DECISÃO DE INVESTIR

3.3.5 – Outros métodos de exigência dos objetivos	211
3.4 – Análise de sensibilidade do VLA e da TIR a determinados pressupostos	212
3.4.1 – Abordagem pontual	213
3.4.2 – Construção de cenários alternativos	214
3.5 – Análise probabilística do risco	216
3.5.1 – Esperança matemática das expectativas (*Expected net present value – ENPV*)	216
3.5.2 – Medidas de dispersão probabilística do risco	217
4 – Avaliação global – Controlar os objetivos globais da empresa	218
4.1 – Conciliação das decisões de investimento e financiamento (VALA)	218
4.2 – Impacte do projeto na empresa – Cumprimento dos objetivos da empresa	219
4.3 – Eficácia global	222
4.3.1 – Eficácia comercial	222
4.3.2 – Eficácia económica	224
4.3.3 – Eficácia financeira	228
4.3.4 – Integração dos vários níveis de eficácia	231
4.4 – A competitividade da empresa – A medida global	237
4.5 – Decisão em ambiente de risco e incerteza	241
5 – Exercícios sobre a avaliação na ótica empresarial	243
Exercício 4: Critérios de rendibilidade	243
Exercício 5: VA da decisão de financiamento	245
Exercício 6: VALA da decisão conjunta de investimento e de financiamento	246
Exercício 7: Cálculo do VALA	247
Exercício 8: Cálculo do VAL e do VALA com vários empréstimos	250
Exercício 9: Decisão de investimento e de financiamento I	251
Exercício 10: Decisão de investimento e de financiamento II	257
Exercício 11: Exercício integrado da decisão de investimento	259
Exercício 12: Análise global do desempenho da empresa	267
III – AVALIAÇÃO NA ÓTICA ECONÓMICA OU SOCIAL	275
1 – Problemática da avaliação económica ou social	276
1.1 – Especificidade da ótica pública	276
1.2 – Tipologia dos critérios da avaliação social	277
2 – Análise social da rendibilidade – Controlar a distribuição dos recursos escassos	279

ÍNDICE ANALÍTICO

2.1 – Pressupostos de uma maximização do bem-estar	279
2.2 – Correção do sistema de preços	280
2.3 – Taxa social de atualização e rendibilidade social global	284
3 – Avaliação social do mérito – Controlar os objetivos da política pública	289
3.1 – Pressupostos conceptuais	289
3.2 – Tipificação e critérios	292
3.2.1 – Produto nacional ou social	292
3.2.2 – Emprego	293
3.2.3 – Produtividade do capital	293
3.2.4 – Produtividade do trabalho	294
3.2.5 – Efeito inovador e outros impactes na empresa e na Economia	295
3.2.6 – Efeito em termos de divisas	296
4 – Referências portuguesas	297
4.1 – Sistema Integrado de Incentivos ao Investimento (SIII)	297
4.2 – Sistema de Estímulos de Base Regional (SEBR)	300
4.3 – Programa Específico de Desenvolvimento da Indústria Portuguesa (PEDIP)	302
4.4 – Programa Estratégico de Dinamização e Modernização da Indústria Portuguesa (PEDIP II)	304
4.5 – SI INOVAÇÃO, Projetos de Empreendedorismo Qualificado	309
5 – Exercícios sobre critérios de avaliação económica e social de investimento na ótica do mérito	315
Exercício 13: Critérios de avaliação na ótica social I	315
Exercício 14: Critério de avaliação na ótica social II	316
BIBLIOGRAFIA	319
ANEXO	325
1. Configuração da indústria e tecnologia	327
2. Função de custos e evolução tecnológica	329
3. Efeito de aprendizagem e a curva de experiência	336
4. Eficiência económica da diversidade	341
5. Dimensão virtual ou como as PME podem gerar Dimensão Competitiva	347